俄 / **吉洪都主教** 著　　**刘文飞** 译　　**周昌新** 配图

未封圣的**圣徒**

中 华 书 局

全身心寻求他的人能看见，

全身心逃避他的人则看不见，

神在调节人的自我认知。

他给出的征兆，

寻求他的人得见，

对他漠然的人则不得见。

他给想看见的人以足够的光，

给不想看见的人以足够的暗。

——布莱士· 帕斯卡尔

△ 吉洪都主教

作者简介

普斯科夫和珀尔霍夫都主教吉洪（舍夫库诺夫·格奥尔吉·亚历山德罗维奇）

出生日期：1958 年 7 月 2 日

按手仪式日期：2015 年 10 月 24 日

当修士日期：1991 年

守护天使日期：4 月 7 日

国籍：俄罗斯

1958 年 7 月 2 日出生于职员家庭。

1982 年毕业于国立全苏电影学院编剧系，专业为"文学工作"。本年入普斯科夫洞穴修道院当义务工，随后入教。

1986 年 8 月由沃洛科拉姆斯克和尤里耶夫斯克皮吉利木都主教调任莫斯科亩收区的出版社，准备纪念俄罗斯受洗一千周年。

1991 年 7 月在莫斯科顿河直属牧首之修道院修发为修道士，获教名吉洪，旨在纪念圣徒、莫斯科大牧首吉洪。本年至圣牧首阿列克谢二世给他举行按手礼仪式，当作修士辅祭、修士司祭。

1993 年被任命为设在古老的奉献节修道院的普斯科夫洞穴修道院莫斯科分院主管。

1995 年被提升为奉献节直属牧首之修道院院长及任命为修道院教务长。

1998 年提升为大司祭教职。

1999 年任职于奉献节东正教修道院高等学院，之后转至奉献节神学院。

从 2001 年 3 月起任修道院农场——在梁赞州米哈伊洛夫斯克区"复活"农业生产合作社社长。

2004 年作为校外考生从奉献节神学院毕业。

由神圣工会决定（登记簿 29 号）2009 年 3 月 31 日被任命为保护受酒精威胁的教会 – 公众理事会共同主席。

由神圣工会决定（登记簿 7 号）2010 年 3 月 5 日被任命为大牧首文化委员会责任秘书。

由梅德韦杰夫总统指示 2010 年 3 月 16 日被列入俄罗斯联邦文化艺术总统理事会。

从 2010 年 5 月 31 日起任俄罗斯东正教会与博物馆社区互动委员会负责人。

从 2011 年 3 月 22 日起任俄罗斯东正教会最高教会理事会成员。

2012 年 2 月 29 日至圣大牧首基里尔任命修士上司祭吉洪为奉献节修道院的院长及授予权杖。

由神圣工会决定（登记簿 63 号）2015 年 10 月 22 日被选为莫斯科主教区的副主教，称呼为"叶戈里耶夫斯克"。

2015 年 10 月 23 日在澳普钦那修道院献圣母于圣殿大教堂被称作主教。按手仪式是 10 月 24 日在沙漠尔基诺喀山阿母沃罗希直属大牧首之女修道院在侍主圣礼中举行。莫斯科及全俄至圣大牧首基里尔主持教会礼仪。

由至圣大牧首基里尔指示 2015 年 10 月 29 日被任命为莫斯科西边代牧区主管人。

由神圣工会决定（登记簿 57 号）任命为大牧首文化委员会会长。

2018 年 5 月 14 日由神圣工会决定（登记簿 20 号）任命为普斯科夫和珀尔霍夫圣似都主教、普斯科夫都主教辖区首领，同时担任大牧首文化委员会主席。

2018 年 5 月 17 日于莫斯科基督教救世主大教堂在侍主圣礼中被至圣大牧首基里尔提升为都主教教职。

2018 年 5 月 19 日由至圣大牧首基里尔指示解除奉献节直属牧首之修道院院长兼奉献节神学院教职。

***

2010 年　获圣涅斯托尔编年史作者勋章（乌克兰东正教会）

2017 年　获一级圣正信者丹尼尔莫斯科公勋章

目 录

前言

9 月里一个温暖的傍晚，我们几位当时还很年轻的普斯科夫洞穴修道院的见习修士，沿着过道和长廊登上修道院古老的高墙，心旷神怡地俯瞰近处的花园和远处的田野。我们相互交谈，回忆起各自来到修道院的经历。我们彼此倾听愈多，便愈觉惊奇。

时在 1984 年。我们一共五位。其中四人生于非教会人士家庭，第五位是神父之子，可他对修道院中出家人的了解也并未超出普通苏联人。在此前一年我们还坚信，当今修道院中的出家人或为幻想家，或为生活中的失意者，当然，还有无望爱情的牺牲品。

然而，当我们彼此打量，却看到了完全不同的东西。我们中最年幼者年方十八，最年长者则二十有六。我们全都健康强壮，年轻俊美。一位同伴是毕业于大学数学系的高材生，另一位同伴虽然年轻，却已是列宁格勒的著名画家。还有一位同伴的多半岁月在纽约度过，其父在那里工作，他在大学三年级辍学来到修道院。最年幼的同伴系神父之子，他是一位天才雕刻家，刚刚毕业于艺术学校。我则同样刚刚毕业于国立全苏电影学院编剧系。总之，我们每个人似乎都拥有值得同辈青年羡慕的灿烂的世俗前程。

那么，我们为何走进修道院，并心甘情愿地永远留在这里呢？我们对这一问题的答案心知肚明。因为我们每个人都看见了一个无与伦比的美好世界。这个世界无比诱人，胜过我们在其中度过不长岁月的那个世界，尽管我们此前度过的那些世俗岁月也同样十分幸福。

我想在此书里向你们介绍这个美好世界，在这个世界里，人们的生活法则与通常的生活完全不同，这个世界充满无穷的光明，充满爱和欢乐的发现，充满希望和幸福，我们在其中获得各种体验，既有胜利的欢乐，也有失败的意义。最为重要的是，我想在此书里向你们介绍神力和神助的强大显现。

我无须任何杜撰，您在此读到的一切均为生活中的真人实事。书中谈到的许多人，如今依然健在。

开端

我在 1982 年大学毕业后不久受洗，当时我二十四岁。我幼时是否曾经受洗，无人知晓。当年常有此类事情发生：外婆和姨妈往往私下为婴儿洗礼，瞒着婴儿不信教的父母。此类情形下，神父在圣礼结束时会说："若未受洗，便受洗。"意即："即便不曾受洗，上帝的奴仆亦终将受洗。"

如同我的许多友人，我也在大学时走近信仰。在全苏国立电影学院有许多出类拔萃的教师，他们给我们以严肃的人文教育，迫使我们思考人生的一些重大问题。

在教室和宿舍，在学生们钟爱的廉价咖啡馆，在夜间沿着莫斯科古老街巷的漫步途中，我们探讨这些永恒问题、历史事件和我们所处的七八十年代的现实。我们得出结论，意识到国家在欺骗我们，将其愚蠢荒谬的看法强加给我们，而且不仅是在历史和政治领域。我们清楚地意识到，一切行动均遵循某一强大指令而为，其目的就是要剥夺我们独立思考上帝和教会问题的可能性。

对于我们大学里的无神论课教师而言，或对于我们中学时的少先队辅导员玛丽娜而言，这个问题似乎简单明了。关于这一问题，一如关于任何其他人生问题，玛丽娜均可给出确凿无疑的答案。可是逐渐地，我们却不无惊讶地发现，我们于学习中在精神上结识的那些俄国史和世界史上的伟人，我们信赖、爱戴、敬重的这些伟人，却对上帝持有完全不同的看法。简言之，他们均为有信仰之人，如陀思妥耶夫斯基、康德、普希金、托尔斯泰、歌德、帕斯卡尔、黑格尔、洛谢夫等，数不胜数。更遑论科学家，如牛顿、普朗克、林耐、门捷列夫等。我们对科学家知之较少，因为我们接受的是人文教育，但在科学界情形同样如此。虽说这些人对上帝的接受各不相同，但毫无疑问，他们大都将信仰问题视为人生中最

△ 受洗（重彩油画 150X260cm 2017年 周昌新作）

俄罗斯民众有百分之九十五为东正教教徒，有些孩子三岁便受洗，也有年纪很大了才受洗，他们非常虔诚。这幅作品是作者周昌新先生在俄罗斯库兹涅茨基区尼古拉教堂亲身经历的一次婴儿施洗，场面庄严圣洁，形式认真神秘，很有神圣感。（这个教堂也是吉洪神父受洗的教堂。）

重要的问题，亦是最复杂的问题。

　　而另外一些人，他们难以引起我们丝毫同情，他们制造了俄国历史上所有那些最可怕的事件，比如我们这个无神论国家的那些领导人、那些摧毁一切的革命者，他们无一例外均为无神论者。于是我们便面临一个貌似简单却十分确凿的问题：是普希金们、陀思妥耶夫斯基们和牛顿们过于肤浅幼稚，简直是傻瓜，竟难以解答这一问题，还是我们和我们的少先队辅导员玛丽娜才是傻瓜？所有这一切为我们年轻的脑袋提供了真正的思考契机。

　　当年，在偌大的大学图书馆甚至不见一本《圣经》，更遑论教会作家和宗教作家的著作。我们不得不四处搜寻关涉信仰的零星材料：或在无神论教科书中，或在经典哲学家的作品里，当然，伟大的俄国文学也对我们产生了巨大影响。

　　我很喜欢在晚间去莫斯科的教堂参加礼拜，虽说我当时对礼拜知之甚少。第一次阅读《圣经》给我留下了深刻印象。我在一位浸礼会教徒处借得一部《圣经》，一直读着，不愿还回去，我深知我无法再在别处觅得此书，那位教徒也并未催促我还书。他一连数月试图劝我信教。可我当时不喜欢他们位于小乌佐夫胡同的小教堂，但我至今仍对这位真诚的人心怀感激，感激他允许我把他的书据为己有。

　　如同所有年轻人，我与友人们亦将许多时间用于争论，其中包括关于信仰和上帝的争论，我们一同阅读我觅得的《圣经》以及千方百计弄到的其他宗教书籍。但我们中的大多数却始终没有受洗和入会，因为我们当时认为离开教会也能行，即所谓"上帝在心中"。一切似乎均可如此继续下去，直到有一天我们终于清楚地意识到教会究竟是什么，教会为何必不可少。

　　我们的外国艺术史任课教师是帕奥拉·德米特里耶夫娜·沃尔科娃。她的课生动有趣，但出于某些原因，或许因为她正处于寻求信仰的中途，她对我们讲了许多她个人的精神感受和神秘体验。譬如，她曾用一两节课为我们介绍中国古代的占卜书《易经》，她甚至把檀木棒和竹棒带到教室，教我们如何用这些工具占卜未来。

有一节课关涉少数专家方才知晓的题目，即伟大的俄国科学家德米特里·伊万诺维奇·门捷列夫和弗拉基米尔·伊万诺维奇·维尔纳茨基曾多年研究招魂术。虽然帕奥拉真心警告我们，迷恋此类实验会造成难以预料的后果，但我们仍带着年轻人的好奇心十分向往这些诱人的神秘领域。

我在此不再详细描述我们在门捷列夫学术著作中读到的、在莫斯科维尔纳茨基博物馆工作人员处获悉的那些技术手段。我们对那些手段加以验证，结果发现，我们可与我们难以接近、却真实存在的生物建立特殊联系。我们与这些隐秘的新朋友彻夜长谈，他们现身为各种人，或是拿破仑，或是苏格拉底，或是我们一位友人新近去世的外婆。这些人时常告诉我们一些非常有趣的事情。让我们大惊失色的是，他们对每位在场者均知根知底。譬如，我们很想知道我们的一位同学、后来的著名导演亚历山大·罗戈日金偷偷与何人散步至夜半时分。我们立马听到一声回答："与二年级女生卡佳。"亚历山大恼羞成怒，火冒三丈，显而易见，这一回答正中靶心。

但还有更为惊人的"启示"。一次课间休息时，我的一位十分着迷此类实验的友人，瞪着一双因彻夜不眠而熬得通红的眼睛，时而走近这位同学，时而冲向那位同学，用可怕的低语问道：米哈伊尔·戈尔巴乔夫是谁？无论我，还是我的朋友们，当时对这个人名均一无所知。那位友人解释道："昨夜我问了斯大林，谁将掌管我们国家。他回答说，是个叫戈尔巴乔夫的人。此人是谁，要搞清楚！"

三个月之后，一条先前或许不会使我们产生任何兴趣的消息却让我们目瞪口呆：斯塔夫罗波尔边疆区党委第一书记米哈伊尔·戈尔巴乔夫被选为政治局候补委员。

不过，我们愈是热衷此类让人欲罢不能的实验，便愈加清晰地感觉到，我们身边正发生着某种奇异不安之事。无缘无故，我们心中莫名的忧伤和彷徨愈来愈强。我们无心做任何事情。无情的绝望控制着我们。这种状态逐月强化，直到我们最终猜透，这状态与我们的夜间"谈伴"相关。此外，从我一直没有还给那位浸礼会教徒的《圣经》中我们又突然发现，此类实验不仅不受鼓励，而且如《圣经》中所言，曾遭上帝诅咒。

可我们还是没有意识到，我们遭遇了残酷无情、邪恶至极的力量，这些恶势力侵入我们无忧无虑的欢乐生活，而我们大家对它毫无防备。

一次，我留在友人们的宿舍过夜。我的同学伊万·洛希林和导演系学生萨沙·奥尔科夫着手做他们的神秘实验。当时我们已数度发誓放弃此类活动，可是毫无办法，因为与神秘世界的交往像毒品一样诱人。

这一次，我的友人们继续进行昨天夜里中断的与"果戈理魂灵"的交谈。那人的话语始终十分形象，用的是十九世纪初的语言。可这一天，他不知为何却拒绝回答我们的问题。他在抱怨，他痛苦地呻吟，悲伤地叹息，让人痛心。他说他很痛苦，难以承受。更重要的是，他请求我们帮助他。

"您怎么啦？"我的友人们迷惑不解。

"你们救救我！可怕，太可怕了！……"那个神秘的魂灵在请求，"啊，难受得不得了！求求你们救救我吧！"

我们大家均真心爱戴尼古拉·瓦西里耶维奇·果戈理，我们也真心认为我们是在与他交谈。

"我们能为您做什么呢？"我们问道，衷心希望能帮助我们如此喜爱的这位作家。

"帮帮我！求求你们，别再拖延了！可怕的火焰，硫磺，受难……啊，受不了了，你们帮帮我……"

"怎么帮？我们怎么帮您呢？！"

"你们真想救我？你们准备好了？"

"是的，是的，准备好了！"我们热烈地回应，"可我们该怎么做呢？您是在另一个世界啊。"

那魂灵迟疑片刻，然后小心翼翼地答道：

"好小伙子们！如果你们真的怜悯我这个受难者……"

"当然！您只要告诉我们该怎么做。"

"啊，如果这样！……那我……那我就给你们……一点毒药……"

在理解了这句话的意思后，我们目瞪口呆。我们相互对视，即便在暗淡的烛光下我们也能发现，我们大家均面如死灰。我们推倒椅子，慌不择路地逃出房间。

待缓过神来，我说道：

"不错。要帮助他，我们首先就得和他一样。也就是说……首先得死去！"

"我全明白了，"萨沙·奥尔科夫吓得牙齿直打颤，他说道，"他是想让我们……自杀。"

"我想，我要是现在回房间去，就能看到桌上有个药片，"吓得脸色发青的伊万·洛希林接着说，"我知道我一定得把那药片吞下去。要不就从窗口跳下去……他们会强迫我们这样做的。"

我们彻夜难眠，第二天一早便去往邻近的齐赫文圣母像教堂。除了去教堂，我们不知该往何处寻求建议和帮助。

救主……这个称谓由于使用频繁，甚至对于基督徒而言也时常失去了其初始含义。可此刻，"救主"对于我们而言却成为一个最想听到的最为重要的词。我们深知，无论这听起来多么富有幻想色彩，我们未知的某些强大力量已对我们显灵，而只有上帝不受这些力量左右。

我们担心，在教堂里人们会笑话我们和我们的"果戈理"，可年轻的神父弗拉基米尔·楚维京却十分严肃地肯定了我们最坏的担心。他解释道，我们与之交往的自然不是果戈理，不是苏格拉底，而是地地道道的恶魔。我得承认，此话在我们听来十分刺耳。但我们立时意识到，我们听到的是真话。

神父确凿地说，此等神秘活动是一项重罪。他强烈建议我们中尚未受洗的人立即准备参加圣礼，接受洗礼，其余的人则去忏悔，接受圣餐。

可我们再次耽搁下来，虽然自那天起我们便放弃了先前的实验。我们开始准备毕业考试，为毕业证书而忙碌，制定未来的规划，又过起自由自在的大学生生

◁　受洗的灵魂

（重彩油画　150X260cm　2016 年
周昌新作）

　　画面中小孩受洗之前很不
起眼，受洗之后容光焕发，很
有戏剧性的效果，受洗果然与
众不同。

活……我每天阅读《福音书》，这渐渐成为我的真正需要。《福音书》成为唯一良药，能够祛除那些压抑心灵、不时涌起的郁闷和绝望。

直到一年之后我才彻底意识到，没有上帝的生活，于我而言不再具有任何意义。

为我施洗的是杰出的神父阿列克西·佐托夫，施洗地点是库兹涅茨基区尼古拉教堂。与我一同受洗的有十几个婴儿和几位成人。婴儿大哭大闹，神父的祷告含混不清，我在一个半小时时间里什么也没听清。

我的教母是这家教堂的清洁工，她对我说：

"你会有几天非常幸福的日子，要好好珍惜。"

"什么叫幸福的日子？"我问道。

"上帝离你很近。请你为我祷告吧。你刚刚受洗，你的祷告会很灵的。"

"怎么祷告？"我又问。

"你自己会知道的，"教母说，"你有机会的话，一定要去普斯科夫洞穴修道院。那儿有位约翰长老，名叫克列斯奇扬金。你最好与他见见面。他能解释一切，能回答你的问题。但你要去修道院的话，也别马上去，十天之后再去。"

"好的，我等一等。"我说道。

我走出教堂，立时获得某种奇特感觉，甚至连那残存的彷徨和郁闷也顿时烟消云散。可我并未太久沉湎于新感受，而是决定去与我当时最亲近的人分享我的喜悦，此人即我们的大学老师、杰出的剧作家叶夫盖尼·亚历山大罗维奇·格里高利耶夫。我们在他的创作研修班学习，他是我们全班同学的偶像。他住在莫斯科郊外的别里亚耶沃地铁站附近。我不知他是否在家（当年电话还不是家家都有），便决定去碰碰运气。

在他那套一居室住宅的门前，我久久按着门铃，却无人应答，叶夫盖尼·亚历山大罗维奇不在家。我十分沮丧，返身缓缓往地铁站走去。突然，我想起教母对我所言的"幸福祷告"。我于是停下脚步，仰头朝天，说道：

"耶稣基督，上帝啊，我今天受洗信仰了你！我此刻在世上的最大愿望就是见到我的老师叶夫盖尼·亚历山大罗维奇·格里高利耶夫。我知道不应该为这些琐事惊扰你。但是如果可以，就请你让我们今天见面吧。"

我怀着碰见叶夫盖尼·亚历山大罗维奇的坚定希望走进地铁站，开始等待自市中心驶来的列车。当乘客们纷纷走出车厢，我便开始在人流中紧张搜寻我的老师。突然，有人拍了拍我的肩膀。此人正是叶夫盖尼·亚历山大罗维奇。

"你瞪着一双大眼在找谁呢？"我至今还记得他当时的话。

"找您。"我丝毫不觉得惊讶地回答。

"那我们走吧。"叶夫盖尼·亚历山大罗维奇说。

我们来到他家里。

我对他说了那天发生在我生活中的大事。叶夫盖尼·亚历山大罗维奇仔细倾听。他当时尚未受洗，但他心怀敬意地接受我的选择。他询问圣礼中的某些细节。之后，他才问我为何作出这一决定。

"因为上帝存在，"我答道，"我对此深信不疑。教会里的一切都是对的。"

"你这么认为？……"格里高利耶夫有些疑惑地说，"你知道吗，那里有很多……也不都一样。"

"也许。但是那里有最重要的东西。"

"也许。"叶夫盖尼·亚历山大罗维奇说。

我们去商店买了一瓶首都牌伏特加酒、两包香烟和一些吃的东西，我在他那里一直坐到晚上，讨论一部新电影脚本。

回到住处后，我想起地铁里发生的事，想起我的祷告，想起我在祷告之后立刻见到了叶夫盖尼·亚历山大罗维奇。"是巧合吗？"我问自己，"很难说清。但诸多事件间的联系的确存在，虽说生活中一切皆有可能。可另一方面，此类事情我此前却从未有过……应当深入思考。"

第二天，听从教母的建议，我买了一张火车票，前往普斯科夫洞穴修道院。

△ 心想事成（重彩油画　150X260cm　2017 年　周昌新作）

在洞穴修道院

将近清晨五点，从莫斯科开往塔林的列车抵达普斯科夫州洞穴城车站。坐在老旧的公共汽车上沿着颠簸的道路前往修道院，我打量着俄国西陲这座整洁得令人诧异的小城，路边是楼层不高、带有尖塔的漂亮房子，房前屋后有精致的花园。洞穴城距爱沙尼亚国境线仅五公里。十月革命后至1940年，小城曾属爱沙尼亚，修道院因此得以保全，此地的生活方式因此亦未发生巨变。

我与来自莫斯科的其他乘客一同行至修道院厚实的院墙下。修道院尚未开门，只得等待守门人在规定时刻打开那两扇裹着铁皮的古老大门。

修道院内部出乎意料的舒适漂亮，让人不禁欣赏起来。这里的一切虽为现实，却近乎童话，令人赞叹。我沿着鹅卵石铺就的路走向修道院广场，沿途观赏色彩斑斓的修道院建筑和随处可见的玫瑰盛开的花坛。这里的多处教堂，是我平生所见最为舒心、最为亲切的教堂。

修道院的主教堂是圣母安息节教堂，其内部光线很暗。当我进入教堂，两位身着黑色拖地长袍、头发扎成发辫的见习修士点燃神灯。刷成白色的低矮天花板混沌地反射着神灯溢出的光。缀有古老金饰的圣像面孔专注地注视着我。

身着长袍、头戴筒帽的修士们陆续走进教堂。俗家人也鱼贯而入。礼拜开始了，我觉得礼拜转瞬即逝。当我获悉下一场礼拜很快即将举行，主教亦将出席，我便赶往坐落在高冈上的米哈伊尔教堂，又参加一场礼拜。

一切均让我感觉震撼：长发披散、肩背漂亮圣带的助祭们，神色威严的院长，年长或年轻的神父们，他们的神情迥异于俗家人。主教身材高大，年岁已高，他身着古老法衣，神色庄重智慧，十分和善。

持续很久的礼拜结束后，修士们排成两列，整齐地唱着歌，庄重地走向餐厅。我来到修道院的院子里，向朝圣者们询问如何才能留在修道院。人们告诉我，该去找监督司祭。我首次听说这一单词，我反复念叨，以便记住这个词。当修士们步出餐厅，我便挨个儿问他们谁是监督司祭。

"监督司祭现在在主教那里，但你可以去见他的助手，也就是帕拉吉神父或者伊里涅神父。"有人对我说。

我立时意识到，我永远记不住这些名字。一位修士同情我，将我送至监督司祭的助手那里，助手又领我去了接待朝圣者的修道小室。

最初十天杂役

我被领入的宿舍位于修道院院长住处的首层，院长的居室就在我们楼上。有人告诉我，隔壁住的是严肃的修道院司库，名叫纳法纳伊尔神父。我暗自思忖，这些修士的名字若不如此难记就好了。幸运的是，我在这里要见的神父，其名字倒不甚奇怪，他叫约翰神父。

宽敞明亮的宿舍摆有十来张床，几座雕花的老式木橱，还有若干床头柜，这便是供人休息或过夜的场所。住进这儿的人身份不同，来自全国各地，但能看出，他们之间的关系十分友善亲切。

有人告诉我，早晚大家均去做礼拜，白天则做杂役。做哪些杂役，且听吩咐。或是劈柴，或是帮厨，或整理粮库，或清扫道路。

傍晚我们去做礼拜。此番礼拜，我不知为何感觉很难熬。礼拜似乎没完没了，居然持续四个多小时，令我大为诧异。不过，我打量一番挤满教堂的信众。他们大多为中老年的普通妇人，男人较少。但也有许多年轻人在祷告，至少，较之莫斯科的教堂，此处更多年轻人。当然，还有香客和圣愚，他们构成了俄国修道院及其附近城镇无与伦比的神韵。

礼拜后大家去吃晚餐。前来就餐的修士仅五人，有人告诉我，其余修士一日仅进餐一次或两次，因此，在餐厅里就餐的多为做杂役的见习修士和朝圣者。餐厅的食物并不精致，但十分可口。有一位修士在现场高声诵读圣徒传。神情严肃的修道院司库纳法纳伊尔神父与大家同在餐厅。他当年约六十五岁。他身材瘦削，白发苍苍，他并不吃东西，只盯着那位诵读的修士，当那修士读错某个重音或某个古代拜占庭人名时，神父便发声纠正。

晚餐结束时，众人均原地不动，再次开始祷告，此为晚祷。之后，众人轻声唱起一首悦耳古曲，并逐一贴吻司祭手握的十字架。

步出餐厅，我首次看见夜色中的修道院。它美轮美奂。路灯映亮小道和树冠。建筑物上亦有灯光闪烁。这一切使得修道院之夜未有恐怖，反而愈显神奇安宁。我不愿回屋，可有人对我说，夜间不能在修道院里闲逛。再说，明日还得早起。在了解到早起的时间后，我几乎崩溃：必须在清晨五点三十分起床！之前在家，我从未醒得如此之早。

果然，五点半钟，响亮的钟声把我惊醒。"我们的主耶稣基督，我们以圣徒的名义祈祷，请宽恕我们！"负责叫醒众人的修士推开我们宿舍的门，用睡意惺忪的声音念完这句祷告，然后奔向下一个房间去唤醒其他人。

起得如此之早，在一间大洗漱室里用冰冷的凉水刷牙，这实在让人难受。我已上百次地后悔，觉得不该来此地，更恐怖的是，我还许诺上帝要在这里待上整整十天。有谁需要我们这样早起呢？是上帝吗？当然不是！是我们自己吗？也不是。人们在自己折磨自己！……

外面仍一片漆黑。修士们身着随风摆动的黑色教袍，沿着弯弯曲曲的台阶上行，一声不响地走向山冈上的米哈伊尔教堂。我们这些朝圣者，紧跟在他们身后。

在神灯和烛光的映照下，兄弟祷告开始了。众人皆祈求上帝、圣母和修道院的护佑者圣科尔尼利祝福即将开始的一天。人们在神奇圣像旁的神灯上点燃蜡烛，再将点燃的蜡烛置于老式马灯中，并立即送往修道院厨房，以便引燃炉火。兄弟祷告之后，众人倾听晨祷，阅读朝圣者们写下的祈求亲人健康安宁的字条。最后，包括我在内的不再继续参加礼拜的人便赶去吃早餐。

看到供给朝圣者们的食物，我情绪高涨。有在莫斯科并不常见的鱼，有腌蘑菇、西葫芦、浓稠的荞麦粥和燕麦粥，粥上还撒有炸焦的洋葱末。总之，一切管够。我后来获悉，洞穴修道院向来热心款待干重活的人。这一传统源自前任院长阿里皮神父管事时期，现今的大司祭加夫里尔保留了这一做法。

修士们与见习修士们在早餐时友好交谈，时而也玩笑几句。我很喜欢这场景，我在俗世很少目睹到如此宁静的善意。

八点钟，我们这些朝圣者在管理处的院子里集合。担任队长（修道院里也采用苏维埃称谓）的马克西姆神父做了简单的祷告后开始布置任务。他对我的指派简单明了："你去打扫卫生。"我不知道要"打扫"什么，待我得知实情后，我不禁火冒三丈，差点儿转身彻底离开修道院。我的任务是清理污水井。我竭力控制住自己，强迫自己穿上别人递来的肮脏衣服和靴子，准备爬进污水井。

我将不再详细描写这一天。我在臭气熏天的坑洞里一直干到傍晚五点，掏出混有一半泥沙的污物，装进木桶。

在爬出污水井喘口气的时候，我时而看到几位修士，我觉得他们似乎在修道院里悠闲地散步，于是我便想起我们听过的无神论课，想起那些说法，称这些身着教袍的剥削者道貌岸然、虚情假意，一直在压迫心地单纯的普通民众。在这种情况下，他们压迫的就是我。

我当时并不清楚，其实每位修士均有许多事情要做，修士们的生活只有两项内容，即劳作和祷告。但外人对此有所不知。修士们的工作场所有铁匠铺、木工房、面包房、图书馆和圣饼作坊。执事要清扫祭坛，清理祭服和圣器，准备礼拜必需的一切物件有人去采买，为数百名出家人和俗家人准备斋饭，另有人在花园、田地和蔬菜库房里劳作，不一而足。而且众人还得参加一日数小时的祈祷仪式，修士们更要听人忏悔，有时直到深夜，还得履行众多其他职责。可是，当你置身污水深坑，你眼前的世界便显得阴暗而不公。

晚间我再次参加礼拜，读着一位老修士塞给我的那些松松垮垮的追荐簿和祈祷簿上无休无止的名字。祈求健康，祈求安宁……祈求健康，祈求安宁……伊万，阿格里皮娜，彼得，娜杰日达，患病的叶卡捷琳娜，怀孕的安娜，出门的尼古拉，他们活生生地在我眼前一一走过。我感觉到自己的责任，便不仅仅念出名字，还尽我所能为他们祷告。仅在一处我感觉好笑：我读到一张字条，是一位老太太的笔迹，她祈求保佑"浪子格里高利"健康，我觉得自己就是那位让自己不幸的奶奶陷入绝望的浪子。

　　我多想回家啊！这无意义的劳作还有八天！我却始终无法谋面约翰神父，更别说与他讨论我的问题。

　　次日，我被分派去劈柴，再把劈好的木柴堆成巨大的柴垛，在管理处的院子里，这些柴垛宛如一座座奇特的多层小木屋。我此前从未清理过污水井，从未劈过柴，从未放过牛，从未清扫过卵石路面。因此，当我在修道院的十天逗留即将结束时，我感受甚多，兴奋和疲惫亦甚多。这种"异样感受"在我内心留存了许久。

　　但我毕竟看到了一个令我惊讶的陌生世界。我数次路遇约翰神父，与他交谈数分钟。我当时觉得他是个普通老人，他当然很善良，但过于普通，没什么意思。我向他提出的问题看来十分愚蠢，可约翰神父始终倾听着，由于他自己没有时间，便建议我去找塔夫里昂院长。我当时悲哀地发现我很难记住这个名字。但对于我当时特别关心的问题，即是否该学电影，教会怎么看待电影，约翰神父的回答却令人意外：

　　"电影是一种语言。可以用这种语言大喊：'把他钉上十字架！'也可以用这种语言颂扬上帝。"

　　我立时记住此话，觉得这个"老头子"并不那么普通……

　　我当时如何能知道，此人将决定我的整个命运，成为我一生的主要发现之一，对我而言，他永远是基督徒、修士和神父的范例。

　　这位老人在道别时热情拥抱我，为我祝福，并嘱咐我一定再来修道院，我却对这一可能性顿生疑惑，我当时觉得，洞穴修道院来一次便已足够。

　　离开修道院的前一天，我终于费力地想起约翰神父建议我去见的那位修士的名字，即塔夫里昂院长，我找到了他。这是一位身材不高、四十岁左右的修士，接受过高等教育（我这才理解约翰神父的用意，因为在当时的情况下，我需要"智慧的交谈"）。塔夫里昂神父对我很迁就。他认真回答我提出的众多问题，在交谈的最后建议我阅读《圣经》和古代教父们的著作，早晚依据祈祷书祈祷，经常忏悔，领受圣餐，更重要的是要找一位教父。塔夫里昂送我一本收有圣诗的祈

△ **自然的恩赐**（重彩油画　150X260cm　2018 年　周昌新作）

祷书，此书在当时十分珍贵。他也邀请我再来修道院。

我熬过这整整十天，熬过这些早起、杂役、无休止的礼拜，以及礼拜时在我耳边不时狂吼的怪人。我不能说我在怜惜失去的时间，可到最后一天我早已归心似箭，想回莫斯科。

人们对我热情相送。遵照院长安排，司库送我整整三十卢布作为路费。我还接过一个装满各种美食的袋子。我前去教堂祷告，心生几丝感激和别愁，可在步出修道院时却充满即将返回莫斯科的喜悦。

可是突然，我心头却遭到重重一击。在这十来天里我首度步出修道院大门，可我心生的最初感觉却是一个难以遏制的愿望，即扔掉袋子往回跑！我无论如何没想到自己会有这一念头！……我竭力克制自己，缓步走向汽车站，越来越强烈地意识到自己已步入与十天前的世界完全不同的另一世界。

此时是傍晚。街上走着寻常的人们。迎面过来一个胖胖的小伙子，他边走边吃，嚼着馅饼，啃着苹果。我记得，这普普通通的场景让我大为恐惧。我不知原因何在。最终我想明白了，这些天里我已习惯在吃食物前祷告上帝，这边走边吃东西的人于是便让我觉得有些不可思议。

一群青年走出电影院。有人哈哈大笑。一对对情侣相拥着从我身边走过。一切都很正常。仅有一点，即我不知为何觉得自己在此完全是个外人。

与我同乘一个包厢的是两位姑娘和一位与我年纪相仿的青年。我爬到上铺，他们此时却掏出食物和葡萄酒。他们显然做好了快乐旅行的准备，他们也力邀我加入。十天前，我或许会毫不迟疑地加入进去，与他们欢度时光。可此时，我却含混地回答一声，便躲在上铺的角落里，一路上始终在阅读塔夫里昂神父赠我的祈祷书上那些我不明就里的斯拉夫词汇，耳边是三位旅伴欢乐的责怪和要我下往罪孽尘世的召唤。不，我对这三位年轻人没有丝毫谴责，我的上帝，我也并不认为自己是圣徒，而他们是罪人。我甚至丝毫没有此类想法。只不过，一切都变了。

在莫斯科

的确，一切都变了。我不知究竟发生了什么，但世界对我而言已失去一切兴致和诱惑。昨日还热衷的事情，如今即便不是毫无意义（我不敢滥用此词），但也显得十分遥远。我认不出自己。友人们也认不出我。

回到莫斯科后，我突然惊讶地发现，这十来天里我不仅没有抽烟，甚至将这一多年养成的习惯忘得一干二净，以前，我通常一天至少要抽两包烟。

我自己感觉良好的唯一去处即教堂。友人，娱乐，从前热衷的工作，均难以让我动心。甚至连书籍，连我爱读的陀思妥耶夫斯基和托尔斯泰的书，也无法再激起我的关注。我知道自己发生了巨大变化。或许，先前我感觉亲切的世界已一去不返。眼前展现出另一种生活，与其相比，我先前度过的二十四年生活均不值一提。我真心挚爱从前那个世界，怜惜它，与它心心相印！……可我的心已不再属于旧的约定，而转向突然呈现的新约定，即人与上帝之间不可遏制的秘密约定。

遵循塔夫里昂神父的建议，我翻开古代教父们的著作。他们的著作让我深感震惊。最令人遗憾的是，我们拥有这座无与伦比的宝库，却竟然对它一无所知。

我眼前展现出一片由伟大作者们构成的新大陆，他们在数百年间积累起对生活的认知体验，这些体验有别于优秀哲学家们和经典作家们的看法。以撒·西林，约翰·列斯特维奇尼克，多罗费神父，金口约翰，我们的伊格纳吉（勃里扬恰尼诺夫）和隐修者费奥凡，吉洪·扎东斯基，所有这些神学伟人都是我们本该继承的遗产，却被我们长期忽视。

一个月之后，我已能理解教堂的礼拜，能领会那些教会斯拉夫语词汇深刻丰富的含义。早晚的祈祷成为渴求的时刻，圣餐和忏悔成为必需。

不久，我再次前往洞穴修道院。此后，只要情况许可，我便抽身前去洞穴修道院。电影让我感觉索然无味，我想这对电影而言亦并非太大损失。平心而论，我只是在积攒大学毕业所需的学时。我的大学老师们见状颇感惋惜，可他们很快便明白他们也无能为力。做完摄影棚里的例行工作后，我有两周空闲时间，于是便坐上火车，赶往修道院。

我为何如此向往修道院呢？首先是因为那里的人。我想在此谈谈修道院里的那些人。

约翰神父

我在 1982 年去普斯科夫洞穴修道院时首次见到约翰大司祭（克列斯奇扬金）。当时他似乎并未给我留下特殊印象，不过是一位善良老人，他身体结实（他当时七十二岁），总是步履匆匆，甚至显得十分忙碌，身边永远围有大批朝圣者。修道院里的其他修士则显得更为严肃节制，甚至更为稳重。

晚礼拜前，普斯科夫洞穴修道院宿舍里往往会冲出一个奇特队列。年轻的修道院管事菲拉列特神父挽着约翰神父的胳膊，拖着他一路小跑，约翰神父勉勉强强方能跟上管事。在外面等待约翰神父的一群朝圣者，立时跟在他俩身后。他们与两位神父一起，像一阵风在修道院的院子里卷过。修士斗篷和修士冠随风飘扬，约翰神父不时磕磕碰碰，跑得气喘吁吁，匆忙之间仍试图为某位朝圣者祝福，甚至回答问题。菲拉列特神父见状十分生气，扯着刺耳的尖嗓门喊叫，时而冲着约翰神父，时而冲着朝圣者，时而甚至挥动雨伞驱赶朝圣者。最后，他终于把约翰神父塞进教堂，然后动作更快地把他拉上祭坛。

应该说，管事这么做绝非出于恶意，而是担心约翰神父天冷时在外面被冻感冒。而在天气暖和时，神父甚至难以抵达教堂，因为人们会一连数小时围住他不放。

我和其他见习修士朋友日复一日地目睹这一场景，开怀大笑，直到我们逐渐意识到，这位跟在修道院管事身后跟跄而行的约翰神父实为人间少有的奇人之一，对于像他这样的人而言，空间和时间的界限更为开阔，上帝赋予他们更为广阔的眼界，能看到过去和将来，一如看到现在。我们带着惊讶、不无恐惧地确信自己的体验，即在这位被不怀好意者戏称为动画片中的"爱波利特大夫"（楚科夫斯基所作童话中一位给动物治病的和蔼可亲但粗心大意的大夫）的老人面前，

人的灵魂会袒露其一切深藏不露的秘密、秘而不宣的愿望和貌似隐蔽的行为和思想。在古代，这些人被称作先知。在我们东正教会，他们被称作长老。

约翰神父从不自称长老。听闻此类称谓，他总是害怕地两手一拍："哪里是什么长老？！我们最多也就是有些经历的小老头。"极其谦逊的他，直到临终都对此深信不疑。然而，熟知约翰神父的许多人却坚信，约翰神父即真正的上帝使者，他懂得神的意志。

是的，这一点至关重要！约翰神父洞悉上帝关于人的神圣意志。但我们当时对此同样未能立时领会。我们起初觉得，这位神父只是个十分智慧的老人。正是为着这一名声在外的"智慧"，人们自俄国各地赶来见他。只是后来我们才惊讶地发现，这成千上万的人希望从约翰神父处获得的绝非某一智慧的建议。

世间不乏能根据人生经历给别人提出各种建议的人。可是，前来拜访约翰神父的人却往往处于他们命运的悲剧关头或转折关头，他们想从约翰神父处听到的建议并非关涉如何智慧地做事，而是关涉如何正确地做人。确切地说，这位长老与所有他者的差异正在于此，即对神的意志的认知。他因之有别于那些大名鼎鼎的智者和知识渊博的神学家，甚至有别于经验丰富的杰出修士。

我记得，我当年在做见习修士时，曾有一位来自莫斯科的朝圣者走到我身边，告诉我他亲眼目睹的一个场景。一次，约翰神父像往常一样被许多人环绕，他走过修道院的院子向教堂赶去，突然，一位恸哭不止的妇人向他扑来，手里抱着一个两三岁的男孩。

"神父啊，请祝福这个要做手术的孩子吧！莫斯科的大夫急着给他做手术……"

约翰神父停下脚步，对妇人说了两句令这位来自莫斯科的朝圣者大为震惊的话：

"千万别做手术！孩子会死在手术台上。祷告吧，给他治病，但千万别做手术。他会好起来的。"

他给男孩画了一个十字。

我和这位朝圣者坐在一起，我俩因这样的想法而担心：万一神父误判了呢？万一孩子死了怎么办？如果发生不幸，孩子的母亲该如何对待约翰神父呢？

我们当然不会怀疑约翰神父轻视医学，虽说在宗教界的确有极少数人敌视医学。我们也知道他在给人祝福时，有时也建议被祝福着去做外科手术。他的教子中就有多位名医。

我们惶恐地等待结果，悲痛欲绝的母亲会返回修道院，从而引出一桩可怕的丑闻，还是一切果然恰如约翰神父的预言？眼见神父心平气和，每日照例奔走在教堂和修道小室之间，我们所能得出的结论只有一条，即长老对自己给出的果断建议深信不疑。

信赖和服从，是东正教徒与其教父关系中的首要原则。诚然，并非每位教父都配得上人们的完全服从。不过，此类教父为数极少。这其实是个复杂问题。有过此类悲剧，即某些不明事理的神职人员自视为长老，且颐指气使，肆意发号施令，最终做出宗教生活中绝不允许的事情，即压制教子的自由。

约翰神父从不专横，从不把自己的意志强加于他人。他无比珍视人的自由，对人的自由怀有某种特殊景仰。神父时刻准备去劝说，去开导，甚至准备去央求，以便他认为对求助者而言必不可少的那些做法得以履行。可是，如若对方坚持己见，神父通常会叹息一声，说道：

"那您就试一试吧。您就按您的想法做吧……"

据我所知，那些没有按照约翰神父的建议去做的人，最终全都追悔莫及。通常，他们会再度来到神父面前，满怀按照神父所言行事的坚定愿望。而神父一如既往地带着同情和爱意接待这些人，不惜花费时间和精力，尽其所能地矫正他们的错误。

这个关涉男孩和手术的故事，令我想起一件发生在十年前的相似事件，可这件事的结局却大相径庭。

当时，在莫斯科生活着一位非常独特有趣的妇人，即瓦连金娜·帕夫洛夫娜·科诺瓦洛娃。她就像俄国画家库斯托季耶夫画中的人物，是地道的莫斯科女商人。她是一位六十来岁的寡妇，是和平大街上一家大型食品基地的主任。瓦连金娜·帕夫洛夫娜身材肥胖矮小，通常都端庄地坐在她办公室里宽大的办公桌后面。即便在苏联动乱时期，她办公室的四壁也挂满装有纸质圣像画复制品的巨大镜框，办公桌下方的地板上摆有一个巨大的塑料口袋，里面装满了钱。瓦连金娜·帕夫洛夫娜根据自己的需要处理这些钱，时而让手下去购买一批新鲜菜蔬，时而把钱送给聚集在她这家食品基地附近的众多乞丐和香客。

瓦连金娜·帕夫洛夫娜的手下既怕她，也爱她。大斋期，她常在自己的办公室举办祈祷仪式。在她这里工作的鞑靼人也总是虔敬地参加仪式。在那些食品短缺的年代，莫斯科的修道院院长们常去找她，也时有主教拜访她。她对其中一些人恭敬有加，对另一些她不喜欢的"教会再合一运动"人士，她却态度强硬，甚至颇为粗鲁。

我不只一次被大卡车从洞穴修道院拉到首都，负责搬运供修道院过复活节和圣诞节所需的食品。瓦连金娜·帕夫洛夫娜待我们总是十分热情，把我们这几位年轻的见习修士视为己出，而她唯一的儿子早已离世。我们和她成为朋友。更何况，我们还永远拥有一致的话题，因为我们都是约翰神父的教子。

约翰神父或许是世界上唯一能让瓦连金娜·帕夫洛夫娜感到胆怯的人，但瓦连金娜·帕夫洛夫娜十分爱神父，尊重神父。一年两度，她会带最亲近的手下来到洞穴修道院，在此斋戒、忏悔。在这段时间里，她完全变了一个人，她安静温顺，羞怯腼腆，与那位"莫斯科女霸主"毫无相似之处。

1993年秋，我的生活发生一次转折：我被任命为普斯科夫洞穴修道院莫斯科分院主管。办事处计划设在古老的奉献节修道院。为办理各种繁琐文件，我需要经常返回洞穴修道院。

瓦连金娜·帕夫洛夫娜患有眼疾，但问题不大，是老年白内障。一次，她让我请约翰神父为她祝福，因为她要在著名的费奥多罗夫研究所做一个小手术。约翰神父的回答，老实说，让我大为惊讶："不，不，千万别做。现在不行，过些时候再说。"他言之凿凿。回到莫斯科，我把此话转告瓦连金娜·帕夫洛夫娜。

她一时六神无主。她已与费奥多罗夫研究所商定好一切。瓦连金娜·帕夫洛夫娜给约翰神父写去一信，再次请求他祝福手术，并解释说这是小事一桩，不值得过分关注。

约翰神父自然也与瓦连金娜·帕夫洛夫娜一样，知道白内障手术没什么大风险。可在读完我捎回的瓦连金娜·帕夫洛夫娜的信后，他却十分担忧。我在神父处坐了很久，他神情激动地要我千方百计说服瓦连金娜·帕夫洛夫娜立即放弃手术。他又给她写了一封长信，求她改变主意，并以教父的名义建议她将手术延期。

当时，我恰好获得两周空闲时间。我十多年间从未有过假期，因此，约翰神父祝福我去克里米亚的疗养院修养两周，当然，一定要带上瓦连金娜·帕夫洛夫娜。他在给她的信中写明此事，并补充道，手术应放在结束度假一个月之后。

"她要是马上手术，就会死去……"在我们道别时，神父忧伤地说道。

可是在莫斯科，针尖碰上麦芒。或许是毕生第一次，瓦连金娜·帕夫洛夫娜奋起拂逆教父的意志。她的上一次度假还远在她的青春时代，火冒三丈的她一遍又一遍地说：

"瞧，神父还想出了这样的主意？度假！……那我的基地交给谁呢？"

她的确气恼，因为一次"不足挂齿的眼科手术"，约翰神父居然"节外生枝"。可我却不愿再听下去，果断地宣布我将开始准备疗养证，近期即与她一同前往克里米亚。最终，瓦连金娜·帕夫洛夫娜似乎妥协了。

数日之后，我在至圣牧首处获休假恩准，便订购了两张疗养证（晚秋时节的疗养证并不难订），然后打电话到食品基地，告知瓦连金娜·帕夫洛夫娜我们的出发日期。

"瓦连金娜·帕夫洛夫娜在医院。她今天做手术。"她的一位助手告诉我。

"怎么可能？！"我喊了起来，"这可是约翰神父禁止的啊！……"

情况是这样的，两天前，一位修女来到食品基地，她剪发做修士前曾是医生，听闻白内障的事情后，她也因约翰神父的决定而动气。她完全支持瓦连金娜·帕夫洛夫娜，她还邀请谢尔吉圣三一修道院的一位神父为手术祝福，祝福恰在这一天完成。心满意足的瓦连金娜·帕夫洛夫娜于是前往费奥多罗夫研究所，打算赶紧做完这个并不复杂的外科手术，两三天后便与我一同前往克里米亚。但在手术台上，她突发严重中风，完全瘫痪。

得此消息，我赶紧打电话去洞穴修道院，找约翰神父的助手、修道院管事菲拉列特神父。在特殊情况下约翰神父会前往菲拉列特神父处，使用后者的电话。

"你们怎么能这样呢？你们为什么不听我的话呢？！"听到我前言不搭后语地讲述这个悲哀故事，神父几乎哭出声来，"我要是坚持什么，就说明我是明知结果的啊！"

我对他何以作答呢？我只能问他要如何去帮瓦连金娜·帕夫洛夫娜，因为瓦连金娜·帕夫洛夫娜始终处于昏迷状态。约翰神父吩咐我从教堂拿些备用的圣饼和葡萄酒，带往修道小室，当瓦连金娜·帕夫洛夫娜恢复知觉，无论白天还是黑夜，我都应立即赶过去，为她做忏悔，给她授圣餐。

34

◁ 神的旨意（重彩油画　150X260cm
2017 年　周昌新作）

仰仗约翰神父的祈祷，瓦连金娜·帕夫洛夫娜于次日清晨恢复知觉。她的亲属立即通知我，我在半小时后赶到医院。

　　瓦连金娜·帕夫洛夫娜躺在金属推车上，被推到重症室前厅来见我。她躺在白色的床单下，身躯短小，显得孤立无助。她睁开眼睛看到我，哭了起来。她无法说话。可不用她说话，我也能听懂她的忏悔。我为她做赦免祷告，为她授圣餐。我们相互道别。

　　次日，弗拉基米尔·楚维金神父再次为她授圣餐。当晚，她去世了。我们怀着平和宁静的心情安葬了瓦连金娜·帕夫洛夫娜。因为，依循古老的教会传说，一位在去世当天有幸领受圣餐的人，其灵魂很快便将升入天庭。

　　我们奉献节修道院修行生活的恢复和展开，均与约翰神父密切相关。1993年秋，我在伊维尔圣母像节前夕去见约翰神父，此时是我一生中非常艰难的时期。我当时已是莫斯科顿河修道院的修士司祭，可由于我的原因，我与修道院院长阿加福多尔大司祭却关系不和，接下来该怎么办，我全然无知。阿加福多尔神父让我去洞穴修道院见我的教父，让我的教父来解决我的问题。

　　约翰神父对我说了许多安慰话，让我保持修士的忍耐。他的话语有的放矢，更为重要的是，他对人的爱、对神意的信念和期待如此强烈，使得来见他的人，无论遭遇多大难题，不仅会获得安慰，还充满崭新的生活力量。在这一方面，约翰神父还具有一种罕见能力，即说话时的他仿佛能从神那里获得权力，给人以生活的力量，就像基督那样。

　　我们一起坐了很久。晚祷已经开始。约翰神父看一眼钟表，忙乎起来，他让我先去教堂，说他随后赶到。

　　我与修道院的年轻修士们换上圣衣，站在圣母安息大教堂的古老祭坛上等待唱颂歌。突然，约翰神父走到我们身边。我俩半小时前刚刚分手，可此时的他却宛若旁人，神情专注严肃。神父一言不发，挽起我的手走到祭坛中央的供桌前。他深深地鞠躬三次，恭敬地吻了圣餐，并要我也照样做。然后他向我转过身来，说道：

"现在你就听从神的旨意吧……"

在此之前我从未听闻约翰神父说过这样的话。

"你回莫斯科，马上去见至圣牧首，"约翰神父对我说，"求他祝福你从顿河修道院转到普斯科夫洞穴修道院。你去求至圣牧首，请他祝福普斯科夫洞穴修道院在莫斯科设立分院，你负责筹建这个分院。"

我无言以对！……一方面，显而易见，我的生活在此一时刻发生了转折。与此同时我也意识到，约翰神父所言难以实现！

"神父，"缓过神来的我说道，"这完全不可能！至圣牧首刚刚公开宣布，严禁向他提出此类请求。他说他已作出决定，不再允许外地修道院在莫斯科开设分院。"

需要在此稍作解释。当时，俄国教会已恢复重建修道院达三百六十家，这一数目还在逐月递增。许多外地修道院均想在首都开设分院。此类请求让至圣牧首应接不暇，最终使牧首在一次宗教界会议上语气坚决地说，严禁有人再向他提出此类请求。因为，如若把莫斯科的教堂拨给各家修道院，那么首都便再无教区教堂的立足之地。

我将这些情况说与约翰神父听，可他毫不理会。

"你别担心！"他说道，"你去见至圣牧首，把我对你说的话转告给他。至圣牧首会祝福一切的。然后，"神父接下来的口吻完全是事务性的，语气热烈激动，"他们会拿出几座教堂让你选。别选第一座！余下的就按你的意见选一处吧。但是别选知名的大教堂。"

到了唱赞歌的时刻。

"礼拜后我在修道小室等你！"神父说道。

在赞歌仪式和接下来的礼拜中，我始终在回味约翰神父的话，晚祷结束后我赶紧去见他。神父把他在祭坛上对我说的话又重复数遍。他安慰我，鼓励我，要我毫不迟疑地遵循他的话去做。

诸如"我来告诉你神的旨意"之类的大话和狠话，约翰神父从来不说。此前及此后，我从未听他如此发声。因此，我十分严肃地看待他对我说的话，我克服恐惧，决定严格按照他的吩咐去做。

在莫斯科，不久便有了一个面见至圣牧首的机会，我按捺住剧烈的心跳，逐字逐句地向主教转达约翰神父的话，即把我调往普斯科夫洞穴修道院，并在莫斯科设立洞穴修道院分院……

我心怀恐惧地等待雷霆闪电在我的头顶出现，可令人惊奇的是，至圣牧首却认为设立普斯科夫洞穴修道院分院的主意十分及时，十分正确。原来，这些天里牧首正巧获悉一条消息，称洞穴修道院所在的城市毗邻新近独立的爱沙尼亚，距边境仅五公里，因而可能实行特殊的边境地区规定，限制朝圣者自由前往普斯科夫洞穴修道院。在此情况下，牧首认为，会对朝圣者造成不便的边境地区特殊规定一旦施行，莫斯科的分院便可向洞穴修道院提供帮助。至圣牧首立时委派阿尔谢尼（叶皮法诺夫）主教和弗拉基米尔·季瓦科夫大司祭负责为洞穴修道院分院遴选一处教堂。

阿尔谢尼主教建议的第一处场所，是不久前归还教会的圣母帡幪节修道院。我赶去查看，但我想起约翰神父的话，即要拒绝第一座教堂，实况也的确如此，因为圣母帡幪节修道院对于设立分院而言过于庞大。

于是主教又提供给我两处选址：一处是位于伊兹马依洛沃的圣母帡幪节大教堂，一处是位于卢比扬卡的奉献节修道院。伊兹马依洛沃的教堂让我感觉过于庞大壮观，奉献节教堂却恰好契合约翰神父的意思。再说，这不仅是座教堂，而且曾为修道院，后在1925年被关闭，修行生活在这里或许更易恢复。我打电话给洞穴修道院的菲拉列特神父，他帮我接通了神父的电话。

"奉献节教堂？就在管道广场后面？"神父对莫斯科的教堂了如指掌，"就选它！"

自分院落成至今已过去十八年，在此期间，无论欢乐岁月还是艰难时分，约翰神父始终支持我们，给我们以祷告、祝福甚或严厉的斥责。他赠予我们多幅圣像，其中包括他最喜爱的弗拉基米尔圣像。约翰神父祝福建立修道院出版社、研修班网站、孤儿院和辅助产业。尤其在艰难的初创时期，神父其实在密切监督复建修道院的每一步骤。此后，当关于洞穴修道院会对朝圣者关闭的担忧烟消云散，约翰神父仍请求至圣牧首恩准将洞穴修道院分院改建为奉献节修道院。

奉献节修道院的教友们尊敬约翰神父为我们修道院的建院长老，他是为我们祈祷的人，是我们的精神导师和大恩人。我们每天都为他灵魂的安宁而祈祷。他的布道、书信和训诫，是修道院教友、研修班学生和众多教民的案头书。

我特别想回忆，人们的灵魂在与约翰神父的交往中是如何变化和复活的，可在我认识约翰神父的这二十五年间发生的一切，却很难转述。虽说我也想承认，我对他的认识或许有误。约翰神父整个人构成了一个美妙惊人的秘密。

有时他会在我们面前展示出令人意外的一面，我们只能目瞪口呆。譬如，我曾十分吃惊地听他道出一句地道的劳改营囚犯黑话，而且他还是用平平常常的语气说出的，似乎脱口而出，这让我简直难以相信自己的耳朵！

一次，在离普斯科夫一百公里的一个偏僻乡村教区，我的朋友、修士司祭拉法伊尔处来了一位客人，即他的侄子瓦列里。明眼人一看便知，这小伙子不是教会人士，他来找他的神父叔叔并非为着斋戒和祈祷。情况果然如此。瓦列里是在躲避警察。他并未保密太久，第一晚便将实情和盘托出，原来他在家乡被指认犯下一项重罪，可他称自己无辜。虽说他是个面有凶相的小伙子，但我们仍相信他的话。的确，他的清白最终得以确认，他并未参与将他列为嫌犯的那桩凶案。

我们将他带往修道院去见约翰神父，请神父为他指明将来的路。神父热情接待小伙子，让他坐在自己身边，安慰他，详细询问事情经过。但后来，神父突然出人意料地说：

"瓦列里，你还是该去吃吃苦头。"

"为什么？！"瓦列里生气了。

约翰神父示意瓦列里靠近些，然后对他耳语几句。瓦列里身体一躲，惊愕地盯着神父。于是约翰神父让我和拉法伊尔神父出去一下，他要与瓦列里单独交谈。

半小时后，约翰神父请我们回屋，我们看见瓦列里坐在小沙发上，泪流满面，可在相识的这几天里他却首次露出了平静甚至幸福的神情。约翰神父停止忏悔，解下法衣上的长巾和套袖。约翰神父帮助瓦列里在修道院斋戒三天，接受涂圣油和领圣餐仪式。在此之后，约翰神父祝福瓦列里返回奇斯托波里。"为什么？"我们困惑不解。但显而易见，约翰神父已对瓦列里说明一切，因此瓦列里在与神父分手时问道：

　　"在监狱里该怎么做呢？"

　　约翰神父十分决然地说道：

　　"很简单：别相信，别害怕，别哀求！"

　　然后又换一种语气，用平常的声音说：

　　"最重要的是要祷告。在那里上帝离你更近，你会看到的！"

　　约翰神父胸有成竹地说。

　　1950年，有三人写了一份检举约翰·克列斯奇扬金神父的告密信，这三人分别为约翰神父当年所在那家莫斯科教堂的住持、唱诗班主管和助祭长。他们指责约翰神父吸引一批青年，不让他们加入共青团，他本人还进行反苏宣传。

　　约翰神父被捕。在卢比扬卡的内部监狱，他在单人囚室被拘禁了近一年。他在被审讯时遭到了严刑拷打。

　　接受审讯时，嫌犯克列斯奇扬金承认他身边的确聚有几位青年，但作为教会人士，他无法赶走他们，无法不给他们以必需的关注。克列斯奇扬金在谈到共青团的问题时说，他没有祝福那些青年加入这一组织，因为这是一个无神论组织，基督徒无法介入此类团体。他拒绝承认自己犯有反苏宣传罪，他说自己是一位神职人员，对此类活动毫无兴趣。在整整一年时间里，除审讯者点明的人，克列斯奇扬金在审讯中未提及任何人名。他知道，他提及的每个人均会被逮捕。

　　神父曾对我们谈及审讯他的人。他俩是同龄人。1950年，他俩刚满四十岁。审讯者与神父一样，名字也叫伊万（约翰是伊万的别称）。他俩甚至连父称也相同，即米哈伊洛维奇。约翰神父说，他如今每天在祈祷中都会提及那人。要忘掉那人也不可能。

"他打断了我的十根指头！"神父常说，话语中甚至带有某种惊讶，同时将残疾的双手伸向他视力很差的双眼。

"是啊，"我们当时想，"约翰神父的祈祷，而且是终生祈祷，这可不是小意思！我们很想知道这位名叫伊万·米哈伊洛维奇的审讯员的命运，从前的嫌犯伊万·米哈伊洛维奇·克列斯奇扬金终生为他祷告。"

▽ *爱的宽恕*（重彩油画　150X260cm　2017 年　周昌新作）

为彻底揭穿罪犯，审讯者安排了一次对质，证人即那位举报约翰神父的教堂住持。约翰神父当时已经知道，此人正是其被捕和受难的始作俑者。可当这位住持走进审讯室，约翰神父看到这位与自己多次共同主持宗教仪式的教友，却十分高兴，竟扑过去与对方紧紧拥抱！……住持在约翰神父的怀抱里瘫软下去，失去知觉。对质未能进行。即便如此，约翰神父仍被判在劳改营服刑八年。

关于一位古代教父曾有此记载，即他由于过多的爱竟忘记什么是恶。我们这些见习修士当年时常思考：上帝赋予苦修者以洞察和神力，让他们共享他的秘密，他这样做的理由何在，这需要苦修者建立怎样的功勋，铸就怎样的灵魂？想来甚至感到惊诧，那洞见人们最隐秘思想和行为的人，他将一视同仁地对世间每个人都怀有最仁慈的爱心，他心中充满受难圣子带至此世的强大隐秘的爱，宽恕一切的爱。

说到约翰神父的劳改营经历，他的反应总是令我惊奇，神父常说，那是他一生中最幸福的时期。

"因为上帝就在身边！"神父兴高采烈地解释。虽说他无疑也清楚，我们不可能完全理解他。

"不知为什么我没留下什么坏印象，"他在谈及劳改营时常说，"我只记得：天空辽阔，天使们在天上歌唱！我如今已经没有这样的祷告……"

在神父接待其众多来访者的修道小室里，他的出现总是风风火火。约翰神父像一阵风冲进屋来，是的，的确像一阵风，在他七十岁时，在他八十岁时，甚至到他年逾九旬。由于年老体衰，他有些脚步踉跄，他冲到圣像前，静立片刻，不看任何人，全神贯注地为来见他的人祷告。

做完这件头等大事，他才转身面向客人。他用快乐的眼神打量众人，立即开始为每人祝福。他对某人耳语几句。他担忧，他解释。他安慰，他建议，他鼓励。他叹息，他感慨。他两手一拍。总之，他在此时更像一只忙着照看其众多雏鸡的母鸡。忙完这一切，他才瘫倒在旧沙发上，并让第一位来访者坐到自己身边。每位来访者均有自己的问题。我对他人的问题不明就里，但我对自己当初去见神父的目的却记忆犹新。

一连九年，约翰神父均未同意我剪发当修士。他留我当见习修士，他提出剪发做修士的前提是获得母亲同意。可是我妈妈，上帝保佑她的在天之灵，虽然同意我以神职人员的身份为教会服务，却不愿我进修道院终身做修士。神父则坚持他的前提，即等到母亲同意。他常说：你如果真想做一名修士，就请求上帝，他会在合适的时候安排好一切。

我对他的话深信不疑。我静静地等待，同时为教会做事，先在普斯科夫洞穴修道院做见习修士，后在皮季里姆都主教的出版社工作。一次，我去洞穴修道院见约翰神父，无意间提及，莫斯科东正教徒们十分喜爱的顿河修道院即将重新开办。此时，约翰神父说道：

"你的时机到了。快去求你妈妈为你祝福。我想，这一次她会同意的。你忍耐了九年，从不装腔作势，你会看到，上帝会给你特殊的仁慈。你会得到一份厚礼的！"

随后，神父谈起他年轻时的顿河修道院，谈起被囚禁在那里的圣徒吉洪牧首，神父对吉洪牧首敬爱有加。神父说道，1990 年，就在我与他此刻所在的修道小室，他见到了圣徒吉洪牧首，牧首曾预言俄国教会将发生分裂。（这一分裂后果然在乌克兰发生。）

最终，约翰神父在他修道小室里的圣母像《逝者的追索》前祷告，然后让我赶回家中，在取得母亲的祝福后去见至圣牧首，请他允许我剪发当修士。

由于约翰神父的祷告，妈妈此次出乎意料地赞同我的愿望，并用一帧圣母像为我祝福。至圣牧首阿列克西二世将我列入莫斯科顿河修道院当时为数不多的教友行列。

约翰神父关于"厚礼"的预言也得到应验。事情如此：顿河修道院院长阿加福多尔大司祭因修道院事务紧急出差，我的剪发礼因此两度被推迟，最后，他为我剪发那天恰逢我三十三岁生日，而且，我获教名吉洪，旨在纪念我敬爱的圣徒、顿河修道院庇护人吉洪。

可回忆的往事还有很多……在瓦连金娜·帕夫洛夫娜·科诺瓦洛娃去世后不久，我也因病住院。我病得很重，约翰神父托他的教女娜斯佳·戈柳诺娃捎来一信，准许我在医院吃鱼和奶制品，尽管当时正值圣诞斋戒期。友人们当时为我安排一家好医院，病房里甚至有电视。病情稍有缓和后，我决定看看电视新闻，我已有数年没看电视，之后，我又把电视调到有趣的电影频道……

这天傍晚，娜斯佳·戈柳诺娃从洞穴修道院赶来，让护士转交我一封约翰神父新写的信。我记得我当时正躺在病床上看一部电影，同时阅读神父的信。神父在信的结尾写道："吉洪神父，我祝福你放松斋戒，但不祝福你看电视。"我连忙下床，拔下电视机的电源插头。我当时已很清楚，不听约翰神父的话将会有何结果。

也有一些对约翰神父不怀好意的人。他们或出于他们心知肚明的原因，不承认他的长老身份。但也有一些人，他们对他充满仇恨。约翰神父痛心地忍受他们的敌意、诬陷甚至背叛，却始终对他们持有真诚的基督徒之爱。我终生铭记他1987年在普斯科夫洞穴修道院米哈伊尔教堂一次布道时所说的话："主颁戒律，让我们爱他人，爱我们的亲人。至于他们是否爱我们，这并不是该我们操心的事情。我们只需要关心一点，就是我们必须爱他们！"

一位莫斯科神父曾为约翰神父的教子，一次他突然对我提出一个可怕请求，即他要向约翰神父归还圣巾，这圣巾作为神职人员的身份象征，是约翰神父在为他行按手礼前作为祝福授予他的。这位神父称，他对约翰神父深感失望，因为约翰神父不赞同他的异见教会人士的观点。这位神父吐了多少委屈的苦水啊！可他自己却任何话也听不进去，不愿了解约翰神父曾在劳改营被关数年，不愿知道约翰神父曾遭严刑拷打却坚贞不屈，无论如何，约翰神父均非一位随大流的人。

我怀着沉重的心情把圣巾转交约翰神父。他的反应令我惊讶。他画了一个十字，虔敬地接过圣巾，亲吻一下，然后说道："我怀着爱心给出，也怀着爱心收回。"

后来，这位神父转至另一教区，他同样不喜欢那里，又转向第三个教区……

44

另一证据是老莫斯科人阿德里安·亚历山大罗维奇·叶格罗夫的回忆。他写道："我一生的大半时光均与已故的皮缅主教一起度过。一次我就有关教父的问题向他询问。他对我说：能担任整个俄国之教父的人或许只有一位，就是约翰神父。"当约翰神父偶尔来到莫斯科，皮缅牧首总要亲自邀请约翰神父前往他在佩列捷尔金诺的住处，两人交谈甚久。

约翰神父对教会高层充满敬重和爱意。他深信，尘世的真理仅存在于教会。约翰神父无法忍受任何分裂和暴动，始终无所畏惧地反对此类行径，尽管他深知这会给他带来无数诬陷，有时甚至是仇恨。他是一个真正的教会人。他很多次强迫我们严格地按至圣牧首的决定去做，按主教和修道院院长的意见去做。

可这绝不意味着某种机械的、不假思索的服从。有过此类事例，修道院的某位院长和当家主教要约翰神父为某件他们业已作出、而约翰神父却不赞同的决定祝福。修道院高层需要用这位长老的威望来支撑他们作出的决定。可是，在教会近百年的生活经历（约翰·克列斯奇扬金四岁起就在教堂里做祭台小助手）却使约翰神父意识到，此类管理方式不会带来任何益处。

他们逼迫神父，即所谓"刀架脖颈"。神父和修士们均清楚，抗拒掌门主教和院长意味着什么。约翰神父一连多日承受重压。他恭敬地解释，他无法对他心灵不赞同的东西表达"祝福"。如若修道院高层认为必须那样做，他毫无怨言地服从他们的决定，因为他们在上帝和教友们面前为他负责。可他认为，在此情形下接受安排是出于激情。而作出祝福，即说出"好话"，他却无法做到。

所有提笔追忆约翰神父的人通常均会写道，他为人温和善良，充满爱心。是的，毫无疑问，我一生从未遇见比他更善于表达父亲般爱心和基督般爱心的人。但得说明，约翰神父在必要的场合也十分严厉，能说出很重的话来，让对方无地自容。我记得，当我还在洞穴修道院做见习修士时，曾听见约翰神父对两位年轻修士说："你们算什么修士？你们不过是两个好小伙子！"

约翰神父从不害怕说真话，无论对方是何人，是主教、是俗家人还是普通的见习修士，他说真话首先是为对方好。早在童年时期，在与那些伟大的苦修者和后来的受难者们交往时，约翰神父的内心即已养成这一坚定的宗教立场。

这是他 1997 年在一封信中对我所提问题作出的答复：

"我生活中遇到一件事，与您的情况有些类似。我当时才十二岁，可那件事却给我留下十分强烈的印象，那场景时至今日仍历历在目，我还记得所有人的姓名。

"在我们奥廖尔有一位杰出的主教，即谢拉菲姆大司祭（奥斯特罗乌莫夫），他是一位最智慧、最善良、最有爱心的人，任何最高级形容词用在他身上均不为过。他以生命为代价，随时准备接受受难圣徒的荆冠，后来情况果然如此。在宽恕星期日，这位神圣的主教将两位修士——卡里斯特修士和吉洪辅祭赶出修道院，因为他俩的一桩过错。他毫不留情地当众赶走他们，以警示其他人勿受诱惑，然后他又立即言及宽恕星期日，请求众人的宽恕。

"这件事在我的童年意识里留下深刻印象，因为一切都集中在了一起：从驱逐，亦即不宽恕，到虔敬的宽恕，再到众人的宽恕。我当时就明白了一点，即惩罚也可以成为宽恕的开端，没有惩罚也就没有宽恕。

"如今我仍要向谢拉菲姆主教的勇气和智慧鞠躬致敬，因为他当时给所有在场者上的那堂课，成了他们终生借鉴的活的范例。"

约翰神父始终在不屈不饶、充满喜悦地传播他珍视的一个显见真理，即基督徒的尘世生活与天国教会的生活依靠牢固而又隐秘的精神纽带相互联结。约翰神父离世的庄严时刻再次佐证了他的这一信念。

约翰神父在九十六岁时离开我们。他死于一个对他个人而言十分重要的节日，即俄国新受难者和苦修者纪念日。在残酷的二十世纪为基督献身的那些人，其中有很多均为约翰神父的导师和密友。他本人也是他们中的一位。在新受难者纪念日，2006 年 2 月 5 日清晨，在约翰神父领受圣餐之后，上帝将他召去天国。

即便在约翰神父去世之后，有幸与他结交过的人仍能感受到他的爱意和支持，他的祷告和关怀。这一切至今仍与我们同在，尽管约翰神父已身在天国。

2007 年，至圣牧首阿列克西二世的命名日庆祝活动在大斋期第一个星期日举行，此日为东正教胜利节。此前一周，我与奉献节修道院教友们参加了许多令人难忘的大斋期第一周礼拜仪式。在周六的礼拜之后，参加主教命名日活动的来宾陆续到达。晚祷前后，直到深夜，我们均忙于接待和安置外地来的神父和主教，他们在莫斯科通常都落脚于我们奉献节修道院。我忙得疲惫不堪，睡意难消，便决定把睡前诵读的经文留待第二天早上再读。可令我难堪的是，次日我睡过头，一句祈祷文也没读，便去基督救主大教堂参加礼拜。

在我二十年的修士生涯中，我有两三次没做准备便去参加礼拜。每一次，无论什么理由和原委均无法压抑良心发出的严厉指责，更遑论以疲惫做借口。可这一次，我仍试图说服自己，我虽然没有事先诵读该读的经书，但我这一周毕竟早晚都在教堂。周三和周五，还有周六，就是昨天，我还刚刚领受圣餐，读了该读的经文和祷告文。

我穿上祭服，正打算走上基督救主大教堂站满修士的祭坛，我甚至想起如今某些著名神学家的话，他们认为圣餐仪式完全没什么必要……长话短说，我觉得我几乎已经说服了我内心的谴责声音，可突然，楚瓦什都主教瓦尔纳瓦走到我身边。我在牧首主持的礼拜中多次见过这位受众人敬重的年长主教，却从未与他交谈。可这一次，主教却走到我身边，为我祝福，然后说道：

"上帝祝福你，吉洪神父，因为你拍摄的洞穴修道院影片。我非常喜欢这部影片。我和约翰神父相识五十年，我常去洞穴修道院看他。"

主教指的是我拍摄的那部以洞穴修道院为对象的纪录片，片中有许多与约翰神父有关的镜头。

"你知道我现在想起什么事情了吗？"主教继续说道，"你大约也听说过，约翰神父五十年代在一个乡村教区做牧师，有一天晚上，在晚祷之后，有几个强盗冲进他的屋子，把他捆起来，毒打一顿他，然后把他扔在那里，让他等死。你听说过这事吗？"

"是的，主教，我知道这件事。第二天早晨做礼拜之前，教友们发现了约翰神父，为他松了绑。"

△　洞穴神光（重彩油画　150X260cm　2016 年　周昌新作）

　　约翰神父是吉洪都主教的师父，是人间少有的奇人之一。他洞悉上帝关于人的神圣意志，对他
而言，空间和时间的界限更为开阔，上帝赋予他们更为广阔的眼界，能看到过去、现在和将来。
在他面前，人的灵魂会袒露其一切深藏不露的秘密，秘而不宣的愿望和貌似隐蔽的行为和思想。
约翰神父享年 96 岁，是洞穴修道院中神父的杰出代表。

48

普斯科夫洞穴修道院是一座神圣洞穴，六百年前，这些洞穴就被用作隐修院，这座地下迷宫蜿蜒曲折，在教堂僧舍、花田和田地下方绵延达数公里。时至而今，洞穴里共葬有一万四千人，他们的灵柩并不密封，就一层一层摆在沙坑和岩洞里，可手持蜡烛走进这座迷宫的人，每每均会惊讶于洞穴中空气的清新和纯净。

"是的，是的，是这样的！约翰神父恢复知觉后，感谢上帝让他经受这场考验，感谢上帝救了他，然后去主持礼拜。你知道他后来对我说过什么话吗？他说这是他一生中唯一一次没做准备就去主持礼拜，事先没读该读的经文和祈祷文。唉，就是这样……上帝保佑他！"

迪奥尼西大司祭（施施金）站在一旁。我走近他身边，对他说了这件事，说了我的懈怠，说了我与瓦尔纳瓦主教的谈话。我向迪奥尼西大司祭做忏悔，在等待仪式开始的时候，我们谈起上帝对我们的恩赐，谈起神意的神秘莫测。

有谁知道我们此刻见证了什么？……或许，是约翰神父自另一世界借瓦尔纳瓦主教之口来开导"这个不成熟的孩子"，就像他在一封信中对我的称呼。或许，我们此时遇见另一位隐秘的修士和上帝的奴仆，因为这些人的存在，基督的东正教会才永远不会衰落。

谢拉菲姆大司祭

对于我来说，谢拉菲姆神父是普斯科夫洞穴修道院中最为神秘的人。他出身于波罗的海东岸地区一个男爵家庭，在三十年代来到修道院，侍奉苦修大司祭西梅翁长老。

谢拉菲姆神父很少与人交往。他身居一个充作住处的洞穴，里面又湿又暗。做礼拜时，他低垂脑袋，全身心地投入祷告，时而动作飞快而又虔敬地画个十

字。在修道院里走动的谢拉菲姆神父，也总是这副全神贯注的样子。我们这些见习修士觉得，分散他的注意力就是犯罪。诚然，他时而也主动与我们简短交谈。譬如，在做完礼拜回修道小室的途中，他总要送一块圣饼给在修道院广场上值班的修士。再譬如，一位名叫萨沙·施维佐夫的见习修士不知为何想离开修道院，谢拉菲姆神父突然来到他面前，跺着脚严肃地喊了一句："你是走不出修道院的！"他自己足不出户地在修道院里生活了六十年，他常说："我甚至连想都没想过要走出修道院。"1945 年，我们的士兵曾把他当作德国人，要枪毙他，但他们最终改变主意，没有开枪。

谢拉菲姆神父尽管不爱交往，神情严肃，可总体而言他却是一位无比善良、充满爱心的人。在修道院，众人均敬重他，爱戴他，虽说带有恐惧，更确切地说是带有颤栗，一如面对一位能在尘世与上帝同在的人，面对一位活圣徒。

我还记得当年的见闻。我曾任修道院院长加夫里尔大司祭的助祭，我发现，当谢拉菲姆神父走入祭坛，院长总是赶忙起身离开院长座位，恭敬地前去相迎。仅谢拉菲姆一人能获院长如此礼遇。

无论冬夏，谢拉菲姆神父均在清晨四点准时起床，他走出他的洞穴修道小室，迅速查看一番修道院，看一切是否正常。然后，他返回修道小室，生起炉子，由于洞穴十分潮湿，一年四季均需烧炉子。我想，谢拉菲姆神父感觉自己是洞穴修道院的特殊守护人，他也有可能的确肩负使命。无论如何，每当修道院的教友们面临最为棘手的问题，这位德国男爵的意见，这位伟大的修士、预知未来的苦修士的意见，总能发挥决定性作用。

谢拉菲姆神父很少说出什么特别训诫。他简洁的洞穴修道小室的前厅贴着几张纸，其上文字摘自圣徒吉洪·扎东斯基的著作，来谢拉菲姆神父修道小室的人均乐意阅读这些摘录，亦乐意听到谢拉菲姆神父的建议："你们要多读一读圣徒吉洪的书。"

在修道院的生活中，谢拉菲姆神父始终相当节制，这不仅体现于他的饮食、睡眠和交往。譬如，他在浴室里从不洗淋浴，仅用水两三瓢。当见习修士们问他为何不冲淋浴，并说水有的是，神父便会嘟囔一句，称洗淋浴就像是吃巧克力。

1983 年的一天，我有机会前往基维耶沃。这机会在当年要比现在更难得，因为基维耶沃靠近一座不开放的军事城市。基维耶沃的年长修女们送我一小块石头，它来自一块大石头，圣徒谢拉菲姆·萨罗夫斯基曾坐在那块大石头上祈祷。回到洞穴修道院后，我决定去见谢拉菲姆神父，把这件与他的精神庇护者相关的圣物送给他。接过这件突如其来的礼物，谢拉菲姆神父沉默许久，然后才问：

"为这件礼物，我能为您做点什么呢？"

我因为意外甚至有些慌神儿。

"没什么要做的……"

之后我却说出内心最为隐秘的话：

"请您祷告吧，让我能成为一名修士！"

我记得，谢拉菲姆神父当时十分仔细地看了我一眼。

"要成为修士，"他小声说道，"最首要的还是您自己的意愿。"

关于剪发做修士的意愿，他很多年后在另一场合再次向我谈起。我当时已在莫斯科侍奉皮季里姆主教，而谢拉菲姆神父已处于他生命的最后一年，卧病在床。我来到修道院，去长老的洞穴修道小室看他。突然，他主动谈起修道院，谈起修士的生活现状。这对于他而言非同寻常，这场谈话因此很宝贵，我仍记得其中的几个主要思想。

首先，谢拉菲姆神父怀着难以言表的巨大爱意谈起修道院，将其视为一座最伟大的宝库：

"您甚至难以想象什么叫修道院！这是一颗珍珠，是我们这个世界上最惊人的宝物！只是要到之后您才会珍重，才能明白。"

随后，他谈到当今修行生活的一个重要问题：

"我们修道院当今的不幸在于，剪发后来到修道院的人意愿薄弱。"

如今我越来越意识到这一观点的深刻。旨在建立修行功勋的弃绝自我的牺牲精神和义无反顾的态度，在我们这里越来越少见。谢拉菲姆神父在修道院年轻修

士们身上看到了这一点，并因此而痛心。

最后，他说出了一句对我而言十分重要的话：

"大型修道院的时代已一去不返。如今小型修道院将更有效果，其院长能够关注每位修士的精神生活。请您记住这一点。您将来做了院长，就别容留过多的教友。"

这便是我们于 1989 年的最后一次交谈。我当时仅为一名杂役，甚至不是修士。

谢拉菲姆神父的先见之明并未令我和我的修道院友人产生任何疑虑。谢拉菲姆神父本人对于那些言及奇迹和先见之明的话题态度冷静，甚至不乏怀疑。他曾这般谈及他的导师：

"大家都说西梅翁神父是个奇迹创造者，有先见之明。可我和他一起生活了很久，却没有发现他有任何奇特之处。他就是一位好修士而已。"

然而，我在自己的命运中却不止一次感受到谢拉菲姆神父的精神禀赋的力量。

1986 年夏，我有一次路过长老的修道小室，见他正打算给他门前台阶上方的顶灯换灯泡。我搬来一个凳子，帮他一下。谢拉菲姆神父向我道谢，然后又说：

"主教要带一位见习修士去莫斯科做事。人们以为他不会待得太久，可他却留在那儿了。"

"怎么讲？"我问道。

"就这样！"谢拉菲姆神父说完，便转身走进他的修道小室。

我迷惑不解地走开。是哪位见习修士呢？又是哪位主教呢？……

三天后，修道院院长加夫里尔大司祭把我叫去。他说他今天接到从首都打来的电话，打电话的是皮季里姆·沃洛科拉姆斯基主教，莫斯科牧首管理局出版部主席。皮季里姆主教获悉洞穴修道院有位见习修士是电影学院毕业生，便请求修道院院长将这位见习修士遣往莫斯科。为庆祝罗斯受洗一千年准备拍摄电影胶片和电视节目，因而需要一些专门人才。庆典定于两年后举行。他们言及的见习修士就是我。我记得，这是我一生中最觉恐怖的一日。我请求加夫里尔神父不要派我去莫斯科，可他已作出决定：

"我可不想因为你去和皮季里姆吵架！"他回答，对我的苦苦哀求置之不理。

后来我才得知，我的母亲试图让我脱离修道院，她早就央求修道院院长放我返回莫斯科，院长同情她，正在等待一个借口把我送回我孤苦无援的母亲身边。严厉的口吻则是他的一贯风格。

自然，我立时想起与谢拉菲姆神父关于见习修士、主教和莫斯科等的最后一次交谈，我冲向他的修道小室。

"主的意志啊！别难过。一切都会很好的，您自己之后会看到的，会明白的。"长老温和地对我说。

重新生活在莫斯科，尤其开头一段时间，是多么艰难啊！我感觉艰难是因为，我在夜间醒来时意识到，那座无与伦比的美妙修道院，以及谢拉菲姆神父、纳法纳伊尔神父、费奥凡神父、亚历山大神父等等，全都远在数百公里之外，而我却身在莫斯科，失去了这一切。

不友善的纳法纳伊尔神父

当年，如若有人要问洞穴修道院最不友善的人是谁，那么毫无疑问，他听到的答案一准是普斯科夫洞穴修道院的司库纳法纳伊尔大司祭。而且，面对这一问题，无论修士还是见习修士，无论出家人还是俗家人，无论洞穴修道院所在城市克格勃总局的共产党员还是当地的异见人士，或许均会众口一词。而且，纳法纳伊尔神父不仅不友善，而且还很不友善。

在我认识他的时候，他是一位身材瘦削、目光锐利、年岁已高的长老。无论冬夏，他均身着一件洗得褪色、下摆磨破的旧教袍。他肩上通常搭着一个亚麻布口袋，里面什么东西都装，有面包干，有某位妇人的施舍，还有大量卢布。这些东西在司库神父看来都十分珍贵，因为它们都是上帝送给修道院的礼物。所有这些财产都会被纳法纳伊尔神父分藏进他为数众多的隐秘宿舍和仓库。

修道院的财务完全归纳法纳伊尔神父掌管。修道院开销很大，因为修道院里每天都有近四百名香客和上百位修士要坐下来吃饭，要为修道院里无休止的房屋修缮和新建项目提供保证，此外，教友们的日常生活花销，接济穷人，招待客人，给官员们送礼……还有其他很多名目。纳法纳伊尔神父如何能独自一人搞定所有这些财务问题，无人知晓。而且，他还负责处理修道院的一切公务。此外，他要编制每日礼拜的程序，担任修道院的秘书，给因各类问题投书修道院的人写回信。最后，他还要协助院长神父从事一项通常令人不快的交往，即与苏维埃官方机构打交道。对于任何一位正常人而言，仅把所有这些事务数上一遍便已头昏脑涨，可纳法纳伊尔神父却做得驾轻就熟、一丝不苟，因此我们有时会猜测，他不仅是一位教会官员，他体内一定还藏有另一种身份。

除其他事务外，司库神父还负责监视我们这些见习修士。显而易见，他在履行这一责任时也保持他固有的一丝不苟：他片刻不停地盯着，看着，听着，生怕我们违反修道院规矩，或给修道院造成危害。当然坦白地说，监视见习修士的确有必要，我们这些见习修士自俗界进入修道院，均带有某些不良习惯。

纳法纳伊尔神父还有一种神奇本领，即他总能在最出乎你意料的时刻出现在你面前。譬如，修道院的青年人会丢下手头活计，躲到古老院墙下的某个隐蔽处歇息，聊聊天、晒晒太阳，突然之间，纳法纳伊尔神父像是从天而降，他抖动着胡须训话，他嘶哑的嗓音在这个时刻愈发让人难以承受。于是，见习修士们恨不得找个地缝钻进去，以便结束这场折磨。

尽心勉力的纳法纳伊尔神父的确几乎不吃不睡。他是一位不折不扣的禁欲主义者，譬如，从未有人见他喝茶，他只喝白水。午餐时，他仅食用定量的五分之一。但每天晚餐时，他却一准前往教友餐厅，其目的仅为在空空如也的餐盘前端坐，以挑剔的目光监视就餐秩序。

尽管几乎不吃不睡，他的体能却十分充沛。我们均不知他何时睡觉。即便深夜，透过护窗板仍可见他修道小室里亮着灯。年老的修士们说，他在修道小室里要么祷告，要么是在清点当天募集到的大量卢布和硬币。这笔数量巨大的财富他得整整齐齐扎成捆，零钱则装进小口袋。忙完这一切，他又开始在那架老掉牙的打字机上敲打明日礼拜的规矩和说明，因为除纳法纳伊尔神父外，无人熟知修道院礼拜规矩的各种细枝末节。

即便他修道小室的灯光熄灭，这也绝不意味着我们能暂时脱离他的监视。不，半夜三更，纳法纳伊尔神父也会随时随地出现，查看是否有人在修道院随意走动，因为这是绝对禁止的。

我记得，在一个冬夜，为庆贺天使日，我们在一位教友处呆到很晚，然后才返回修道小室。突然，在五步开外的暗处，纳法纳伊尔神父突然现身。我们全都吓傻了。可我们很快便惊讶地发现，司库此次没看见我们。他的动作有些奇怪。他步履蹒跚，甚至跟跟跄跄，背着他的口袋。之后我们看见，他迈过一处不高的栅栏，突然倒在雪地上，直接摔进花坛。

"他死了！"我们脑中闪过这一念头。

我们稍等片刻，屏住呼吸，小心翼翼地走近他。纳法纳伊尔神父躺在雪地上睡觉。他呼吸均匀，甚至发出鼾声。他把口袋枕在脑袋下，还用双手把着。

我们决定留在原地，看看接下来的情况。我们躲在洗礼钟楼后，开始等待。一个小时后，浑身冻僵的我们终于看见，纳法纳伊尔神父突然精神抖擞地一跃而起，他抖一抖身上的雪花，背上口袋，若无其事地走了。

当时我们还毫不知情，只是后来，一些熟知司库的修士才对我们解释，纳法纳伊尔神父的确太累，只想舒舒服服地睡一会。舒舒服服，意思就是躺下，因为他在自己的修道小室里是坐着睡觉的。但为了不在床上安卧太久，他选择在雪地上小憩。

不过，与洞穴修道院司库的生活方式相关的一切对我们而言仍然是谜。不友善的纳法纳伊尔神父不向任何人敞开他隐秘的内心世界，他甚至不让任何人进入他的修道小室！其中也包括大权在握的院长神父，尽管这会让人感觉不可思议，院长加夫里尔神父在自己的修道院里居然还有不能进入的禁区。而且，司库的修道小室并不偏僻，就在院长所住那幢楼的一层，恰在院长居室的楼下。自然，修道院的主人是难以与这一情形妥协的。

于是有一天，在节日午餐之后，院长神父心情舒畅，便对纳法纳伊尔神父说，他这就去纳法纳伊尔神父住处喝茶。

此时站在他们身边的几位教友立时明白，即将发生一场足以震撼思想、心灵和一切人类想象的事件。错失目睹这一事件的良机，是不可饶恕的行为。关于那一事件，当时在场的人留下了这样的描述。

院长神父沿着修道院的院落，庄严坚定地走向纳法纳伊尔神父的修道小室。司库迈着小碎步跟在院长身后，大声劝说院长神父放弃自己的念头。他央求院长去做某些能拯救灵魂的有益事情，而别去闲逛那些谁也不感兴趣的破旧小屋。他滔滔不绝地描述道，他的修道小室杂乱无章，他已二十六年不曾收拾，他的修道小室臭气熏天……最终，已完全绝望的纳法纳伊尔神父甚至近乎威胁，他大声说道，无论如何不能置院长神父的宝贵生命于险境，而司库住处那些乱七八糟的堆积物就可能对院长神父造成危害。

"够了，司库神父！"来到修道小室门前的院长打断对方，他已有些生气，"请打开门，让我们看看您这里到底有什么！"

尽管话中带气，但还是能听出，院长神父的确很好奇。

最终意识到无路可走，纳法纳伊尔神父不知为何却突然兴奋起来，他精神抖擞地说了一句每位修士在这种场合都该说的话，即"遵命，院长神父"，然后便掏出钥匙，为院长打开那扇陈旧的房门，在此前四十年间，这扇门从未完全敞开，而仅挪开一道能让瘦削的纳法纳伊尔神父挤过身去的细缝……

敞开的房门后面一片漆黑，因为无论白天黑夜，这间秘密修道小室的护窗板从不打开。纳法纳伊尔神父率先溜进黑暗，转眼便不见踪影，像是跌入黑洞，修道小室里没有传出任何声响。

院长神父跟在纳法纳伊尔神父身后，小心翼翼地迈过门槛，他犹犹豫豫地咳了一声，低声问道：

"您这里怎么这么黑啊？不是有电吗？开关在哪儿？"

"在您右手，院长神父！"漆黑中响起司库热情的声音，"不过要伸手去够！"

紧接着，只听院长神父一声惨叫，一股无形的力量将他从司库黑暗的修道小室推到走廊。在他身后，纳法纳伊尔神父也迅速冲到明处。转眼之间，他已给房门上锁，然后疾步走向不知所措的院长。司库唏嘘不已，忙着替院长神父整理教袍，吹去教袍上的灰尘，上气不接下气地解释：

"真是不巧。上帝饶恕！这个开关……您没用惯。64年就坏了，圣母帡幪节那天，恰好是赫鲁晓夫下台那天。一个征兆！早晨这个开关掉了，晚上赫鲁晓夫就下台了！从那天起，我一直没把这个开关装回去。用不着电工，我自己能搞定。把墙上的两根电线接上，灯就亮了，把它们分开，灯就灭了。但是当然要会用，是的！但一下学不会，一下学不会！……那么，院长神父，请您恩准，我现在重新把门打开，我们没事的！现在您知道怎么用我的开关了。我屋里有趣的东西还多的是呢！"

可未及听完这段胡言乱语，院长便已不见踪影。

不过，纳法纳伊尔神父却是一位遵守教规的真正典范，他写有称颂院长神父和普斯科夫洞穴修道院的长篇颂诗，另撰有长达五个印张的教谕布道诗。

纳法纳伊尔神父的不友善也面向强大的苏维埃国家，尤其在后者肆无忌惮地干涉修道院生活的时候。据说，当洞穴修道院院长阿里皮大司祭在当局的蛮横逼迫下感到手足无措时，正是纳法纳伊尔神父向他提供了十分巧妙的建议。

此事发生在二十世纪六十年代末。众所周知，当时所有苏联公民均必须参加选举。投票箱被搬进修道院餐厅，午饭后，教友们在院长的监督下胡乱投票，同时发出不满的抱怨。

但苏共普斯科夫州委第一书记不知为何获悉，那些"不学无术"的修士们获得了不合理的优待，他们投票赞成共产党人和无党派人士牢不可破的联盟，可他们却不去选举点，而躲在他们住了一辈子的修道院里选举。第一书记生气了，他严厉斥责部下对非劳动阶级分子的放任，并立时出台了一项规定，从今往后，在举行苏联最高苏维埃选举时，修士们必须像所有苏联人那样前往居住地的投票点投票。

据说就在此时，纳法纳伊尔神父对院长阿里皮神父小声耳语，道出了那个非常巧妙的建议。

到了选举日（是个礼拜天），在修道院做完礼拜后，一个庄重的十字架游行队伍走出修道院。

修士们两人一排，组成长长的队伍，整齐地唱着祭祷歌，穿过整座城市走向投票点。神幡在他们头顶飘扬，队伍前面照例举着十字架和古老的圣像画。不仅如此。如同在每件重大事情开始之前应该做的那样，修士们在选举厅里开始祷告。吓得要死的官员们企图制止，可阿里皮神父打断他们的话，要对方不要妨碍公民履行宪法赋予他们的义务。投完票，教友们又整整齐齐地以十字架游行的方式返回修道院。

没有必要解释，在后来进行选举时，投票箱一大早便又在修道院餐厅恭候修士们了。

与此同时，严格监视我们的纳法纳伊尔神父却始终禁止任何针对国家的公开的反对派立场，更遑论持不同政见行为。起初我们以为，司库是在拍当局马屁。可后来我们逐渐意识到，纳法纳伊尔神父不止一次与派至修道院的内奸或乔装打扮的暗探发生冲突。即便在完全确信周围均为实在人时，纳法纳伊尔神父依然总是制止我们发表我们钟爱的自由言论。他这样做，并不仅仅是为了保护修道院，而更像是为了保护我们，防止年轻气盛的我们做出不理智的荒唐举动。他鄙视空话，即便是那些最具英雄主义气概的话，他对苏维埃政权以及国家发生的一切了如指掌，不似我们这些人，我们的讯息大多是道听途说，且主要凭借书本。纳法纳伊尔神父对苏维埃政权持有非常个性化的清醒态度。这或许因为，他的父亲、神父尼古拉·波斯佩洛夫在一九三七年因为自己的信仰而被枪杀。纳法纳伊尔神父当兵上战场，战后成为院长阿里皮大司祭的助手，成为洞穴修道院圣徒长老、奇迹创造者西梅翁修士的教子。他们两人见他心地纯洁，思维敏捷，便让他在赫鲁晓夫迫害教会最甚时期担任修道院司库和秘书，将修道院最秘密的事务托付于他。

再回到苏维埃政权的问题上来。一个夏夜，我在圣母安息节教堂前的广场上值班。星辰在北方的天空上闪烁微光。四周一片静谧。钟楼上的钟敲了三下……突然，我觉得身后站着一个人。我恐惧地转过身。是纳法纳伊尔神父。他若有所思地看着星空，然后问道：

"格奥尔基，你怎么看待共产主义的基本原则？"

普斯科夫洞穴修道院。圣母安息节教堂广场。1983年。半夜三点。星辰……

没听到我的回答，纳法纳伊尔神父依然若有所思地说：

"共产主义的基本原则就是'各尽所能，各取所需'。可是这'所能'和

'所需'永远需要由一个委员会来决定。什么委员会呢？……通常就是'三人小组'！他们会把我叫过去，对我说：'瞧，纳法纳伊尔，你有什么才能呢？你一天能锯二十方木材吗？你有什么需求呢？一碗豆粥！……这就是那个基本原则……"

尽管纳法纳伊尔神父总是竭力强调他只是一名干巴巴的迂腐管事者，可是即便我们这些见习修士也逐渐猜透，他不过在小心翼翼地掩饰他的精神禀赋。不过，修道院里真正的修士均如此行事。司库神父并非修道院里正式负责听取忏悔的神父。前来向他忏悔的仅有几名洞穴城的老住户和某些远方来客。他不愿做其他人的忏悔神父，推说自己不善此事。

可有一次，他在一瞬之间袒露了他心灵中的隐秘部分，虽说他立时便又躲回了惯常的严厉和偏执。我在做事时犯了错，好像是对交办的事情漫不经心。为此，院长神父罚我一连三天清扫圣母安息节教堂广场的积雪。

我因此深感委屈。雪一直不停地下，清扫到第三天，我精疲力竭，连腿都迈不动。我很怜惜自己，对整个世界都充满怨恨，甚至真的设想起报复方案。可一名见习修士如何报复院长呢？完全不在同一量级上。我使尽最后力气用铁锹铲雪，心里突然浮现出这一场景。院长去教友餐厅吃午饭时会打我身旁路过，他一准会问："你情况怎么样啊，格奥尔基？"这时，我便高高兴兴、无忧无虑地回答他，恰似从未有过这三天苦役："比谁都好，院长神父！我以您的神圣祈祷起誓！"如此他便能明白，我是很难被轻易降服的！

这幅可怕复仇的图画让我心头火热，即便置身于绵延不绝的落雪，我也感觉自己越发兴奋。当纳法纳伊尔神父打一旁经过，我甚至冲他一笑，求他祝福我。他也十分亲切地冲我咧嘴一笑，为我画十字。我俯身去吻他的手，却突然听到脑袋上方响起一个尖细的声音：

"是这样的吧：'比谁都好，院长神父！我以您的神圣祈祷起誓！'"

我惊呆了，缩作一团，像是得了脊椎炎。我最终决定抬起眼睛看长老，见他正面带毫无掩饰的嘲弄盯着我。可当他看出我的恐惧，便怀着真正的善意说道：

"瞧，格奥尔基，粗鲁放肆不会给任何人带来好处！"

然后，他将那只装有大量钱财或面包干的口袋甩上肩头，踏着吱吱作响的积雪向教友修道小室走去。而我站在原地，大张着嘴看着远去的司库，每走一步，他皮鞋上即将脱落的鞋掌便会吧嗒一声。

瞧，他真像果戈理在《死魂灵》中塑造的吝啬鬼泼留什金！但他是一位神圣的泼留什金。

正如彼得堡一位可敬的大司祭所言："在普斯科夫洞穴修道院待一年，等于在神学院学习五十年。"我们能否掌握这些课程，则另当别论……但我们得承认，这是一个相当痛苦的问题。

顺便说一句，纳法纳伊尔神父是一位最地道的泼留什金。他不仅心疼修道院的每一个戈比，而且还会猛扑过去关掉每一盏白白点亮的灯泡，他舍不得用水和煤气，竭尽所能地节省一切东西。

此外，他还严格维护修道院的古老法则和修行规矩。譬如，他难以忍受教友出门度假。患病的修士需要休病假，离开修道院接受治疗，可纳法纳伊尔神父绝不接受此类举动。他本人在其五十五年修道院生涯中自然从未休假。院长加夫里尔大司祭同样从不休假，他总是斜眼打量那些前来向他告假的人。

我记得，院长有次终于准许一位修士休暑假。假倒是准了，可他让那位修士去找司库要路费。

我当时在圣母安息节广场值班，见证了这一幕。一开始，打算前去度假的修士长时间敲着纳法纳伊尔神父的房门，却不见回应。司库明白来者用意，故意躲在屋里不开门。这位修士下决心堵住司库神父。他在稍远处的长椅上坐下，开始等待。约四小时后，纳法纳伊尔神父小心翼翼地四处观察一番，然后出门来到广场上，就在此时，想去度假的那位修士拦住他，递上了院长要求支付路费的书面证明。

看到这张纸，纳法纳伊尔神父惊呆了，像是完全被击倒，随后他大喊大叫地躺倒在地，手脚朝天（他破烂不堪的皮鞋和褪色的蓝衬裤此时便从教袍中暴露出来），扯着嗓门喊道：

"警卫！救命啊！抢劫啦！！给他发钱啊！想去度假啊！在修道院累着啦！因为圣母受累啦！抢劫啦！警卫！救命啊！"

那位可怜的修士吓得几乎瘫倒在地。广场上的外国旅游者惊得目瞪口呆。那位修士两手抱着脑袋，慌不择路地逃回自己的修道小室。而院长站在其住处的阳台上，相当得意地看着这幕场景。

眼见危险已经过去，纳法纳伊尔神父静静地站起身来，拍拍身上的尘土，又忙他的事情去了。

当我们被派去协助纳法纳伊尔神父接待参观修道院的人，我们总是特别高兴。他出面接待的通常均为某些重要人士。我们这些见习修士的任务即取下古老的门闩，为参观者打开沉重的教堂大门。其余时间，我们便在一旁听纳法纳伊尔神父说话。

他的话有得听。纳法纳伊尔神父是其导师阿里皮大司祭传统的继承者，阿里皮大司祭在赫鲁晓夫迫害时期仍坚守修道院，没有放弃对上帝的信仰。阿里皮大司祭充满智慧、但时常又很无情的话语天赋后被纳法纳伊尔神父所继承。

在那个无神论时代，进入修道院的苏维埃干部最想遇见的人应该就是蒙昧无知的人，狡猾贪婪的人，迟钝弱智的人，而不愿见到他们真正碰到的那些人，即富有个性和教养的聪明人，无所畏惧、内心自由的人，他们的学识甚至令来客们始料不及。几分钟过后，来访者便一清二楚，他们一生中从未遇见这样的人。

似在1986年，普斯科夫党委领导陪交通部一位高官来修道院。这位高官十分平和，举止得体，因为他并未提出那些傻瓜问题，诸如修士们的妻子住哪栋楼，飞入宇宙的加加林为何没看到上帝等。在与纳法纳伊尔神父交往两小时后，这位高官佩服自己这位新谈伴，但最终还是提出了这样的问题：

"与您的交谈让我深感震惊！我这一生还从未见过像您这样独特有趣的人！但是请允许我问您，像您这么聪明的人怎么还会相信……好吧，您自己也明白我指的是什么！科学已经为人类揭示出了越来越多的新天地。哪里都没有上帝！

对不起，也没人需要上帝。就在今年，宇宙深处的哈雷彗星正在接近地球，你们看，科学家们已经精确地算出了它的飞行路线！还有速度！还有轨迹！对不起，这里并不需要什么上帝的旨意！"

"您是说彗星？……哈雷？……"纳法纳伊尔神父抖动着胡须说道，"您是说，能算出彗星的轨迹，就不再需要上帝了？是这样的，明白了！……可是您想想，要是把我放到铁路边，给我一张纸和一支铅笔，通过一周的观察，我就能准确地告诉您火车开往哪个方向。但这并不意味着世界上并不存在列车员、调度员和火车司机啊？……这并不意味着不存在交通部长啊？首长到处都是被需要的！"

不过，此类交谈并非每一次均能这般顺利结束。一次，一个旅游团来到修道院，有人小声告诉我们，说这个旅游团的成员均为中央委员的孩子。我不知这是否属实，可这些年轻人显得非常缺乏教养。我非常熟悉二十世纪八十年代中期这些养尊处优的莫斯科青年。这些年轻人对修士指指点点，不时嬉笑，提出一些最愚蠢的问题。可是没有办法，纳法纳伊尔神父还是领他们参观修道院。

参观自洞穴开始。洞穴入口处有间开着小窗的修道小室。十九世纪初，修士拉扎尔曾隐居于此，他后来也被安葬在这里。墓碑上摆放着他苦修时所戴的镣铐，还有一个沉重的铁十字架。

"拉扎尔修士在这间修道小室里苦修了二十五年。"纳法纳伊尔神父开始讲解，"我现在来向你们介绍这位出色的苦修士。"

"你们这位拉扎尔就在这里上厕所吗？"一位年轻的参观者高声发问。

他的同伴们哈哈大笑。

纳法纳伊尔神父耐心地等他们安静下来。

"他在哪儿上厕所？好的，我带你们去看！"

他将这些被派来的参观者带出洞穴，领他们穿过整座修道院，来到一处十分隐蔽的起居院落。在这僻静处有一间破旧的茅房。纳法纳伊尔神父让参观者在这茅房前站成半圆，就像在博物馆里那样，然后庄重地指着茅房说道：

"这就是拉扎尔修士上厕所的地方。现在你们好好站着看吧！"

然后神父转身背对这些大惊失色的年轻人，扔下他们走了。

等这些人缓过神来，参观团团长找到院长，对所发生的事情表达不满。院长神父回答说：

"纳法纳伊尔大司祭向我汇报了，你们对什么感兴趣，他就给你们看什么。此事我们帮不了你们！"

应该考虑到，此事发生在 1984 年。当时的局势并不宽松，这样做可能引起严重麻烦。但是，普斯科夫洞穴修道院的院长们均一如既往地坚强有力。

不友善的纳法纳伊尔神父死得十分安详虔敬。医生建议为他安装心脏起搏器，他恳求院长神父不要这么做：

"神父们，你们想想，"他说道，"灵魂想离开我的身体去见上帝，有什么电子小装置能把它再塞回身体呢！让我的灵魂如期离去吧！"

我有幸在纳法纳伊尔神父去世前不久探望了他，这位长老周身洋溢的善意和爱意令我深受震撼。这位在一切方面都极其吝啬的教会守财奴，却不怜惜自己最后的生命活力，愿意把整个自我都托付给上帝刚刚派来的使者。不过其实，他终生都是如此行事，只是我们当时无法理解这一点。

苦修士梅尔希塞德克

两年时间里，我每天做完杂役后均要诵读《圣诗》。这是一种特殊传统，修道院中白天黑夜不停地祷告，轮流诵读《圣诗》，然后再为许多人祈求生前的健康和死后的安息。

我轮到夜班，自十一点读到午夜。在我之后是苦修士梅尔希塞德克，他继续诵读至半夜两点。

梅尔希塞德克神父是一位令人惊异、神秘莫测的苦修士。除参加礼拜外，他几乎不在修道院里现身。他仅在节日才去教友餐厅。他坐在餐桌旁，戴着苦修修士冠的脑袋低垂着，几乎不碰任何食物。

俄国教会中的大苦修，是脱离尘世的最高级形式。接受苦修剪发礼后，修士便可抛下一切杂役，专事祷告。如同在剪发礼时一样，他须再度更名。苦修的主教不再管理教区，苦修的修士则被免除一切义务，仅需参加宗教仪式。

在修道院大钟敲响十二下之前一分钟，梅尔希塞德克神父总会准时现身于《圣诗》诵读处，即面积不大、灯光暗淡的拉扎尔教堂大厅。他在圣像壁前缓缓地三鞠躬，等我走近。为我祝福后，他挥挥手让我离去，然后他孤身一人开始祈祷。

整整一年，他未与我说过一句话。古代教父传记中有一则故事："三位修士每年照例去见安东尼主教。两位修士与主教深入交谈，第三位修士却沉默不语，从不提问。很长时间过后，安东尼主教问他：'你来此很久，为何从不提问？'这位修士回答：'神父，我只要见到你便已足矣。'"我在当时即已明白，我能每夜面见这位苦修士，这已属莫大荣幸。

但有一次，我还是鼓足勇气，违背了诵经规矩。当梅尔希塞德克神父照例在圣像壁前为我祝福时，我斗胆向他提出了一个问题，修道院中所有见习修士和年

轻修士或许均对这一问题感兴趣，却不敢发问。

事情是这样的。梅尔希塞德克神父在接受大苦修前，曾像所有修士一样在修道院修行，他当时叫米哈伊尔。他是一位心灵手巧、勤勤恳恳的木匠。教堂和教友宿舍里至今还留有他亲手制作的神龛、诵经台、雕花圣像框、椅子、柜子和其他家具。他起早贪黑地工作，深得修道院院方欢心。

一次，他受命为修道院制作大型木件。他一连工作数月，几乎足不出户。到完工时，他感觉极不舒服，据在场的人称，他当场倒下，一命呜呼。目睹不幸的人高声呼救，几位修士应声跑来，其中就有约翰神父（克列斯奇扬金）。米哈伊尔神父已无任何生命体征。聚拢过来的人悲伤地向他垂首默哀。突然，约翰神父说道：

"不，他没死！他还活着！"

约翰神父开始祷告。静静躺在那里的修道院木匠睁开眼睛，活了过来。大家立时发觉，他仿佛深受感动。稍稍缓过神来，米哈伊尔神父便求人去把院长叫来。等院长终于来到身边，他眼含热泪，请求为他举行大苦修剪发仪式。

据说，听闻自己修士这一自作主张的愿望，院长神父以其惯常的规劝口吻，要这位病人别再犯傻，既然死不了，就要好好养病，尽快恢复工作。可是，修道院里却有这一传说，即次日清早，院长本人神情慌张，不请自来地跑进米哈伊尔的修道小室，宣布很快就将为米哈伊尔举行大苦修剪发仪式。

这不像是威严的加夫里尔神父的一贯做法，此事给教友们留下了深刻印象，甚至胜过死人复活。修道院里流传一种说法，称院长半夜见到普斯科夫洞穴修道院的护佑圣徒科尔尼利院长，伊凡雷帝在十六世纪曾亲手砍下他的脑袋，圣徒科尔尼利要求院长立即答应那位死而复活的修士的请求。

我再重复一遍，这仅为修道院的一个传说。但是至少，米哈伊尔神父在接受剪发仪式后不久便被称为"苦修士梅尔希塞德克"。

院长神父为这位苦修士取了一个罕见名字，以纪念《圣经》中那位最神秘的古代先知。院长为何给苦修士取此名，这依旧是个秘密。虽说加夫里尔神父无论在剪发时还是在之后的岁月里，一次也未能准确地道出这一《旧约》中的名字。无论他如何努力，还是会说错。而且，这总会让他心情不好，我们也害怕撞上他的枪口。

修道院的人知道，梅尔希赛德克神父在死去的瞬间一定悟到了什么，恢复生命后便已脱胎换骨。梅尔希赛德克神父曾对他的几位密友和教子谈起他当时的感受。他的话激起的余波即已非同凡响，这自然使得我和我的朋友更想自梅尔希赛德克神父本人处获悉这一秘密。

于是在那天夜间，当我鼓起勇气与这位苦修士交谈，我向他提出的正是这一问题：在那通常无人能够抽身而返的去处，他究竟见到了什么？

听见我的问题，梅尔希赛德克神父久久地垂首站在神龛前，默默不语。我越来越害怕，很自然地认定我作出了严重的冒犯之举。可是最终，苦修士却用他很少有人听见的细嗓音说起话来。

他说，他突然发现自己置身一片广袤的绿色原野。他走在这片原野上，不知该往何处去，直到一道鸿沟挡住他的去路。沟中满是垃圾和土块，还有许多教堂的神龛、诵经台和圣像饰片。此外还有一些变形的桌子、损毁的椅子和橱柜。片刻之后，修士恐惧地发现，有些东西为他亲手所做。他浑身颤抖地站在那里，看着自己在修道院生活的这些成果。他突然感觉到身边有人。他抬起目光，于是看见了圣母。圣母同样忧伤地看着修士多年劳作的这些成果。

然后她说：

"你这位修士，我们希望你做的主要事情是忏悔和祷告，你却带来了这些东西……"

幻象消失。死者又在修道院苏醒过来。

此事发生后，梅尔希赛德克神父完全变了样。他生活中最主要的事情，如圣母对他所言，即忏悔和祷告。他如今的精神劳作成果也很快显现出来，即他最深刻的谦卑，他关于自己罪孽的哭诉，他对众人诚挚的爱，他完全的自我奉献，他超人的禁欲壮举，之后，则表现为他那种为许多人所熟知的洞察力，以及他为人

祈祷的有效性。

我们这些见习修士眼见他完全疏离尘世，在进行我们看不见、摸不着的精神斗争，我们便很少惊扰他，除非迫不得已。再说，我们也有些怕他，因为修道院的人都知道梅尔希赛德克神父是一位严厉教父。他有权力这么做。他对每一位基督徒灵魂纯洁的严厉要求，实源于他对人的大爱，源于他对精神世界之规律的深刻认识，以及他对人与罪孽不懈斗争必要性的充分认识。

这位苦修士生活在他的崇高世界中，那里没有任何妥协。但是，梅尔希赛德克神父一旦作出回答，这些答案便一定非同寻常，具有某种自在的特殊力量。

一次，我在修道院中遭受了在我看来不该遭受的严酷考验，于是，我决定去见修道院中最严厉的修士梅尔希赛德克神父，听取他的建议。

听见敲门声，梅尔希赛德克神父走到门口，做起该做的祈祷。他身着修士长袍和披巾，我见他的时候，他刚刚完成苦修功课。

我向他吐露自己的不幸和棘手的难题。梅尔希赛德克神父听完后，像往常一样静静地站在我面前，垂着头。之后他抬起目光看着我，突然十分悲伤地哭起来……

"兄弟！"他带着难以言表的痛苦说道，"你干嘛要问我呢？我已经是快死的人了！"

这位苦修士长老，这位伟大的苦修圣徒，站在我面前，带着真诚的痛苦哭泣，说他的确是世上罪孽最深的坏人！我则一刻比一刻更清晰、更欢乐地意识到，我的所有那些难题均不值一提！而且，我还立时感觉到，所有这些难题均一去不返地飞离我的灵魂，再无必要向这位长老提问，或向他求助。他已力所能及地为我做了一切。我充满感激地向他鞠躬，而后走开。

在我们这个星球上，所有简单或复杂的事情，琐碎的人间难题和走向上帝的伟大道路，当今世纪和未来世纪的秘密，这一切问题的解决，都只能仰仗谜一般的、无比优美和强大的谦卑。即便我们不理解这谦卑的真理和意义，即便我们无力走近这一隐秘的、万能的谦卑，这谦卑也能向我们敞开其真相——借助那些令人惊异的怀有谦卑的人。

安吉帕神父

在修道院，除彻夜诵诗外还有一项特别的礼拜仪式，即边祷告边唱圣诗，亦即在做通常祷告的同时另为某些圣徒祈祷。无论在古时的规章里，还是在其他东正教国家的实际宗教活动中，似乎均无此种礼拜，它仅见于我们俄国，但人们对此很有热情，洞穴修道院往往要挑出十五到二十首赞美诗，因此，礼拜有时要持续三小时以上。

年轻修士不喜爱此类形式单调、持续很久的礼拜。年轻修士们的态度不难理解，因为这些赞美诗是供家庭礼拜咏唱的，其作者众多，其中不乏伟大的教会诗人，时而也有虔诚的外省姑娘。因此，委婉地说，赞美诗的文本并非都很完善。所以年轻修士们不时设法逃避此类祷告。

他们很幸运，因为洞穴修道院总有一个人时刻准备在礼拜时替代某位缺席教友。此人即安吉帕大司祭。他早在战后便来到修道院，胸前挂满战功章，他成为苦修士萨瓦长老的教子，他侍奉教父，直到教父去世。

尽管外貌威严（安吉帕神父看上去就像一头满是火红色浓密鬃毛的威猛老狮子），这位神父却极其和善，对众人总是彬彬有礼。从未有人见安吉帕神父生气动怒，尽管每天都有众多各色人等前去见他，或去忏悔，或求建议，或仅仅为了与他聊天解闷。许多人愿去找他做忏悔，就因为他这份善良。他也心甘情愿，他宽恕所有罪孽，以他神父的权利一劳永逸地宽恕他们的罪孽！这真是一大幸事！

安吉帕神父还担任彻夜圣诗吟诵的主管。如若某位教友因为患病、做工或玩忽职守而缺席，安吉帕神父便会替他吟诵，他从不责怪任何人，尽管他夜间还要独自吟诵不少于三小时。边祷告边唱赞美诗，这其实是安吉帕神父的欢乐。在这些漫长的礼拜中，他神采奕奕，并且总要再多吟诵三五份祈求健康、追悼亡灵的经文，每份经文都足有一公斤重。他满面喜悦，深感这些教堂祷告对于生者和逝者均十分重要。人们很喜欢他的这些祈祷。

可这一天终于来到，安吉帕神父拖着自己的病腿，再也无法长时间站立祷告。监事神父在修士们就餐时宣布，安吉帕大司祭从此不再主持礼拜。

安吉帕神父的最后一次礼拜是含泪完成的。到场的教民们也哭了。他们感到惋惜，因为在礼拜仪式上再也难见这位祷告者。年轻的修士们也当真发起愁来，他们很快意识到，如今没有安吉帕神父，他们自己将不得不长时间地做礼拜。感到高兴的仅有见习教堂工友，因为神父中再无那种人，会热衷诵读圣诗和永远也读不完的追荐亡人名册簿，他们曾觉得安吉帕的吟诵无休无止，如今，这些见习修士们终于可以按时前去午餐。

然而，安吉帕神父的忧伤却甚于众人。要知道，这不仅是他最后一次主持礼拜，而且他之后也再无可能诵读他钟爱的赞美诗。问题在于，我们国家当时并不出版赞美诗书籍（它们被称为"赞美诗集"），修道院里只有几本厚厚的赞美诗手抄本，是教友们勉力抄写的。珍贵的抄本被保存在一个专门小箱子里，这小箱子从前归安吉帕神父保管，如今则要交给其他神父。

这次礼拜是安吉帕神父一生中最伤感的礼拜，礼拜快结束时，一队外国游客走进米哈伊尔教堂。他们显然是俄国移民的后裔，因为他们虽然看上去像是保养得很好的外国人，但画十字和吻圣像的动作都很标准，与我们一样。祷告之后，朝圣者们打算离去，突然，一位女性从包里掏出一本书，远远地把书亮给安吉帕神父看，然后把书放在祭坛前诵经台的台阶上。

安吉帕神父在老妇人们的哭声中准备步出教堂，此时他想起放在诵经台台阶上的那本书。他吃力地弯腰拿起那本书，翻开书页。这是一本在布鲁塞尔出版的斯拉夫语赞美诗集。

自那时直至离世，安吉帕神父从未与此书分离，对于他而言，此书取代了他那个珍贵的小箱子。此书尽管部头不大，却用薄纸印制，因此收有很多赞美诗，这让年老的神父十分高兴。

这位身材高大的红发修士常常来到修道院中的小圣山，捧着那本书坐在长椅上，戴着很大的眼镜，专注地祈祷。

安吉帕神父临死前卧床不起。在修道院的诊所里，常有人为他举行忏悔和圣餐仪式，但在离世那天，他却突然站起身来。他拿起十字架和《福音书》，走进洞穴，走向他的教父萨瓦苦修士的棺木。在这里，安吉帕神父向他那位早已去世的敬爱长老做了忏悔，请求长老祝福他踏上遥远的路途。之后，他返回诊所，然后就死去了。

当我从莫斯科赶来参加他的葬礼，我惊讶地发现，他的灵柩并不在洞穴修道院的洗礼钟楼，逝者的遗体在下葬前通常要在那里停灵三天，供人祷告。原来，钟楼正在修葺，安吉帕神父的灵柩因此被安置在洞穴里，就放在萨瓦苦修士的棺木旁。死亡竭尽全力，也未能让他俩分离。安吉帕神父被原地安葬。

如今，安吉帕神父和他的教父萨瓦神父永在一起：他们的圣体同在土里，他们的精神同在天国。

我用了"圣体"一词，并非因为要在教会封圣之前将某人称为圣人，而只是因为，每一位逝去的东正教基督徒的躯体在教会中均被称为圣体。尽管很少有人知道这一点。

洞穴

普斯科夫洞穴修道院的突出特征之一即神圣洞穴。六百年前，这些洞穴就被用作隐修院。这座地下迷宫蜿蜒曲折，在教堂、宿舍、花园和田地下方绵延达数公里。第一批修士就居住于此。他们在地下建造教堂，并按《圣经》中的古老风俗将死去的教友葬在沙坑里。只是后来，当修士数量增多，修道院才决定在地面建房。

自那时起，洞穴便被称为"上帝屋"，意即上帝建造的房屋。这一名称的来历，与其说因为洞穴的自然造化（修士们自己后来又大大拓展地下走廊的分支），莫如说因为一大发现，即逝者的遗体一旦被抬到这里，便不再散发尸体特有的味道。

时至今日，洞穴里共葬有一万四千人，死者中有修士，也有在中世纪敌人入侵时因守卫修道院而战死的居民和武士。他们的灵柩并不密封，就一层一层被摞在沙坑和岩洞里。可手持蜡烛走进这座迷宫的人，每每均会惊讶于洞中空气的清新和纯净。

"上帝有意，自然亦易。"教会有歌唱道。此话大意为："如果上帝愿意，自然规律也能被战胜。"不信教的旅游者离开洞穴时满脸惊讶，却依然拒绝相信自己的眼睛，更确切地说是拒绝相信自己的嗅觉。而那些更有文化的人则只能去引用《哈姆雷特》中这样一句思想深刻的名言："天地之大，无奇不有，我的朋友赫瑞修，远超你的哲学梦想！"

关于这些地下洞穴有许多故事。新近一个故事发生在 1995 年，当时鲍里斯·尼古拉耶维奇·叶利钦访问此地。修道院司库纳法纳伊尔大司祭领叶利钦看了修道院，当然也看了洞穴。满头白发、身材瘦小的神父脚踩一双破皮鞋，身着

满是窟窿的教袍，手持蜡烛给国家首脑及其随从引路，带他们参观洞穴。

终于，鲍里斯·尼古拉耶维奇觉得周围的情况有些不可思议，便问此处为何闻不到腐烂气味，因为逝者的棺木都摆在坑里，甚至触手可及。

纳法纳伊尔神父向总统解释道：

"这是神的奇迹。"

观光继续。可过了一段时间，鲍里斯·尼古拉耶维奇又不解地重复了同样的问题。

"是主的安排。"纳法纳伊尔神父再度简洁地回答。

又过了几分钟，总统在走出洞穴时小声地对长老说：

"神父，把秘密说出来吧，你们都给他们抹了什么东西？"

"鲍里斯·尼古拉耶维奇，"神父答道，"您周围有浑身冒臭气的人吗？"

"当然没有！"

"那您为什么认为天主身边就一准会有冒臭气的人呢？"

据说，这个回答让叶利钦感到心满意足。

无论在官方无神论时期还是当下，都有许多人试图对洞穴的这一神奇特性作出解释。他们为此绞尽脑汁！有鲍里斯·尼古拉耶维奇推测的这种想象版本，即修士们每日为这一万四千个逝者涂抹香料。也有关于本地砂岩特性的假说，即本地砂岩可吸附各种气味。后一版本更为流行。苏联时期，旅游者们听到的通常为这一说法。

年长的修士们说，普斯科夫洞穴修道院大院长阿里皮大司祭在被迫带领苏联高官代表团参观洞穴时，每次都会带上一块洒满香水的手帕。当参观者一本正经地谈起砂岩，谈到气味被吸附，阿里皮神父便把洒满刺鼻苏联香水的手帕塞到他们鼻子底下。他还让他们留意可敬长老棺木旁的花瓶里芳香扑鼻的鲜花。

"怎么样，"他问道，"你们现在承认生活中有些东西是难以理解的了吧？如果你们恰好遇见有死人被抬进洞穴，腐烂的气味总会立刻完全消失，你们又会说些什么呢？你们还会想出什么道理来呢？"

洞穴绵延数公里，它究竟有多长，修道院里无人知晓，甚至连院长也不清楚。我们怀疑，仅有纳法纳伊尔神父和在修道院生活最久的谢拉菲姆大司祭对此心知肚明。

我当时还很年轻的两位朋友拉法伊尔修士和尼基塔修士曾设法弄到通往古老的教友墓葬区的钥匙。这片洞穴迷宫自1700年起便不再安葬教友，一扇铁门挡住了这片区域的入口。两位修士提着蜡烛灯笼照路，走进低矮的洞穴，他们好奇地打量两旁。左右两旁的沙坑里摆放着因年代久远而有些腐烂的独木棺，这是古代俄罗斯最早的棺葬，其中可见尼基塔神父和拉法伊尔神父的先辈、修道院当年教友们的黄色遗骨。不久，两位探险者发现了一具保存完好的封闭独木棺。好奇心占据上风，两位修士跪在地上，小心翼翼地抬起了沉重的棺盖。

他们看到的是修道院院长的遗体。遗体保存完好，双手放在胸前，蜡黄的手指紧握一个硕大的雕花十字架。只是脸色不知为何呈绿色。从最初的惊异中缓过神来后，两位修士才弄清楚死者脸呈绿色这一奇怪现象的原因，即死去神父的脸上曾按古老风俗蒙着一块绿色面罩，面罩在数百年后变成了尘土。

两位修士中的一位吹了一口气，一阵绿雾腾空而起，他们立时见到了长老那张丝毫没有腐烂的脸庞。似乎再过片刻，他就将睁开双目，严厉地瞪两位好奇的修士一眼，责怪他俩惊扰了他神圣的长眠。两位修士意识到，他们眼前这具圣体中长眠着一位世所罕见的圣徒，他们因自己的冒犯而诚惶诚恐，于是赶紧合上棺盖，慌不择路地逃回二十世纪。

我们这些见习修士如若遇到难事，便常去洞穴，请求那些伟大苦修者的帮助。我们双膝跪地，手抚棺木，恳求某位长老的庇护和开导。我们的请求总会得到响应。我们惊扰西梅翁长老次数最多，他死于1960年，不久前被封为圣徒。我们也曾求助于修道院大院长阿里皮大司祭，还有其他许多长老，他们在完成尘世的劳作后相继离去，灵魂去见上帝，躯体留在洞穴。

普斯科夫洞穴修道院的另一突出特征和独特使命直到二十世纪方才显现。

谢尔吉圣三一修道院、奥普吉纳修道院、基辅洞穴修道院、索洛维茨修道院、瓦拉姆修道院和萨罗夫修道院等不仅在俄国享有盛誉，在整个基督教世界也声名远扬。而普斯科夫洞穴修道院数百年间却始终只是一座外省修道院。

但在战后年代，当教会在革命的劫难后复又挺起胸膛，人们突然发现，这座偏僻的修道院却被上帝选中，以承担其独特的伟大使命。

人们突然发现，普斯科夫洞穴修道院是俄国领土上唯一一座修道院，它即便在苏维埃时期也从未关闭，其修行生活保持着宝贵的连续性。1940 年之前，这座修道院地处爱沙尼亚境内，爱沙尼亚并入苏联后，布尔什维克不及搞定修道院，战争即已爆发。在稍后的赫鲁晓夫迫害教会时期，修道院大院长阿里皮大司祭巧妙对抗巨大的国家机器，一直没让修道院关闭。

这座修道院中的精神承续始终不曾中断，这一现象具有无比重大的意义。正是在这座修道院，在苏联时期的二十世纪五十年代，俄国教会最出色的宝藏之一——长老制得以恢复。

见习修行

　　修士生涯中最非同寻常、或许亦为最幸福的时期应该就是见习修行。在完成见习修行后，修士将获得一次精神飞跃，其内心发生的事件会超出世俗之人的任何想象。在无形的禁欲战斗中有胜利也有失败，对世界和自身均有惊人的发现。但无论如何，见习修士的岁月无与伦比。

　　有人曾问耄耋之年的皮缅牧首：

　　"至圣的牧首，您如今已达教会职务的最高级，如果您此刻可以选择，您最愿意做什么人呢？"

　　平日里少言寡语、沉思默想的牧首不假思索地回答：

　　"做一名见习修士！在普斯科夫洞穴修道院后门口值班。"

　　连众人皆敬重的牧首长老都将见习修行当作其难以实现的隐秘理想，因此便可将此视为一种返回青春的真诚愿望，不，甚至不是返回青春，而是返回那久远的见习修行状态。那时，你会首度产生此类感觉，即每个瞬间均处于神的意志的父亲般的关怀之中。只有无忧无虑的童年才有这般明亮的欢乐，童年的生活完全由无边的神秘新世界中的美妙发现所构成。

　　两千年前，十二门徒跟随耶稣基督，他们其实便是真正意义上的见习修士。他们的主要任务即跟随导师，怀着愉悦的惊喜发现他的全能和爱。

　　当今的见习修士也会有此感受。使徒保罗有个伟大发现，即耶稣基督保持不变，无论昨日、今日还是永远。基督教的全部历史证明了此说。变化的是时间和人，而基督却永为同一人，无论对于第一代基督徒来说，还是对于我们的同时代人而言。

　　真正的见习修士能从上帝那里获得一份宝贵赐予，即神圣的忘忧，它比任何

皮缅牧首的理想 ▷
（重彩油画
150X260cm 2016 年
周昌新作）

△ 牛棚之悟（重彩油画　150X260cm　2016 年　周昌新作）

一种自由都更美好、更甜蜜。我有幸见到许多此类真正的见习修士，且他们身份各有不同，从修道院役工到主教都有。

使徒马太回忆，盛夏的一天，门徒们跟随年轻的神圣导师走在麦田中的小道上，途中众人饥饿难耐，可这不碍事，使徒们边走边采麦穗，在掌中搓揉，然后吃下成熟的麦粒。但不巧的是，他们路遇严守教规的法利赛人，法利赛人高声责骂这些饥饿不堪的年轻人。在严守教规的人看来，这些门徒犯下可怕罪过，因为这天是礼拜六，法利赛人和哲人认为，即便最必要的劳作在礼拜六也被禁止，其目的很高尚，即为了让人的思想在礼拜六不离开上帝。但这些纯朴实在的使徒并不在意愤怒的法利赛人，仍边走边吃麦粒。他们心中充满宁静和自由。他们知道，他们违背的并非上帝的法则，而仅为人们对上帝法则的荒谬解释。再者，他们跟随自己的导师，恰在不折不扣地履行与上帝同在、追随上帝的戒律。

安宁幸福的愉悦感，无人能夺走的幸福感，意识到身处此世的绝对安全感，因为上帝正牵着你的手，走向只有上帝知晓的目的地，——这一切便构成了不可重复的见习修行状态。这一状态转瞬即逝，但是据说，在长年的苦修之后，这一状态会带着倍增的力量和壮大的精神再度复现。

我无比幸运，因为我一连四个月在普斯科夫洞穴修道院的后门站岗，而这正是皮缅牧首的理想。我可以说，年老牧首的所言十分坦诚，因为此处确为世上最美的去处！

门卫要做的事情并不算多，即为进出的汽车和运送干草的大车开门关门，在牛群通过后门之后打扫卫生，牛群每日早出晚归，在修道院的畜棚和牧场间往来反复。

值班期间，我读了很多有趣的书，并全身心地爱上了孤独。不错，当秋天来临，放牧结束，我被派去做一件新任务，即在牛棚干活。此事比较难做。修道院里很注重清洁和秩序，需要时刻留神，立即清扫粪便，然后再铺撒锯末。否则母牛就会在粪便中躺卧，导致产奶量下降，还会染病。修道院养有三十五头奶牛。干草储备充足，我们因此要乐此不疲地清运粪肥，昼夜不停。

一个寒冷的冬夜，夜半四点，我步履沉重，眼皮打架，而奶牛却在一个劲儿地拉粪！……终于似乎安静下来。我躺在一张歪斜破损的小沙发上，立时迷糊起来。可是很快，透过梦境我又听见排粪声！然后又是一阵更响的排粪声！

我睁开双眼，在昏暗的电灯光中看见对面有头奶牛，它站在畜栏里，胯下是一滩冒着热气的新鲜牛粪，它冲我摆动尾巴。它是挺高兴，因为吃了香喷喷的干草，睡了一大觉，现在拉了粪便，正等着我清扫。可是我浑身无力！母牛等了半天，然后打个响鼻，便躺下了。但这头聪明的奶牛躺得很是地方，它躺在干净的刨花上，只是尾巴搁在牛粪上，摇来摆去。牛尾巴变得越来越粗，但尾巴不是乳房，这头牛不会因此染病。我这个城里人当时对此已心知肚明，因此便心安理得地再度入睡。

后来我终于睡醒，拿起了铁锹。我用穿靴子的脚轻踢那母牛，想让它站起身来，我好清理它身下的粪便。那母牛却得意忘形，它来回倒动四蹄，尾巴大幅度摆动，突然，就在我俯下身去的时候，它那沾满粪便的沉重尾巴正打在我的脸上！顿时，我的五官全都沾满牛粪！面对这突如其来的屈辱，我起初呆若木鸡。

之后，失去理智的我抡起铁锹，砸向母牛……

就在此刻我突然想起，基督曾要我们递上另外半张面孔。这是在有人欺辱我们的时候。而此时惹怒我的却是一头不明事理的动物。铁锹自动落下。我用衣袖擦去牛粪和眼泪，转身面对墙上褪色的纸质圣像，画了一个十字，一边屈辱地哭泣，一边开始清扫粪便……

面包房里的活计虽说复杂，却也有趣。洞穴城的几位老人通常在清晨五点之前赶来，帮修士和见习修士们烤圣饼。面包师半夜起床，提前发面，大家在干活时均不声不响，静静地聆听赞美诗。赞美诗由一位专门负责朗诵的修士或见习修士来读。人们总是一边祷告，一边烤制圣饼。

复活节前夕，面包房里最为热闹：需要为复活节前后两周即受难周和光明周烤制上千份圣饼，此时修道院中一切工作均围绕祈祷和节日进行。需要烤制发酵面包，即特制的复活节大面包和大量复活节蛋糕，其烤制很费力，而且还得准备多份，不仅供修道院修士食用，还将送往主教住处和教区内所有教堂。另需大量供复活节一周食用的长面包，同样同时供修道院修士和主教食用。

我们自受难周礼拜一开始干活，天不亮就忙活起来，直到过节前的礼拜四才走出面包房。我们轮流小睡，趴在桌旁打一会盹。最开心的时刻，就是司膳阿纳斯塔西神父给见习修士们送来好吃的甜桃罐头，我们就着香喷喷的热面包吃甜桃罐头。

一次，这座面包房甚至救了我的命。在修道院中过我的首个大斋节时，我病了，病得很重。我双肺均有炎症。最悲哀的是，我知道我的病在洞穴城无法治愈，只能依靠所谓"抵抗力"，因为在修道院诊所或小镇药店能找到的普通抗菌药对我均不起作用。可我仍打定主意：死在修道院也胜过活在俗世。因此我哪儿也没去。

在我作出这一决定的那天，我不仅肺部发炎，连肌肉也有炎症。我忍着疼痛勉强起床，仍坚持去干活。我的体温始终在三十八度以上。我们搬运沉重的原木，在即将结束的时候，一根原木砸中我的脑袋。我抱着我不幸的脑袋，走向柴垛。看到此类情形，基维耶沃女修院的修女弗罗霞婆婆往往会说："瞧！人反对我们，上帝也在反对我们！"

我难受好一阵，然后站起身来继续干活，即搬运原木。

年老的修士季奥尼西神父救了我。看到我的病情，他决定用一种祖传方式为我治病。复活节前的烘烤工作此时刚刚结束。季奥尼西神父用干草围住一座尚有余温的大烤炉，把我塞入炉膛。炉子里热得要命，由于精疲力竭，我立时睡着了。待到次日醒来时，我浑身湿透，却感觉自己已完全康复。我钻出炉子，像一只春季的鸟儿，当夜便精神抖擞地参加了复活节晨祷。

尽管见习修行的活计很多，但修道院中最重要的事仍为祷告。傍晚，我们干完活后休息四十分钟左右，便去参加礼拜。礼拜在平日持续四小时，在节日则持续五小时以上。

我们这些见习修士大量阅读古代教父的著作，经常目睹约翰神父充满激情的布道，谢拉菲姆神父高尚的禁欲行为和先见之明，苦修士梅尔希赛德克的苦修生活，修道院司库纳法纳伊尔神父的智慧，阿德里安神父的驱魔仪式，费奥凡神父的温和恬静，我们也很欣赏此处未能提及的其他许多洞穴修道院神父，我们渴求时时处处模仿他们。甚至在沿着修道院长廊路经长老们的修道小室时，我们也会心怀虔敬和恐惧地停止说笑，因为在这些房门后面，与古老恶势力的无形战斗正在进行，一个个小宇宙正在倾塌和重建！

我们稚拙的苦修举动或许可笑，却十分纯真。我不想多言当年洞穴修道院见习修士们那许多天真的祷告"壮举"，即便善意的嘲讽我也不愿作出，因为我相信，上帝会接受并祝福这些很不完善的精神劳作。因为上帝始终在注视人的心灵，注视他的意图，而年轻的见习修士们的意图真诚而又纯净。

见习修士们建立功勋的愿望受到教父们和修道院管理者的严格调控。对于拒绝诱惑而言，亦即拒绝关于自身的骄傲态度和荒谬认识，这一点非常必要。我记得，修道院院长加夫里尔大司祭曾严厉制止一位见习修士手持念珠在修道院四处展示。院长做得对。有过许多此类悲哀先例，人们开始愚蠢危险地装腔作势，或在探究精神世界的过程中过于自信，缺乏谦卑，肆意妄为。

不过，对落入诱惑的担忧并不会让修道院的精神生活变得僵化。相反，我们受到细致热情的关照，有人带我们做礼拜，鼓励我们走近上帝。我记得，有一次在祭坛旁，院长的突然发问让我大吃一惊：

"格奥尔基，你夜里祷告吗？"

"我不祷告，院长神父！我夜里只睡觉。"我报告。

加夫里尔神父神色不满地看了我一眼：

"不该这样。夜里应该祷告。"

十年过后，都主教皮季里姆又对我说了同样的话：

"你要记住圣约瑟夫·沃洛茨基的话：白天用于劳作，夜晚用于祷告。"

据说，夜间祈祷构成修士的特殊力量。一次，约翰神父或许为了让我更坚定地走上所选定的道路，让我约略窥见精神世界，制定了一项特殊的祷告规则。祷告多在夜间进行。约翰神父选定这一时间，恰是我与外部世界交往最少的时刻。自下午两点至晚上十点，我在牛棚做事，之后我彻夜在圣母安息节教堂广场值勤，直到天亮。约翰神父嘱我履行特殊的耶稣祷告规则，尽量让祷告占据大脑和心灵，抛却一切其余思想，即便是相当正确、值得称道的思想。

令人惊诧的是，如若一人专注于祷告，其饮食、睡眠和与人交往的需求均会大大降低，如若他不让欢愉的思想进入大脑，不让欲望的情感进入心灵，他很快便能发现，这个世界除他自己和其他人外还存在着另一人。这另一人耐心等待，无论我们在无休止的生活奔波中是否给他以关注。他在耐心等待，因为上帝无论何时均不强求与任何人交往。如若此人继续正确祷告（此处定要强调指出，所谓"正确祷告"，即不要自作主张，而应有经验丰富的指导者引领），他的精神视力便能看到许多惊人的现象和画面。

圣徒伊格纳吉（勃里扬恰尼诺夫）写道：

在内心具有神效的祈祷需要力量和时间。祈祷能在你的内心展现一片风景，让你全神贯注，祈祷能让你获得超越整个世界、甚至不为整个世界所知的认知。

在心灵深处，你会目睹人类的堕落，目睹你满是罪孽的灵魂……你会目睹其他许多世所不知的秘密。当这片风景展现，你举目望去，便会冷淡面对你之前热衷的转瞬即逝的一切，易腐速朽的一切。

在约翰神父布置的祷告声和赞美诗诵读声中，夜晚很快过去。在感觉无聊、精力分散时，我便在洞口向着洞穴膜拜。我此时在尽力持斋，可是我饿得厉害！因此我便设想自己在吃那种激不起任何食欲的食物。斟酌一番后，我选中了在圣水中浸泡过的圣饼。这是我本人的禁欲发明。这份食物看上去很合乎宗教要求，却难以下咽，它滑溜溜的，索然无味。但我需要的正是这份食物。吞下一小盘这样的食物后，你便再无任何食欲。约翰神父冲我的发明笑了笑，却未表示异议。他只是要我更频繁地去做忏悔，把一天里发生的一切都说出来。

确实有一些事情开始发生。自第二或第三日起，我觉得我几乎不想睡觉。更确切地说，我睡眠四小时便已足够。我平日喜好交往的脾性亦荡然无存。我更想一人独处。之后，深藏在记忆深处的罪孽和早已被忘却的生活往事也一一浮出水面。值完班后，我便去忏悔。奇怪的是，我的内心尽管因这些痛苦的发现而悲伤，却又难以言传地感到宁静和轻松。

这样的生活持续一周之后，又发生了更可怕的事。一天夜里，长时间的祷告让我心烦，我便在洞口向着洞穴膜拜，此时在我身后突然响起巨大的轰鸣声，似有成千上万张隆隆作响的铁皮自天而降。惊呆的我原地未动。当我斗胆转过身，看到的却是月光下静谧的修道院广场。

我吓得要死，直到天亮都没回过神来，我寸步不离洞穴，向圣徒们祷告，时刻提防那可怕的轰鸣声再度响起。

清晨四点，谢拉菲姆神父像往常一样准时走出洞穴修道小室，来到广场上。我向他冲过去，激动得上言不接下语，把我的遭遇说给他听。

谢拉菲姆神父只笑了笑，然后摆摆手：

"别管它，那是魔鬼。"

他以主人的神情看一眼修道院，便走开了。

说得倒轻巧——"别管它"！剩下的一段值班时间，我始终浑身颤抖，宛如一片杨树叶。

但第二天又发生了一件更惊人的事。傍晚，我去值班，照例开始默诵耶稣祷告，我看见我们的见习修士、楚瓦什人帕什卡穿越圣母安息节教堂广场向我走来，他是一个出名的无赖，从部队退伍后被父母送来修道院接受再教育。我有些发怵，因为帕什卡冲我走来，那模样显然想跟我说些什么。可我此时却根本不想与人交谈。

突然，我在内心深处清晰地听见帕什卡的声音。他向我提出一个对他而言十分重要的问题。很快，我又在内心深处听见我在回答他的问题，于是我明白我该对帕什卡说什么话了。但与此同时，帕什卡却不赞同，提出不同意见。另一个声音在耐心地反驳他，让他回归正确想法。就这样，至少持续达数分钟之久的长长交谈，在我脑中一闪而过。

帕什卡走近，他提出的正是那个我已耳闻的问题，但我几乎不觉惊讶。我对他作答，说出口的正是一分钟前出现在我意识中的那些话。我们接下来的对话，与我心中曾经有过的那场交谈一字不差。

这令人震惊！我一早便去见约翰神父，问他我这是怎么回事。约翰神父回答，这是仁慈的上帝让我略微窥见我们这些凡人看不见的精神世界。对于我而言显而易见，这是遵循约翰神父的意见专心祷告的结果。而神父却严厉地要求我不得骄傲自大，并警告说这一新状态很快便会过去。约翰神父解释说，若想时常置身此状态，就得建立真正的功勋，真正意义上的功勋。什么功勋？即每人以自己的方式保持与上帝的此种神秘联系，各尽其能。真正的精神苦修士会让世人觉得是疯子，是荒唐可笑的，他们会莫名其妙地离开众人，躲进难以通行的荒漠，爬上柱子，成为圣愚，一连数年跪在石头上，不吃不喝不睡觉，向欺辱他的人递上另一半面颊，他们爱敌人，认为自己无足轻重。"他们离弃世界，在荒漠和群山流浪，在洞穴和峡谷安身。"使徒保罗如此言及这些人。

后来，约翰神父再次要我不要骄傲自大，说这一状态会很快过去，但我会永远记着这件事。

第二天我便确信约翰神父的话千真万确。尽管与帕什卡的交谈给我留下深刻印象，我仍很快便有些心不在焉，在食堂过多进食，与某人稍作交谈，心有不洁愿望，于是，这无与伦比的与上帝的亲近感便慢慢消散了。

我热衷的依然是我淫荡有罪的心灵作出的选择，即喝一碗我爱喝的豌豆汤，与好朋友开心地聊天，生出各种各样有趣的念头和幻想。我仅想着这些东西，唯独没想到他。这让人痛苦，我于是在心里写成这样一首诗：

> 我忧伤又轻松，
> 我的悲伤明亮。
> 我的悲伤中有你，
> 有你，只有你……

后来我突然发觉，这几句出色的诗行似乎出自他人之手。

数年后，秃了顶的楚瓦什人帕什卡离开了修道院，他在切博克萨雷被人杀害。愿他安息！我当年在洞穴修道院做见习修士的其他那些朋友，剪发做修士者并不太多。

我们如何走进修道院

在二十世纪八十年代初，总的说来，我们并非步入修道院，而是逃进修道院。我想，人们在当时认为我们的精神不大正常，甚至认为我们很不正常。紧追我们而来的，有那些深感不幸的父母和悲痛欲绝的未婚妻，还有来自我们曾经就学的大学里怒气冲冲的教授。有位修士的儿女也追了过来（他已将最后一个孩子抚养成人，在退休后逃至修道院）。他的儿女们冲着整座修道院哭喊，要马上将父亲带回家。我们将他藏在旧马车房里的一堆大箩筐后面。他的儿女们坚信，他们这位曾是模范矿工的父亲发疯了。而他三十年来始终日思夜想的，是希望进入修道院。

我们完全理解他的愿望，因为我们自己也在逃离已失去意义的世界，寻求蓦然呈现于我们面前的上帝，就像渴望远航的男儿踏上航船。只不过上帝的召唤更为有力，无与伦比。我们无法抗拒这一召唤。更确切地说，我们准确无误地感觉到，如若不响应这一召唤，不舍弃一切，不走向他，我们便会无可救药地丧失自己。即便我们拥有整个俗世及其全部的欢乐和享受，我们依然觉得它并不可爱，亦无必要。

自然，最感觉惋惜的首先是那些一无所知、因我们的决绝而惊慌失措的父母，然后是朋友。我们爱戴的大学教授们也痛心疾首，他们不惜时间和精力，赶到洞穴修道院来"解救"我们。我们甘愿为这些人献出生命，却无法献出修道院。

所有这一切会让我们的亲朋好友感觉怪异，难以理喻。我记得，我已在修道院待了数月之后，萨沙·施维佐夫也来到此地。那是个礼拜天，一周里唯一的自由活动时间。在奇妙的周日礼拜和修道院午餐之后，我们这些见习修士舒舒服服躺在床上，宽大的宿舍里洒满阳光。房门突然被推开，门口站着一位高个青年，他与我们年龄相仿，约二十二岁，身着名牌牛仔裤和贵重的外套。

"我喜欢这地方！"他连招呼也没跟我们打，便冲着我们说道，"我要留在这里！"

"明天他们就会让你去牛棚或下水道干活，到那时再看看你能否留下。"我漫不经心地想到。眼见这位偶然飞入乡间修道院的都市公子哥儿，众人当时的想法大约与我差不多。

　　萨沙是一位商务代表的儿子，曾与父母一起生活在北京、伦敦和纽约等地，不久前才为了读大学而返回俄国。他半年前才认知上帝，认知有限，却很关键，且显而易见，他获得了真知，自那时起他便感到痛苦，因为生活全无意义，因为无所适从，直到他走进修道院，他才意识到他的寻觅终获结果，他甚至未将自己的新住处通报父母。我们曾责怪萨沙过于狠心，他却安慰我们说："老爸很快就能找到我的。"

　　果真如此。萨沙的爸爸乘一辆黑色伏尔加轿车来到修道院，演出一场很有代表性的闹剧，参与者有警察局和克格勃，有中学同学和大学女友，他们使出我们常见的一切手段，试图将萨沙救出修道院。此事闹了很久，直到那位父亲恐惧地确信，一切努力均无济于事，萨沙不可能离开此地。修道院司库纳法纳伊尔大司祭试图或多或少安慰一下这位莫斯科来客，便客气地对他说："瞧，您就让您的儿子为上帝做牺牲吧。他将来会成为洞穴修道院的修士，您会为他感到骄傲的……"

　　我还记得那声响彻修道院的咆哮：

　　"永远不！！！"

　　这是萨沙爸爸的喊声。他当时尚不知纳法纳伊尔能预知未来，否则便不会如此失态。萨沙果真立即成为了修士，而且，在他到来那天在宿舍里见到的我们所有这些见习修士中，他是至今仍留在普斯科夫洞穴修道院的唯一一位。而萨沙的爸爸亚历山大·米哈伊洛维奇，则在十年后成为我在顿河修道院的同事，后在奉献节修道院亦一起工作，他主管书库。他为教会工作，成为最真诚的祷告者，不懈寻求上帝，并最终走近了主。

《训诫集》中的我们同龄人

我曾在修道院图书馆找到一本硕大的教会斯拉夫文古书，书名为《训诫集》。书中收录许多训诫语和基督徒生活故事，自《福音书》时代直至十八世纪。此书系逐渐编纂而成，历时逾千年，以供教堂和家庭每日诵读之用。

公元六世纪，在皇帝查士丁尼当政时期，有两位青年和一位姑娘生活在君士坦丁堡，这座位于博斯普鲁斯海峡旁的巨大城市拥有世上最美的白色大理石教堂、宫殿和楼房。三位青年出身贵族，很有教养，他们天性欢乐，自幼年起便结下友谊。女孩的父母和其中一位男孩的父母在这两个孩子出生时便已约定，让这对金童玉女在将来结为夫妻。等他俩长大成人，这对幸福的伴侣便举办了婚礼。他俩的那位朋友担任婚礼上的伴郎，他深为自己的两位友人而高兴。

仿佛万事大吉，可在结婚一年之后，年轻的丈夫却突然离世。当四十天丧期结束，那位朋友却走到年轻寡妇身边，跪在她的面前说道：

"夫人！当巨大伤悲的日子已经过去，我不得不向你吐露我先前说不出口的话。我爱你，从我刚刚懂事起就爱你。我听到你父母和我们那位朋友的父母为你俩定亲的那一天，是我一生中最可怕的一天。自那时起，我便再也不敢指望自己的幸福。你知道我多么爱你的丈夫，爱我那位朋友。但是，过去的事已经过去……此刻我不得不说，我的感情越来越强烈，我请求你做我的妻子！"

年轻的妇人想了想，说道：

"唉……这样的决定只能在长久的祷告和斋戒之后才能作出。你十天后再来我这里。但这段时间你什么东西也别吃，只喝清水。十天后我给你答复。"

在约定的时日，青年又来到他爱人的家。只不过他是由仆人用担架抬来，因为他已因斋戒而虚弱不堪。在开阔的大厅里他看到，一边是摆满美食的餐桌，一

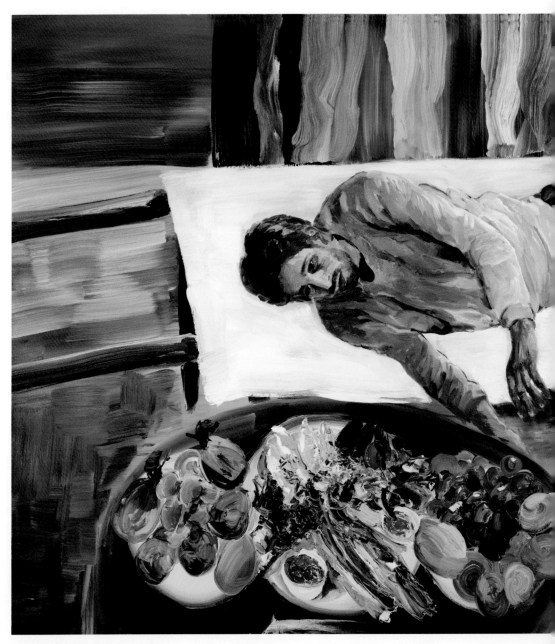

△ 决择（重彩油画　150X260cm　2017 年　周昌新作）

边是奢华整洁的卧榻。

"先生，"女主人对青年说，"我们从哪儿开始呢？"

她问询地指了指餐桌，又指了指卧榻。

"夫人！"年轻人说道，"对不起，我得先恢复恢复体力……"

"你瞧，"聪明的年轻妇人说，"你如此之快便打算丢开我去满足另一种欲望……人就是这样！我也要向你坦白，我早就爱上了你。但在获知父母的愿望后我不愿违抗，便做了你我那位朋友的妻子。他的离世让我悟出很多东西。我们生活中的一切都充满变故，转瞬即逝！……我们如今还选择什么呢？是侍奉短暂的尘世，还是侍奉永恒的上帝？"

他俩坐下来分享节日般的食物。他们当即决定把他们的庄园分赠给穷人，然后追随上帝，分别走进了男女修道院。

加夫里尔神父

　　普斯科夫洞穴修道院当年说一不二的主人和主宰是院长加夫里尔大司祭。关于他暴躁脾气的传说，在教会里一直流传至今，而此时距他离开洞穴修道院去远东任主教已过去二十余年。

　　普斯科夫洞穴修道院司膳阿纳斯塔西神父给我讲了这个故事。八十年代末的一天，在阿纳斯塔西神父常去购买食品的普斯科夫市场，有两位军人走到他身旁。他们说，他们被派来押解公民阿列克赛·伊万诺维奇·波波夫（阿纳斯塔西神父的世俗名称）前去市兵役委员会。

　　兵役委员会的人对神父说，他们接到部队政委命令，要征召神父作为预备役军人，去部队接受为期六个月的培训，时间自当日算起。惊慌失措的阿纳斯塔西神父被带进一间办公室，被要求填表。

　　不久，房间里出现一位身着便装的人。他坐到阿纳斯塔西神父身边，出示了克格勃军官证，直截了当地诱惑神父与他合作，如果神父愿意合作，便可免除前往军营的长途旅程。他们的计谋很简单，因为，一个人听闻自己将被长期逐出其惯常的生活，定会六神无主，此时更易被说服。

　　三个多小时时间里，阿纳斯塔西神父一直在千方百计地抵挡规劝和恐吓。谈话还将更久地持续下去，可是走廊里突然响起一阵叫喊声和某人坚定的脚步声，有人不经敲门便闯了进来，原来是普斯科夫洞穴修道院院长加夫里尔大司祭。他身材高大，身着华丽的希腊式教袍，满脸黑色大胡子，手持院长权杖，怒气冲冲。那位军官跳起身来，可院长神父冲他大声咆哮，把他吓傻了。院长神父抓住阿纳斯塔西神父的衣领，如同阿·托尔斯泰童话《金钥匙》中的那位莽汉，把他拖出了兵役委员会。途中，他冲左右两旁的人高喊，说他们会受到最可怕的惩罚。

院长究竟是如何获悉他的司膳被带进兵役委员会的，不得而知。此事闹出了风波，院长神父为此还被迫前去莫斯科斡旋，阿纳斯塔西神父最终未被征兵，秘密警察也再未惊动他。

普斯科夫当局很重视与加夫里尔院长神父的关系，一如他们看重与加夫里尔院长的前任阿里皮大司祭的关系，洞穴镇的官员们则更加重视。在苏联时期，这样的关系十分罕见。加夫里尔大司祭对最高当局的态度自然不具挑衅性，但在一些特殊场合也不太客气。他善于如此行事，即修道院里由他独自出面承担面对当局的责任。他甚至不允许安全机构人员与修士们有任何特殊接触。他竟能庇护起所有教友，个中奥秘只有他自己方才清楚。无论如何，直到多年后的如今，我们仍旧因此对他充满感激。

我们这些见习修士对院长怕得要死，却又使劲咒他，真是罪过！见长老们对他彬彬有礼，我们颇为惊讶。

全国各地来见约翰神父（克列斯奇扬金）的人一年比一年多。有时，他们要在洞穴镇住上数日，等待长老接见。自清晨至天黑，求见神父的人始终在修道小室前排成一条长龙。这自然会引起监视修道院的相关机构的警觉。就种种迹象看，院长曾承受很大压力。

一次，加夫里尔神父飞奔至修道小室前的朝圣者，他朝那群不幸的、惊慌失措的人大喊大叫，像老鹰赶小鸡一般驱走众人。他还叫来木匠，钉死了约翰神父接见信众的那间房屋的房门。

一连数日，洞穴镇尽是传闻，称院长与当局狼狈为奸，不让信众去见长老。只有约翰神父本人（他受院长责怪最多）镇定自若，他还安慰我们道：

"没什么，没什么！我做我的事，院长神父做院长神父的事。"

果然，三天之后，还是那位奉院长之命钉死房门的木匠修士，提着工具箱再度现身，认认真真地起出钉子，约翰神父又如先前那般接见信众。

我还记得这样一件发生在修道院的最令人伤心的事，当时有十位修士同时离开修道院。这十位修士给牧首写了一封信，称他们离开修道院是为了对院长愚蠢、专制的行为表达抗议，他们请求牧首让加夫里尔大司祭立即离开修道院。这十位修士多为很好的年轻人，他们在洞穴镇的教民家中住下，等待牧首回信。

教友们的离去让院长大为震惊。我想，他明白自己盛气凌人的管理方式有些过火。这位高不可攀的洞穴修道院院长进城去寻找那几位修士。他并不费力地找到他们，请求他们原谅，并劝说他们返回修道院。可那几位修士不为所动，他们坚持一个前提：院长必须离开修道院。

很快，由牧首派出的一个高级委员会来到洞穴修道院，他们带来了解除加夫里尔大司祭职务的命令。普斯科夫最年长的主教，即约翰都主教，召集全修道院修士开会。全体教友聚集在餐厅，来自莫斯科的主教问众人如何看待院长。一片令人难耐的沉默。第一位请求发言的是修道院司库纳法纳伊尔大司祭，他宣读了他写给牧首的信，请求让院长留在修道院。

来自莫斯科的主教感到惊讶，但他问还有无其他人愿在这封信上签字。又是一片沉默。突然，修道院中最受人尊重的长老谢拉菲姆大司祭站起身来。

"签在哪儿？"他如同往常一般简短地问道。

他走到近前，签下自己的名字。神父们和其他修士也在他之后纷纷签字。有几位修士表示弃权。

这所谓"十人"出逃事件，在修道院里留下了长久的痛苦记忆。在他们刚离去时，教友餐厅的餐桌边空着一排座位，这尤其令人伤感。

多年之后，这"十人"中的一位，即安东尼神父，他本人也成为格拉西姆－鲍尔金修道院院长，他常对他那些并非总是全神贯注的教友们说（这段独白刊登在一份东正教报纸上）："你们没碰上加夫里尔院长！应该让加夫里尔来教训你们，哪怕只有一个月！你们就知道什么叫修道院了。加夫里尔主教并不贪婪，他是个大好人，他喜欢送人礼物，接待客人，可他的性格太暴躁。还有一点，加夫里尔主教是个最虔诚的信徒。我还记得他是怎样祷告的：他主持的礼拜挤满了人，庄严隆重，持续很久。他的脾气当然不好，但我认为，我如果处在他的位置上，行为举止也会像他一样。因为当时只能那样行事。"

当时究竟该如何行事，这当然是个特殊问题。可正像我熟悉的一位医生常说的那样："本性难治。"于是，在"十人"出走带来的那段短暂的相对平静期过后，修道院里的所有人均心知肚明，院长并无丝毫改变。

对于在上世纪六十年代选择修行之路的加夫里尔神父而言，教堂乃至整个教会就是他的家。他自然而然地觉得他就是修道院里说一不二的主人和掌管一切的家长，是修道院的庇护者圣母赐他以院长身份。他十分独特、却又强烈敏锐地感觉到了他面对主的责任，即为修道院和他管理的所有教友负责。至于旁人如何看他，他则全然不顾。在担任院长的三十年间，他不曾休过一天假，周末也从不歇息，严加管束所有人。虽说如今，洞穴修道院的许多人都记得，院长的严酷甚或愚蠢的背后其实藏有一颗垂怜同情之心。正像后来大家才清楚的那样，加夫里尔神父曾悄悄帮助过许多人，毫不夸张地说，受惠于他的洞穴修道院人数以百计。我们这些当年的见习修士们如今才明白，我们先前的感受有误，这位院长当年哪有闲心和时间来专门对我们吹毛求疵呢。加夫里尔神父只是无法忍受纪律涣散，更无法忍受在侍奉上帝时的不负责任和粗心大意。不过，客气地说，他的性格也绝非蜜糖。

就在我全心全意研究牛粪清扫技术、完善粪土运输方式的那些时日，监事神父把我叫去，向我宣布，自次日起我同时担任院长加夫里尔大司祭的副助祭。

这在我听来如同晴天霹雳。担任院长的副助祭被视为修道院中最可怕的活儿，虽说副助祭的工作并不复杂，即在做礼拜时帮院长穿教袍，手捧《祈祷书》站在他面前，把院长权杖递给他。然而，众人皆知加夫里尔神父脾气火爆，他们十分可怜我。约翰神父送我参加首次礼拜，如同送子上战场。果真，我的每个最细微的失误都逃不过他的眼睛。

譬如，在畜棚值完夜班后，我应该在礼拜之前把自己收拾干净，到祭坛前做帮手，可无论我如何冲澡，身上的牛棚味仍无法去除干净。

"呸，格奥尔基，你身上怎么老有这股牛粪味啊？！"院长神父每次都会皱起眉头，似乎并不知道我正是按照他的吩咐彻夜清理三十头母牛、一头公牛和十几头小牛犊的粪便。

他甚至特意把一只装有法国花露水的大玻璃瓶带到祭坛，在我开始履行职责前往我身上一通狂洒。

于是，如若说我在前去做助祭时周身散发着浓烈的乡村气味，而在做完礼拜返回牛圈时则相反，散发的是淡淡的法国香水味，这让我的那群牛感到很不舒服。

一本古代修士的书中这样写道：

一次，长老拣起一棵干枯的树，把它栽在山上，命约翰每日用水桶为这棵枯树浇水，直到此树结出果实。水源很远，清晨去挑水，傍晚才能回来。三年过后，此树抽枝展叶，并结出果实。长老摘下果实，带给教会的教友们看，并对他们说："你们来尝尝修士苦役的果实吧。"

此事一千五百年前发生在一座埃及修道院里，在第一次基督徒大修行时期。然而在随后数世纪间，直到如今，此类勉力真诚修行的范例不计其数。只是如今，如若说神父也会要求见习修士任劳任怨地做苦役，亦仅在某些最为特殊的情形之下。这与其说是因为真正的苦修长老如今越来越少，莫如说现已少见真正的见习修士。

总的说来，扮演真正长老角色、而非虚情假意之徒的神父，永远只会建议和劝说，时而会坚持，但从不压制基督徒的意志。若遇一位神父随时随地强求修士任劳任怨地做苦役，则应像逃离魔鬼一般逃离他。

教会里有两种杂役，一种称之为幸福的精神杂役，即侍奉长老和神父（当然，如果他们是真正的长老和神父），一种是服务于教会上层的杂役，负责纪律检查和行政工作。我记得，约翰神父和其他长老有时曾就某些问题请教院长神父，称通过他能获悉神的意志。

可是修行苦役终有止境吗？如约翰神父所言，应该时时处处侍奉教会上层，

△ 修士苦役的果实 （重彩油画 150X260cm 2016年 周昌新作）

直到发现某位高级神职人员，比如一位修道院院长，变得糊里糊涂，丧失逻辑，甚至有伤害他人的危险。约翰神父常说，世上仅有一个理由能让见习修士拒绝工作，即命令与《福音书》的戒律相悖，在这种情况下，修士不仅可以不服从，而且应该不服从。但谢天谢地，在我的一生中并未有此事发生。

在余下的时间里我将继续苦修，直到死去。这样的范例有过很多。

洞穴镇是一座十分整洁舒适的小城，其独特的生活方式是数百年间围绕这座古老的修道院形成的。教会罗斯的东正教文化与邻国爱沙尼亚规整的日常生活幸运地融为一体。此外，与大多数苏联城市不同，洞穴镇十分整洁漂亮，即便在八十年代，傍晚坐在长椅上的年轻人见有长辈从一旁经过，也会起身致意。洞穴镇的大多数居民都是信徒。大街上听不到脏话。主人离家时，房门通常只用一根棍子架着，如果锁门，钥匙也不藏匿，就放在门前的脚垫下。

或许，某位领导同志觉得这种情形有些可疑，不太正常。为改变这一情况，在一个美好的日子，他们决定让一些"化学家"落户这座世外小城。当年，"化学家"即刑事犯的别称，在监狱和集中营服完刑期后，他们还须在指定居住地再居住数年。

这些"新居民"立即将他们的生活习性带入这座城镇。打架骂娘动刀子，此处从未有过的野蛮行为纷纷出现。最终，强盗们竟开始在修道院四周转悠，试图抢劫朝圣者。

一日，几个强盗冲到修道院的圣门前，他们把刀架在门卫阿瓦库姆神父的脖子上，逼他次日交给他们一百卢布。阿瓦库姆撒开双腿，跑去见院长神父。

"院长神父，不管你怎么处置我，我反正再也不去看门了！"老人喊道。

加夫里尔神父只是悲戚地看了阿瓦库姆神父一眼，然后将双臂举向天空。

"我的天哪！"他喊道，"我活到了什么时候！一位修士有机会死于神圣的侍奉，可他却要放弃这个机会。在侍奉中死去的人，立刻就会升入天国！我的天哪，我活到了什么时候……"

这些话像闪电一般击中了阿瓦库姆老人。

"请你原谅，院长神父！"他喊道，"我什么都明白了！我是在侍奉神啊……你为我祝福吧！"

在得到院长神父的祝福后，阿瓦库姆决然地走向修道院的圣门，不再惧怕死亡。

我们后来问院长神父，如若阿瓦库姆果真遇害，该如何是好，院长神父静静地答道：

"我们就为他举行安魂祈祷。"

谢天谢地，此事终未发生。

后来得知，为防阿瓦库姆遭遇不测，院长采取了一切防范措施，而阿瓦库姆这位年老的苦修士也因此获得奖赏。古代教父们常言，上帝不仅接受我们的侍奉，甚至也接受我们真诚的愿望和决心。

在修道院里为院长做维护纪律方面的杂役，这对所有人而言都是无条件的，天经地义。我再强调一遍，这是无条件的，无论世俗人士认为这些举动多么奇怪、愚蠢和荒谬。即便教会人士，有时也会因此类教条死板的杂役而生困惑和愤怒，并予以猛烈抨击。很多书籍都曾论及苦役修行的荒谬和有害。这并非此类著作的饱学作者们之过，他们只是不明白，修道院里有另一种生活，这种生活所遵循的是另一类法则。此类法则的目的和意义，远非所有人都能感知。

有这么一个故事（此事发生在我进修道院之前），列宁格勒神学院一位新获教职的助祭在节日来到修道院，他一副饱读经书、很有修养的模样，居高临下地看着这座外省修道院里无知无识的修士们。

祭坛上有院长钟爱的一盏香炉，它十分漂亮，因体型巨大，我们称之为巴比伦火炉。香炉里能装入小半桶火炭。院长神父总是亲自使用这盏香炉。而且，这盏香炉用金属做成，外层镀金，镶有宝石，还有几根铁链，因此十分沉重，只有身强力壮的加夫里尔神父方能提起。不过偶尔，在晚祷时分，情绪特别的院长神父也会请别人出手，比如，他会对约翰神父说：

"大司祭神父，请摇一摇香炉！"

约翰神父要提起这样一盏香炉可不容易，他恭顺地鞠了一躬（此属遵纪侍奉问题），拿起这个可怕的器具，摇动起来。可是很快，他就摇不动了，只好双手持炉，勉强抓住铁链。

这让院长神父感到十分开心。当有人试图对约翰神父表达同情，约翰神父却面有惊讶地说：

"你们干嘛这样生气呢？不让院长神父来驯服我，又让谁来驯服我呢？"

不过，让我们回过头来谈那位彼得堡来客。见墙上挂有一盏奇妙的香炉，他心血来潮，想立刻试一试这盏香炉。圣堂工友们担心地解释说，这盏香炉归院长神父做礼拜时专用。那位神学院人士嘲笑了这帮愚昧的外省人，然后态度坚决地下令把这盏香炉递给他。视神学院毕业生如同神人的几位见习修士，便乖乖照办。

于是，这位彼得堡助祭便在祭坛上表演起来，在院长神父面前提着那盏贵重香炉，香炉里燃着木炭，香气四溢。他神情庄重地道出此类场合的约定话语：

"主教，请为香炉祝福吧！"

院长照例举起双手，准备祝福……突然，他僵住了！他简直不敢相信自己的眼睛！等院长神父终于意识到，他钟爱的香炉竟被一位彼得堡小助祭提在手上，他便用轻轻的、让人浑身冰凉的低声问道：

"是谁把这香炉交给你的？！"

手提香炉的助祭也愣在那里，只有他的手在颤抖，香炉上的沉重铁链发出的嘎嘎声响彻整个祭坛。

"马上扔掉！"院长命令道。

神学院毕业生完全吓傻了。

"扔掉，我在对你说呢！"

祭坛的地板上铺着毛茸茸的地毯。香炉里燃烧着小半桶火炭。神学院毕业生几近昏厥，显而易见，他在列宁格勒神学院从未见过这阵势。院长神父目不转睛地盯着他，用一个指头示意辅祭安东尼，简短地命令安东尼：

"夺下他的香炉！"

安东尼闪电般地从那位彼得堡人的手中夺过香炉。

"扔掉！"院长命令。

安东尼毫不迟疑地松开双手，于是，香炉哐地一声砸在地毯上。通红的火炭撒了一地，地毯烧着了。站在四周的人赶忙跪下身体，伸手拍火，在院长脚边爬行。而置身于烟雾和火苗中的院长，却神情超然地俯视这一场景。

"瞧见该怎样尽心侍奉了吧！"院长最后说，然后他转向那位彼得堡助祭，冲他说道：

"而你，滚下祭坛去！"

人们也许会问我："这有什么意义呢？这难道不正是最地道的蒙昧、任性和专横的范例吗？这难道就是古代教父们所言的侍奉？"

我无言以对……只不过，我们这些修士如若把此类事情全都视为理所当然，也就真的有些不大正常。

一次，我也遇到这样的事。不过，院长自己当时差点为他让我们实施的侍奉方式付出代价。

时在深秋，我病了一周，康复后去做晚祷，见往常摆放书籍和院长神父个人物品的小桌上有个非常漂亮的新物件，即一盏镶金的孔雀石烛台。洞穴修道院地处俄国北方，秋季天黑得很早。因此，院长把烛台带上祭坛，为了在晚祷时看清书上的祷告词。可我年纪轻轻，眼神很好，觉得祭坛上相当明亮，因此，待我弄清其中缘故已为时甚晚。

时辰一到，我像往常一样拿起祈祷书，打开来，捧到院长神父面前。他却对我说：

"把蜡烛拿来。"

我恭恭敬敬地放下书，拿起烛台，等待接下来的指令。

"怎么啦？"院长皱着眉头问，嫌我没领会他的意思。

"我怎么用这东西呢？"我老老实实地问道。

院长神父更生气了。

"怎么用……把它扔到外面去！"

我至今还记得，这命令让我满心欢喜。我突然想起古代修士们的故事，他们遵循修道院院长的命令做苦役，或经年累月浇灌枯枝，或跃身大海，或行走水上，或将路上捡到的金块扔进深渊……

我计划立即跑出教堂，使出浑身力气把这件贵重的、但从永恒角度看自然又是短暂的物件砸在石头台阶上！孔雀石的绿色碎片将在空中飞舞……我飞快地向门口冲去，院长好不容易才抓住我的衣襟。

"你疯了吗？"他恐慌地问我，急忙从我手中夺回那件古董。

"是您亲口说的话呀！……"我大惑不解。

院长看我一眼，眼神像在看一个疯子，然后他说：

"格奥尔基，你别吓我。点亮蜡烛。你没看到这里光线很暗吗？"

我终于明白我该做什么。我一边惋惜自己未能完成真正的古代修行壮举，未能同时目睹孔雀石礼花的绽放，一边点燃蜡烛，叹了一口气，然后在院长神父面前翻开祈祷书。

我已言及，院长若发现他的命令未能得到执行，便会不依不饶。可奇怪的是，事实上我们并未认真履行院长的所有命令，甚至相反，我们有时还与他的命令对着干。而他发现后并不生气，作出一副视而不见的神情。我们在违抗命令时心安理得，并无任何良心谴责。譬如，当院长冲某位他不喜欢的香客或某个愚蠢大胆的游客发火，指着对方高喊：

"把他抓起来！马上扔出修道院！"

我们自然会赶紧拔脚跑去执行命令。等跑到那个倒霉蛋身边，我们便轻声规劝他，友好地把他送至大门口。

院长看着这一切，默默地表示赞许：命令得到执行，却未傻乎乎地办得过火。

总的说来，院长神父清楚地知道他的修士们需要什么。他们需要的仅为信仰和谦卑的倍增。古代教父传中有许多故事，说修道院院长甚至向最虔诚的修士提供机会，让他们表现出谦卑和温良。

一个夏日，我在圣母安息节教堂广场值班。院长通常在这个时候出门巡视修道院。此时，一位我不认识的壮小伙走近他。我听见，小伙子求院长接收他进修道院。

"你有做杂役的准备吗？"院长严厉地问道。

"那还用说，神父，甘愿做任何杂役！"

"任何杂役，真的吗？"院长问。

"不错，任何杂役！"小伙子热情地回答。

此时，年老的修士 M 神父正一瘸一拐地走过圣母安息节教堂广场。

"瞧，如果你真有做任何杂役的准备，就到这位老爷爷身边，设法让他飞一段！"院长吩咐道。

小伙子立即跑到老修士身旁，狠狠踹他一脚，踹得老人像条鱼一样蹿出好几步。可这位老修士却令人意外地一跃而起，跪倒在小伙子脚下。

"孩子，原谅我这个罪人吧！原谅我！"老修士几乎哭出声来，看来他认定，是他不知为何惹这位年轻人动气了。

"你等着！"小伙子一把推开老修士。

他回到院长身边，摩拳擦掌地等待下一步命令。

院长神父大为惊诧，从头到脚打量小伙子。

"唔……"他拖长嗓音，"老弟，你是个傻瓜！"

院长边说边从口袋里掏出二十五卢布。

"给你点车票钱。你回家去吧。"

M 神父向院长鞠了一躬，一瘸一拐地走开了。

这件事在修道院里激起许多针对加夫里尔神父的愤怒谴责。但是，一位很有主见和修养、受人尊重的修士却说：

"你们其实什么都不懂。你们此刻在谴责院长。可我对他的做法既不赞同，也不谴责。院长的所作所为不该由我来评判。当然，我们大家都很喜爱、很尊重 M 神父。你们时常听见对他的赞扬，他还被视为榜样。这一切 M 神父都受之无愧。可对于他，对于一位修士而言，这并无益处。"

我们兴致勃勃地等他继续说下去，他继续说：

"一方面，院长神父对 M 神父做了一个十分野蛮的举动。可另一方面，无论院长的本意是什么，他都替 M 神父做了一件宝贵有益的事情，这样的事情只能对修士做，也就是说，院长给了 M 神父表现谦卑的机会，而修道院里没有任何人能为 M 神父提供这种可能。院长的做法是愚蠢的吗？是的！非常愚蠢？我也同意！你们还记得阿尔谢尼大神父的故事吗？他在进修道院前是君士坦丁堡宫廷的高官，甚至做过太傅。一天，修道院院长当着所有教友的面，无缘无故地不让众人敬重的阿尔谢尼神父吃饭，甚至不让他坐上餐桌，而在门边罚站。直到餐饮结束，才像喂狗那样扔给他一块面包干。修道院的教友们后来问阿尔谢尼神父，他当时有何感觉。长老回答：'我想，院长就像天使，我知道我就是一条狗，甚至不如一条狗。的确如此！因为他扔面包给我，就像扔给一条狗那样。'院长本人在目睹阿尔谢尼的伟大谦卑之后说：'他会成为一位真正的修士。'"

我们的谈伴沉默片刻，然后接着说道：

"因此，只有经过不为世人所知的谜一般的谦卑，只有经历过它，一位基督徒方能接近一生中最重要的两个发现之一。第一个发现就是认识到关于自我的真理，看清自我的本质，与自己相识。你们要相信，这是一次十分重要的相识。要知道，为数众多的人在过完一生时仍对自己一无所知。我们所拥有的，仅为关于自己的各种概念和幻想，它们受制于我们的虚荣、傲慢、屈辱和抱负。而真理只有一个，无论它在我们看来多么苦涩，也就是说，'我们是不幸的，可怜的，贫穷的，盲目的，赤裸的……'你们记得《启示录》中的这些话吗？只有对自己持有极端真诚的福音书式的看法，才能看到这一发现。如果你们同意的话，这就是真正的谦卑。谦卑丝毫无损一个人的尊严。相反，能够经受住这可怕的最终真理之考验的人，就能成为圣徒，成为你们倾慕的那些能预知未来的先知和奇迹创造者。"

"那第二个发现呢？"我们问，"您谈到了人类生活中的两个主要发现。第一个是认识自我。那么第二个是什么呢？"

"第二个发现？"修士笑了笑，"其实你们对它的了解比我更清楚。教会每次礼拜都会向我们提示这一真理：'基督，我们的真神，我们以纯洁圣母和所有圣徒的名义祈祷，宽恕我们，拯救我们，大慈大悲的主。'"

我们衷心感谢我们这位谈伴。

在与我们道别时，他说：

"你们中间如果有谁将来做了院长，可千万别想去模仿加夫里尔神父，别用这种方式驯服教友！我们院长在这方面有特殊魅力，"他笑了笑，又说，"你们要谢的不是我，而是 M 神父，感谢他为我们大家上了一堂谦卑课。你们还记得吗？古代教父传中有位苦修士，他在回答如何才能成为一名真正修士的问题时是如何作答的吗？他脱下自己的长袍，把它扔在地上，用脚将它踩进泥土，他说道：'一个人如果不能像这长袍一样谦卑，他就成不了修士。'"

一个人如果不谦卑，他就成不了修士。不是自在的上帝启迪了他，不是书籍和他人的故事教育了他，而是他在亲身经历中获得的感悟。数十年岁月毫无意义地度过。最高神职人员，如神父、院长和主教们也会因此受到谴责。

在皮季里姆都主教把我调往莫斯科后不久，我与加夫里尔大司祭的关系不太顺畅，起因是我数年前在普斯科夫洞穴修道院拍摄的那部电影。

皮季里姆都主教为出版部购置了一台在八十年代十分罕见的业余摄像机。我带着它去洞穴修道院，想录下注定要步入永恒的修道院生活，首先是那些长老。许多年后，我用当时拍摄的素材剪辑出了一部关于普斯科夫洞穴修道院的影片。

可是有一天，加夫里尔大司祭却认定（或是有人怂恿院长神父，或是他本人突发奇想），我受牧首派遣在洞穴修道院搜寻各种缺陷，并把拍摄的素材交给至圣牧首。此传闻让我十分伤心，我千方百计作出解释，说我从未有过此类念头，可我造访洞穴修道院依然遭遇严重障碍，连去探望约翰神父也难以成行。此时我便想起关于院长铁石心肠、行为怪僻的无数故事，关于他生性多疑的那些抱怨。

我的怨恨和阴暗心理，自然无助于改善我和加夫里尔院长神父的关系。不久，

◁ 谦卑的长袍（重彩油画　150X260cm　2017 年　周昌新作）
一个人如果不能像长袍一样谦卑，他就成不了修士。谦卑丝毫无损一个人的尊严，相反能够经受住真理考验的人，就能成为圣徒，成为你们倾慕的那些未卜先知的先知者和奇迹的创造者。

加夫里尔大司祭被任命为远东主教，但我俩的关系依然如故，事情甚至到了如此地步，我俩在莫斯科的礼拜上见面时几乎不打招呼。想起此事我无地自容，我是什么人，他又是什么人，他可是基督教会的主教啊！可无论如何也于事无补……

三年过后，洞穴修道院换了其他院长，我已能心平气和地前去探访，而加夫里尔主教的命运也出现了起伏。

远东的神职人员与洞穴修道院的修士们完全不同。对于加夫里尔主教早已习惯的那种无条件服从，该地人士的看法却相当复杂。一次在教堂，一位神父与加夫里尔主教相当激烈地对骂起来。加夫里尔主教按自己的方式威严地喝止他。在洞穴修道院这很正常。可在该地，这位神父却怒火中烧，所用言辞远非教会斯拉夫语，他抓起礼拜所用的一件器具，一柄锋利的圣餐刀，向主教冲去。加夫里尔主教的反应恰如我想象的那样，虽说有些吃惊，却毫无惧色。他提着那位大胆神父的后脖领，把后者拎出殿堂，抛下楼梯。

那位神父给牧首写了投诉信，甚至还向世俗权力机关告状。他们成立了一个牧首审判委员会，并作出了一项严厉的教会判决。加夫里尔神父被剥夺主教权力，禁止主持礼拜，为期三年。

对加夫里尔的审判在莫斯科进行。在判决宣布的那天，我自己也不知为何产生了一个念头，要去加夫里尔主教下榻的旅店看他。他毕竟是我的首位院长，是他接收我进了修道院，在这艰难时刻，大家或许会躲避他，无论他是对是错，这个念头让我心有不安。我想起院长神父做的那些好事，于是决定去看他，多少表示一下支持（可我的确不知该如何表示）。

我在旅店中找到他的房间，正打算敲门，突然听见门后传出很响的吵闹声，更确切地说是地道的叫骂声。我正准备赶紧躲开，门砰地一声敞开，房间里走出两个怒容满面的人。在他们之后现出加夫里尔主教的身影，只听他大喊：

"滚出去，恶棍，趁我还没把你们从楼梯扔下去！"

"又来了！"我想，"看来，他在远东已经养成把人扔下楼梯的习惯。我记得，他在洞穴修道院从未这样做过。现在他又会怎样对待我呢？"

"你在这里干什么？！"看到我后，他威严地问道。

"就是来看看您。"我胆怯地叽咕一句。

主教阴沉着脸，把我从头到脚打量一番。

"进来吧。"他说，并把我让进房间。

我在他那里坐到很晚。主教没什么急事要做。他要了一瓶白兰地和一些食物，让人送至房间。我们忆起洞穴修道院，主教告诉我他在那遥远的教区如何开办教堂。他还说，刚才被他赶出房间的俩人是某个新创"教会"的代表，自称"地窟修士"。听说加夫里尔主教被削职，他们认定这位遭到起诉的主教会心生怨恨，便来见他，请他出山担任他们那个"教会"的主教。加夫里尔主教对此回答说：

"想都别想！我是在我们的教会受洗的，在这里成了修士、神父和主教。我们的教会不让我做事，当然因为我也许不是个好主教。但我生在这个教会，也就要死在这个教会！因此……"

接下来，主教就道出了那段与其主教身份不相吻合的话，谈到"恶棍"，谈到"扔下楼梯"，我偶然地目睹了这一场景。

主教去了哈巴罗夫斯克。我们偶尔互通书信。在他的书信中，我看到他完全不为人知的另一面。有一封信以《诗篇》中的一段话开头，是大卫王在其生活艰难时分向上帝道出的感谢："你给我磨难，即赐我幸福！"这封信写得很感人。可因忙于各类杂事，我似乎没有回复此信。

三年过后，加夫里尔主教的禁期结束，他被派往布拉戈维申斯克任主教。

我此时已在奉献节修道院做事。主教出差莫斯科，便在我们的修道院小住，这令我和教友们深感欣慰。一次，加夫里尔主教重返洞穴修道院，据说有很多人赶去参加他主持的礼拜。往日的不快烟消云散。一些修士和教民痛哭流涕，请求他的祝福。主教也深受感动。此后他再未去过洞穴修道院。

来自布拉戈维申斯克教区的其他神父有时也会下榻我们奉献节修道院。有一次，我忍不住问他们，他们的主教怎么样，是很善良还是很严厉。

"他本人是很善良⋯⋯可就是太严厉了！"

他们接下来说了几件事，这些故事让我彻底认定：加夫里尔主教本性难移。

多年之后，我陪同至圣牧首基里尔前往远东。加夫里尔主教至南萨哈林参加至圣牧首主持的礼拜。他当时已年逾七旬。我记得，我进入修道院时他刚四十出头。在牧首的礼拜和正式会见之后，我们几人小聚，共进晚餐。参加者有几位神父和一位年轻主教，还有加夫里尔主教。

席间的气氛温暖友好。忆起往事，我决定问一问加夫里尔主教，他在被禁教期间如何生活。我们大家，包括那位年轻主教，颇有兴致地等着加夫里尔主教的讲述。因为我们全都清楚，生活并不总是一帆风顺，我们每个人均可能遭遇变故。如常言所说，人有旦夕祸福。主教并不回避问题，他如实道来，并无任何卖弄。

在主教公会作出裁决后，他返回哈巴罗夫斯克。数月后，他花光了积蓄，便想在他曾任主教的教区谋个差事，或做教堂工友，或当门卫。可新任主教却不允许神父们接收前主教进教堂做工，甚至不准他迈入祭坛一步。那些年间，加夫里尔主教像他的教民一样排队领圣餐。他总是两臂交叉，向神父报上自己的姓氏"加夫里尔主教"，然后领受圣餐。主教说，这些年间对他而言最为重要的，即教民的爱和支持，还有从前熟人写来的书信，首先是约翰大司祭（克列斯奇扬金）的来信。

同样是在自己教民那里，主教找到活计，自春天至深秋，他为教民们看守一处菜地，负责除草，这块菜地位于阿穆尔江上的一座岛屿，离哈巴罗夫斯克不远。夏天挣的钱，可满足他冬季的开销。

我随后问道：

"主教，您的生活丰富多彩，很有意思。您年轻时在敖德萨修道院做过见习修士，伟大的长老库克沙苦修士当时就在那里修行。您在圣地住过，曾任俄国驻耶路撒冷宗教使团的秘书。您长期主管普斯科夫洞穴修道院，每日与为数甚多的长老交往。之后，您创建了远东教区。如今您又担任布拉戈维申斯克主教。您觉得您的哪一段生活最为幸福呢？"

主教想了想，最终回答：

"最幸福的就是我被禁教的这几年。在我的一生中，我从未离上帝如此之近！你们也许会感到奇怪，但你们要相信，事情的确如此。当然，在被恢复教权、被派往布拉戈维申斯克的时候，我感到非常高兴。可我在那块菜地时所作的祈祷，更主要的是我当时感觉到的与上帝的亲近，却无与伦比。那是我一生中的最好时光。"

然后他沉默片刻，又说道：

"兄弟们！别怕上帝的惩罚！他惩罚我们就像惩罚自己的孩子，而不是惩罚罪犯。"

他之后再未说话。不过，不仅我，或许我们所有人，我们这些当日与主教同坐一桌的年轻神父和不太年轻的神父，均将终生铭记他的这句话。

大院长

普斯科夫洞穴修道院大院长阿里皮神父谈起自己时，常大张旗鼓地说："我是苏维埃大司祭。"他还用语言和行为佐证了自己的这一说法。

上世纪六十年代初，几位州委委员来到修道院，目的是寻找关闭修道院的借口。他们在修道院四处转悠，见有朝圣者在苗圃和花圃里干活，他们立即找来阿里皮神父：

"这些人有什么理由在这里干活呢？"

苏维埃大司祭回答他们：

"这是当家作主的人民在自己的土地上劳动啊！"

那些人没再提问题。

又一次，出于同样目的，从普斯科夫再度派来一个人民监督委员会，这回是金融审查委员会。院长事先打听到了这些全权代表是什么人。

"我们是金融机构的代表……"

阿里皮神父打断他们的话头。

"我只有一位领导，他就是普斯科夫城的约翰主教。你们先要获得他的许可。没有他的许可我是不会让你们看账本的。"

审查人员离开了，数小时后，普斯科夫主教给阿里皮神父打来电话，客气地请阿里皮神父配合审查人员进行审核。

"光有电话可不行，主教。请您给我拍份电报来。"阿里皮神父回答。

电报很快拍来。当那几位人民审查员再次出现在院长神父面前时，院长神父手里捏着电报，问道：

"请问你们是共产党员吗？"

"是，大多数是党员……"

"你们在主教那里得到了祝福？你们去见了普斯科夫主教？是吗？……我现在就把这份电报寄给区党委……"

对修道院的金融审查就此结束。

阿里皮大司祭剪发做修士前名为伊万·米哈伊洛维奇·沃罗诺夫，他曾在卫国战争的前线作战四年，从莫斯科打到柏林。此后，他又守卫普斯科夫洞穴修道院长达三十年，所抵御的正是他曾为之流血牺牲的国家。

在这两场战争中，阿里皮神父均被迫为死而战，而非为生而战。当时的苏共中央第一书记尼基塔·赫鲁晓夫不择手段地想要一场伟大胜利。他十分嫉妒其前任的荣光，便也想获取一场大胜，不亚于其前任在卫国战争期间所获得的那场胜利。为在即将到来的战斗中高奏凯歌，他将具有千年历史的俄国教会选作对手，对之宣战，并对全世界庄重承诺，他很快便将让人们在电视上看到最后一位俄国神父。

随后不久，成千上万的教堂被炸毁，被关闭，变成仓库和农机站。绝大多数高等神学教育机构被取缔。所有修道院几乎全被清空。许多神职人员被关进监狱。俄国境内只剩下两座仍能正常进行宗教活动的修道院：一座是圣三一谢尔吉修道院，此为当局被迫留下的一块宗教保留地，以便向外国人展示；另一座即位于外省的普斯科夫洞穴修道院。大院长在此与无神论国家的强大势力展开较量。最为出彩的是，他最终赢得了这场较量！

那些年间，被压迫的俄国教会的所有人均在关注这场不对称的战争的结果。源自洞穴修道院的消息被口口相传，后来，这些事件的参与者和见证者又纷纷留下了其证言。

以下便是关于那些已成历史的较量的几则记录。

一个冬日傍晚，几位身穿便装的人闯入阿里皮神父的办公室，他们递上一份官方文件，文件上写明普斯科夫洞穴修道院将被关闭。来人命院长将此决定通报教友。阿里皮神父接过文件看了看，然后当着那几位官员的面把文件扔进熊熊燃烧的壁炉，并不动声色地对那呆若木鸡的来客说：

"我宁愿受难而死，也不会关闭修道院。"

顺便说一句，那份被焚毁的文件系苏联政府决议，其上有赫鲁晓夫签名。

大院长忠诚的学生纳法纳伊尔大司祭将这段故事记录在案。

我不曾面见阿里皮神父，我进修道院时他已离世，但是，言及普斯科夫洞穴修道院，阿里皮神父是一个无法回避的话题。

我很幸运，因为我认识许多曾与大院长一同生活的修士，他们均为著名画家、作家、学者和文物专家，他们当年从莫斯科、列宁格勒和里加来到大院长好客的居所。对于他们而言，大院长就是无所畏惧的教会斗士的杰出典范，就是既严厉又慈祥的精神之父的理想形象。

阿里皮神父信奉实用哲学，甚至过于追求实惠，他十分精明，足智多谋，善于随机应变，尽管如此，他的许多同时代人（其中包括一些保持高度苦修生活习惯的修士）仍视他为圣徒。阿里皮神父去世之后，在修道院中享有威望的谢拉菲姆神父见院内有修士欲长途跋涉前往伟大圣人的圣迹之地朝圣，他深感惊讶："干嘛要跑那么远的路呢？你们去洞穴呗，那里有阿里皮神父的圣体。"

上帝不爱胆怯者。拉法伊尔神父向我道出了这一神的法则，而他则自阿里皮神父处获悉。阿里皮神父在一次布道时说："我亲眼看到，战争期间，一些人生怕被饿死，就背上一袋面包干，想延续自己的生命，却不去与敌人搏斗，这些人后来背着自己的面包干死去，未能多活几天；而那些脱下便装去与敌人战斗的人，却活了下来。"

当有人试图夺走修道院洞穴入口的钥匙，阿里皮神父对自己的助手说道：

"科尔尼利神父，去拿把斧头来，我们要在这里砍人头！"

执行公务的人望风而逃，因为谁知道这些疯子和傻瓜会干出什么事情来呢。

院长自己清楚，他下达此类命令并非虚言恫吓。一次，当有人照例又来下令关闭修道院，他一清二楚地说道：

"我这里的一半教友都上过前线。我们有武器，我们会战斗到最后一颗子

125

弹。你们瞧瞧这座修道院，防护很好。坦克开不进来。你们只能用飞机从空中打我们。但只要第一架飞机飞到修道院上空，几分钟过后，美国之音就会把消息传给全世界。你们自己想想这后果！"

我不能说明修道院里究竟藏有哪些军火。这更像是大院长的军事谋略，是他的又一个威严玩笑。但如常言所说，玩笑中也有真话。当年的修道院教友们的确非同寻常：一半以上的修士是参加过伟大卫国战争的老兵，得过各种勋章；另有为数不小的一部分蹲过斯大林的劳改营；第三种人则既打过仗，也坐过牢。

"冲锋陷阵过的人不会吃败仗。"阿里皮神父常说，他本人采用的恰为此一战略。在那些年间，每日为修道院而战的院长重建起要塞般的坚固院墙，修复倾塌的教堂，十分内行地发现了许多古代壁画，并使院长楼和教友楼恢复原样。本身亦为画家的院长抢救下许多俄国画家和外国画家的画作，使其免遭被卖到国外的厄运。在他为数颇丰的藏品中就有列维坦、波列诺夫等人的画。离世之前，阿里皮神父将这些杰作无偿地捐赠给了俄罗斯博物馆。最后，他还在修道院里四处修建漂亮的花园、花坛和果园，使这座修道院成了俄国最漂亮的地方之一。对于首次来到洞穴修道院的人而言，无论他是朝圣者还是旅游者，这座修道院均是一个美妙神奇的场所，在四周邋遢的苏维埃现实的环境中，它显得很不真实。

然而，阿里皮神父的最大功绩在于，他在洞穴修道院建立了长老制。

长老制是一个奇特现象，其原因之一即在于，它并不固定存在于同一个地方，比如说同一座修道院。它在大地上漫游，会突然在某地开花结果，时而在伏尔加中下游地区的北菲瓦伊达隐修区，时而在布良斯克森林中的白别列加隐修院，时而在萨罗夫修道院，时而在奥普吉纳隐修院。二十世纪中期，这一现象在普斯科夫洞穴修道院安家落户。阿里皮神父敏锐地捕捉到这一神奇的修行方式。他将长老制视为最宝贵的遗产，珍藏于自己的修道院，并发扬光大。这位院长设法疏通关节，让瓦拉阿姆修道院的长老们能自芬兰转入洞穴修道院。他接纳了出狱、流放归来的受害修士约翰（克列斯奇扬金），是皮季里姆主教（涅恰耶夫）把约翰神父秘密带进洞穴修道院。阿里皮神父还安置了被迫离开圣三一谢尔吉修道院的阿德里安神父。在阿里皮神父担任院长期间成长起整整一代长老神父，此书言及了其中数位。创建并保留这一制度，这在当年是一项真正的功绩。

在反宗教宣传甚嚣尘上的那些年间，我们大多数同胞对修道院的态度十分野蛮，因此，当有人向阿里皮神父提出一些最荒谬的问题时，他并不感到奇怪。他会带着宽厚的幽默，既通俗易懂又无可辩驳地让那些人意识到他们自己的幼稚，他们对肮脏谎言和荒谬杜撰的轻信。

一次，一队前来游览的地道苏联人在教堂入口处拦住阿里皮神父。他们怀着真诚的义愤要求神父谈谈高级神职人员压迫普通修士的真相，谈谈修道院生活中的欺压现象和各种可怕事件，他们是在报纸上读到此类罪状的。阿里皮神父没有正面回答，而是神秘地问道：

"你们听见什么了吗？"

"什么听见什么了？"那些旅游者感到奇怪。

"你们听见什么声音了吗？"

"我们听见修士们在唱歌。"

"这就对啦！如果他们的日子过得很糟糕，他们是不会唱歌的。"

一位芬兰客人是个共产党员，他当着其苏联朋友的面向阿里皮神父提出了当时的无神论者热衷提出的一个问题：

"您给我们解释一下，宇航员飞向太空，为什么没看见上帝呢？"

大司祭神父颇有同情心地对他说道：

"您也可能遭遇这样的不幸，您经常去赫尔辛基，却从来没看见你们的总统。"

当年去过洞穴修道院的人，均对大院长站在其院长居所阳台上的场景记忆犹新。他现身阳台的场景各种各样。有时，尤其在春天，乌鸦疯狂的聒噪让阿里皮神父难以忍受，他便拿一把手枪站到阳台上，冲着乌鸦开枪，直到那些乌鸦惊慌飞散。当然，这手枪并非真枪，而只是一把制作精美的玩具手枪。可是，一个阳光灿烂的早晨，在修道院，院长神父站在阳台上，手持一把巨大手枪，正举枪瞄准，——这一场景仍会给人留下难以磨灭的印象。

不过，人们自然还记得大院长走上其心爱阳台的另一些场景。阿里皮神父时常倚着阳台栏杆，俯身与聚在楼下的人们交谈，这一场景会让此时恰巧造访修道院的目击者们产生深刻的感触。

这阳台正对修道院广场。站在阳台上，院长神父可在晴朗的日子里俯瞰修道院，与人们交谈，同时察看修道院中的秩序。

广场上会立时聚起朝圣者、旅游者和洞穴镇的居民。一连数小时，人们或与阿里皮神父探讨信仰，或与他简单交流。每逢此时，院长均不失时机地向那些因生活困难而求助于他的人提供帮助。这种被称为"教会慈善"的行为在当时被绝对禁止，阿里皮神父因此便设法做出了他认为最必需的举动。这是纳法纳伊尔神父的回忆：

> 阿里皮神父总为那些需要帮助的人雪中送炭，给他们施舍，众多请求者均得到他的救助。他因此没少遭罪。《圣经》中言及行善必不可少，阿里皮神父以此为据，强调行善不可能被禁止，此为神圣东正教会生活不可或缺的组成部分。

格奥尔基·马尔科夫助祭当时是一位经常造访洞穴修道院的年轻艺术学家，此为他的回忆：

> 阿里皮大司祭努力地在其个人生活中践行爱近人的戒律。许多病人、穷人和因故失去财产的人都常常得到他力所能及的帮助，有时是巨大的帮助。
>
> 在他住处的阳台下时常见到很多残疾人和其他各种遭受不幸命运的人。尽管有当局的明令禁止，院长仍竭尽所能地帮助那些人，或给谁食物，或为谁治病，或给点钱，要是手头没钱，他就开玩笑地说上一句："钱还没画完，颜料还没干呢！上帝的奴仆啊，你明天再来吧！"
>
> 有些时候，院长提供的帮助力度很大，如他曾帮人重新建起被烧毁的房屋，在

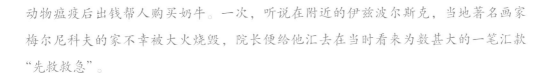

动物瘟疫后出钱帮人购买奶牛。一次，听说在附近的伊兹波尔斯克，当地著名画家梅尔尼科夫的家不幸被大火烧毁，院长便给他汇去在当时看来为数甚大的一笔汇款"先救救急"。

纳法纳伊尔神父回忆道：

阿里皮神父具有惊人的语言天赋。我不止一次听朝圣者们这样说："我们再活上一个星期，就能听见阿里皮神父的布道啦。"布道时，他会给沮丧者以支持，给气馁者以安慰："兄弟姐妹们，你们听到了呼吁强化反宗教宣传的声音，可是你们别垂头丧气，别气馁，这说明他们已经撑不住了。""去附和民众是一件很可怕的事情。他们今天高喊：和撒那！四天之后却又大喊：抓住他，抓住他，把他钉上十字架！因此，在谎言流行的地方，就别喊乌拉，也别鼓掌。别人要问为什么，你就回答：你们说的是谎言。再问为什么，你就说：因为我的良心在提醒我。如何辨认犹大？救主在最后的晚餐上说：那卖我之人的手，与我一同在桌子上。这大胆的学生，竟想自比导师，占据首席，率先斟杯。长者尚未吃饭，小儿却已舔嘴唇，已撑饱肚皮。有一个犹大正在长大。十二门徒中只出一个犹大。长者没落座就餐，你就不能坐下。长者落座，你再边祷告边坐下。长者不动勺子，你就也别动。长者动了勺子，你再动勺子。长者开始吃，你此时才能开始吃。"

然而，阳台边的交谈也并非总是如此平静亲切。

一次，一名位高权重、很有影响的女士来到普斯科夫州，她就是福尔采娃，陪她前来的还有一些都城和州委的官员。当年见到这位女士，包括文化活动家在内的许多人均战战兢兢。按惯例，她被安排参观普斯科夫洞穴修道院。可是，阿里皮神父自其画家朋友处对这位女士的活动已有所了解，知道这位女部长对教会充满病态的仇恨，因此甚至未出面接待她，而让纳法纳伊尔神父领她参观。

威风凛凛的代表团已结束参观，正向出口走去，福尔采娃却在此时看见了院长神父，后者站在阳台上，正与聚在楼下的人交谈。女士决定教训一下这位胆敢不出来迎接她的修士，同时也给州委的领导上一堂观摩课，示范该如何在抵御宗教麻醉领域坚定地落实党和政府的政策。她走近阳台，打断众人的话，大声喊道：

"伊万·米哈伊洛维奇！可以向您提个问题吗？"

阿里皮神父有些懊恼地看了她一眼，答道：

"好吧，您问吧。"

"您是个有文化的人，是个画家，请问您怎么能来到这种地方，与这些愚昧无知的人混在一起呢？"

阿里皮神父很有耐力。然而，若有人当着他的面侮辱修士，他从来不会置之不理。

"我怎么能来到这种地方？"阿里皮神父反问一句，他盯了这位位高权重的女客人一眼，就像当年的炮兵连列兵伊万·沃罗诺夫在透过近卫军大炮的准星瞄准，"好的，我来告诉您……您听说我打过仗吗？"

"就算听说过吧。"

"您听说我一直打到柏林了吗？"院长神父又问。

"有人对我说过。但我不明白，这和我的问题有什么关系。而且奇怪的是，您是一位苏维埃人，经历过战争……"

"是啊，"院长神父不紧不慢地接着说，"问题在于，我在柏林城下……被炸掉了……（伊万·米哈伊洛维奇·沃罗诺夫在此处用了一个极端粗鲁的字眼。）因此没办法，我只好进了修道院。"

一阵可怕的死寂之后，突然响起一声女人的尖叫，接着传来愤怒的吆喝、叫喊和恐吓，最终，以那位仪表堂堂的女士为首的代表团慌不择路地奔向修道院大门。

一小时之后，院长便已接到要他前往莫斯科的传唤。看来事情不妙。可是面对一切问题，阿里皮神父均心平气和、有理有据地答道：

"她向我提了一个具体问题，我也作了同样具体恰当的回答，好让我们的女客人一准能听懂。"

最后，此事件平安收场。阿里皮神父认为有必要使用此类武器，这是唯一一次。

这一著名的回答，或委婉些说，这一新奇的回答，之后成为各种闲言碎语、无端猜测的源头。著名文物修复专家和艺术学家萨瓦·雅姆希科夫获阿里皮神父恩准，这样写道：

有人问我，这样一个美男子怎么会进修道院呢？有人说，他受了重伤，失去了传宗接代的能力……有一次他自己谈到这个话题，他对我说：萨瓦，这都是些空话。战争太恐怖太可怕了，我当时曾对上帝起誓，我要是能在这场可怕的战争中活下来，就一定进修道院。您想想，那场残酷的战斗正激烈进行，德军坦克冲进我们的防线，碾碎了途中遇见的一切，在这座地狱里我突然看见，我们营的教导员取下头上的钢盔，跪倒在地，开始……祷告。是的，他一边哭泣，一边嘟囔着童年时学会的、还依稀记得的祷告词，请求他昨天还很鄙视的上帝宽恕他、保佑他。我当时就明白了，每个人的内心都有上帝，他或迟或早都会走近上帝……

当局千方百计，试图用一切手段捣毁修道院。一次，洞穴镇苏维埃作出决定，要剥夺修道院所拥有的包括牧场在内的一切农牧业用地。此时正逢夏初。母牛刚被赶到牧场，可如今这些不幸的牲口又要被赶回畜栏。

就在那时，根据莫斯科安排，州委干部带领一个庞大的兄弟共产党代表团来修道院参观。这叫用俄国的古老历史款待客人。起初一切平安无事。可是，当"各族人民的孩子"沉浸于修道院的静谧和优美，正在玫瑰盛开的花坛间漫步时，突然，畜栏的门吱呀一声打开，修道院养的三十头奶牛和一头壮硕的公牛哞哞叫着冲了出来，因获得自由而不知所措。阿里皮神父下达命令，开始了一场谋划已久的行动。

这些哞哞叫着、翘着尾巴、因为自由而不知所措的动物冲向花坛，贪婪地吃着青草和鲜花，而那些国际共产主义运动的代表们却四散而逃，修道院里充斥着用各种语言发出的叫喊声。州委干部冲向阿里皮神父。

"请多包涵，"院长神父叹了一口气，"这些牲口太可怜了！我们如今没有别的牧场，只能在修道院里面放牧。"

当天，被夺走的牧场又全都被还给了修道院。

纳法纳伊尔神父曾忆起他感觉最为艰难的一天，当时，修道院接到一纸命令，禁止在洞穴举行追荐仪式。这意味着禁止人们前往修道院的主要圣地，此后修道院亦将被关闭。此命令由普斯科夫主教签署。尽管如此，阿里皮神父仍照例安排洞穴追荐仪式。

城市当局获悉此消息后，便来修道院兴师问罪，质问阿里皮神父是否接到了主教的命令。阿里皮神父作出肯定的回答。

"那您为什么不执行命令？"官员们生气地问道。

阿里皮神父回答，他不执行这道命令，因为这道命令是在压力之下、由于内心胆怯而签署的。

"我不服从软弱的精神，"他最后说道，"我只服从强大的精神。"

洞穴中的追荐仪式始终不曾中断。

针对修道院的战争一日也不曾止息。普斯科夫作家瓦连金·库尔巴托夫回忆道：

国家照例派来一个旨在关闭修道院的委员会，阿里皮大司祭在修道院大门口贴出告示，称修道院里正发生瘟疫，他因此无法让委员会进入修道院。委员会负责人是普斯科夫州文化委员会主席安娜·伊万诺夫娜·梅德韦杰娃。阿里皮神父便冲她说道：

"我倒是不可怜我那些修士和傻瓜，因为他们反正已经在天国登记注册了。可是您，安娜·伊万诺夫娜，还有您这些长官，我却不能放你们进去。到最后的审判时，我可不知该为你们说什么话。因此对不起，我不能给你们开门。"

而他自己，则照例飞往莫斯科，再次张罗、疏通一番，又照例获得胜利。

真正的战士总能精准地确定敌人，阿里皮神父面对处心积虑的迫害者毫不妥协。可对于普通人，他的态度却迥然不同，即便那些普通人由于缺乏理智曾做出傻事。

在读了前面几个故事之后，大家或许会对他的第二种态度觉得不可思议，可是，用阿里皮神父自己的话来说，他一生中最重要的东西就是爱。爱，就是他不为世人所知的、战无不胜的武器。

大院长常说："爱就是最崇高的祈祷。如果说祈祷是美德公主，那么基督教的爱就是上帝，因为上帝就是爱……只要透过爱的棱镜看世界，你们的一切问题都将不复存在：你们会在自己内心看到神的王国，在人的身上看到圣像，在尘世之美中看到天堂生活的影子。你们会质疑，说无法做到爱敌人。你们想一想，耶稣基督曾对我们说：'你们既作于他人，就是作在我身上了。'你们要用金色的字母把这句话刻在你们心灵的石碑上，你们要把它抄写下来，与圣像挂在一起，每日诵读。"

一天晚上，修道院的大门早已关闭，一位惊慌失措的守门人跑来见院长神父，称一帮醉酒的军人试图闯入修道院。（后来获知，他们是普斯科夫空降师的年轻军官。）尽管时辰已晚，这些尉官仍强求为他们打开修道院所有教堂的大门，让他们参观，他们要探明主教们暗中把他们的女修士藏于何处。守门人惊恐地报告，称醉酒的军官们找到一根巨大的原木用作攻城槌，此时正在撞门。

阿里皮神父回到自己住处，返身时身着一件挂满勋章和奖章的军服。他在军装外又披上一件教袍，挡住那些勋章，然后与守门人一同走向大门。

离得老远，院长便听见有人真的在强攻修道院。走到门后，他吩咐守门人打开门闩。刹那之间，十来个面红耳赤的尉官便冲进修道院。他们凶神恶煞地围住裹着黑色教袍的老修士，忙不迭地要他领他们去看修道院，要他别在苏维埃的土地上实施教会法规，别对未来的英雄们隐瞒属于全体人民的博物馆财产。

阿里皮神父低头倾听他们的话。然后，他抬起目光，脱下教袍……尉官们挺直身体，僵在那里。阿里皮神父威严地扫视他们，并让离他最近的军官把军帽递给他。那位军官恭敬地向他递上军帽。阿里皮神父确信，帽檐的内衬通常用钢笔写有该军官的姓氏。然后，他默默转过身，向自己的住处走去。

缓过神来的尉官们跟在他身后。他们嘟嘟囔囔地道歉，请求神父交还军帽。这些年轻人已开始猜测，他们惹出了大麻烦。可阿里皮神父并不作答。就这样，年轻军官们一直来到院长的门前，不知所措地站在那里。院长打开房门，做了一个手势请他们进门。

当晚，他与他们一起待了很久。他款待他们，只有一位大院长才有能力如此款待客人。他亲自领尉官们参观修道院，让他们看各处圣迹，向他们讲述修道院光荣的历史和惊人的当下。最后，他慈父般地拥抱每位军官，并慷慨地给了年轻人一笔钱。年轻人不好意思地回绝，可阿里皮神父说，这些钱是这些年轻人的爷爷、奶奶和母亲们募捐的，给这些年轻人用也恰如其分。

这自然是一件非同寻常的事，却并非唯一特例。阿里皮神父从未丧失对神力的信念，这神力能改变每个人，无论他是何人。他凭自己的经验得知，许多曾迫害教会的人后来却成为了或隐蔽或公开的基督徒，这或许正因为他们听闻了院长神父威严的真理之言和揭露之词。数月之后，有时数年之后，昨日的敌人又回到阿里皮神父处，却并非为着迫害修道院，而试图将大院长视为另一世界的见证人，一位智慧的牧师和神父。无所畏惧地道出的真理，无论多么苦涩，无论起初多么难懂，最终将被永久铭记于人们的记忆之中。人们会不断得到揭示，直到他们接受真理，或永远不再否定它。每个人均有充分的权力去接受真理，肯定真理。

在致普斯科夫主教约翰的信中，阿里皮大司祭汇报道："报纸上的文章充斥着不公正的侮辱和陷害，对象是那些诚实善良的好人，他们侮辱烈士的母亲和遗孀。这就是他们的'意识形态斗争'，即驱逐成千上万的神父和教士，而且是最好的神父和教士。他们眼含热泪来到我们这里，他们为数众多，无处落脚，连尘世的工作也找不到。他们的妻儿没有生活来源。"

这便是当时中央和地方报刊上出现的一些标题：《普斯科夫洞穴修道院是宗教愚昧主义的温床》，《蹲着跳舞的哈利路亚》，《穿修士斗篷的寄生虫》，《穿修士斗篷的伪君子》。

还有这样一封写给普斯科夫主教的信，阿里皮神父在信中描述了一件事：

1963 年 5 月 14 日，周二，修道院管事伊里涅按照修道院多年生活惯例，组织修士用雨水和雪水浇灌修道院花园，我们在院墙后的凉亭边挖出一个蓄水池，积攒雨水和雪水。我们的人干活时，走来六位男人，后来又来两位。其中一人手拿尺子，他们用尺子丈量一番，割走修道院的一块菜地。他辱骂干活的修士，禁止他们抽水，还说这水不是他们的，下令停止抽水。我们的人试图继续干活，可他走过来，抢过水龙头，拔了出来，另一个拿着相机的人则对着我们的人拍照……

修道院管事对这些来路不明的人说，院长马上就到，你们去跟他解释吧。他们当中一个人走过来。其他人站在稍远处拍照，他们有三位。

"你们是什么人，对我们有什么要求呢？"我问他们。

这位头戴檐帽的人并未报出他的姓氏和官职，只是对我说，我们无权使用这池水，无权使用他们脚下的这块地。我又说：

"我们不能呼吸空气，我们不能晒太阳，因为太阳，还有空气，还有水，全都是你们的，那我们的太阳、空气和水在哪里呢？"我再次问他："你是什么人，你来这里干嘛？"

他并未报出他的姓氏。

我对他说：

"我叫伊万·米哈伊诺维奇·沃罗诺夫，苏联公民，伟大卫国战争参加者，我的战友就住在这院子里，他们是卫国战争老兵，他们在战争中身负重伤，许多人失去了手脚，得过脑震荡，他们用自己的血浇灌过这块土地，他们从这儿的空气中祛除了法西斯的臭气；住在这里的还有我的伙伴，他们是工人农民，是年迈的残疾人和退休人员，是失去孩子的年老父亲，他们的儿子就是为了解放这片土地、这汪清水而牺牲的，我们大家全都流过血，搭上过性命，可如今我们却无权使用我们自己的土地、水、空气和太阳，使用我们为自己、为人民从法西斯那里夺回来的一切？你们是什么人？"我再次问道，"是谁让你们来这里的？"

他们嘟嘟囔囔，道出了区委、州委之类的名称。

他们走开了，那戴檐帽的人在经过我们身边时说道："嗨……这神父！"

我回敬说，神父是对于我们自己那些人而言的，而对于你们，我就是俄国的伊万，他还有力量碾死臭虫、跳蚤、法西斯分子和一切妖魔鬼怪。

在为大院长逝世周年举办的礼拜上，纳法纳伊尔大司祭说道："1975年初，阿里皮神父第三次中风。他预感到死亡。他的棺木早已备好，根据他的要求，就摆放在他门外的走廊上。当有人问他：'你的修道小室在哪里啊？'他便指着这棺木说：'这就是我的修道小室。'在阿里皮神父生命的最后时刻，费奥多利特神父守在他身边，每日为他举行圣餐仪式，并像护士一样为他提供医疗帮助。1975年3月12日深夜二时，阿里皮神父说：'圣母来了，她真美，快拿颜料来，我们把她画下来。'颜料拿来了，可他的手已不听使唤，而在伟大卫国战争的前线，这双手曾搬运过多少颗沉重的炮弹啊。凌晨四时，阿里皮大司祭安详地告别了人世。"

当年，有很多画家、学者、政治家和作家来见阿里皮神父，因为这位苏维埃大司祭在军界和高层都有一些忠实助手。他在其中一些求见者的生活中发挥过重要作用，不仅是物质上的帮助，而首先是作为一位神父、一位精神牧师所产生的影响。不过那些人，那些身份各异、命运不同的人，也在精神上给他以支撑。在普斯科夫洞穴修道院所藏的阿里皮大司祭的档案中，有索尔仁尼琴的一份手稿。这是一段不长的祷告词，也是一部生活准则，大院长本人亦始终遵从这一准则：

主啊，与你同在我多么轻松！

能把你信仰，我多么轻松！
当我的理智陷入彷徨，
或垂头丧气，
当最为智慧的人
也只能看清今晚，
不知明天如何行事，
你赐予我光明的信念，
相信有你，有你的关怀，
相信善的道路依然存在。
在尘世荣光的峰巅，
我惊诧地看着那条路，
我自己永远走不出这条路，
惊奇的道路穿过无望，
我自无望，
向人类反射你的光芒。
我需要多少光，
你就赋予我多少光。
我来不及反射，
你就赐予他人。

奥古斯丁

此事发生在 1986 年。我一月前刚刚自普斯科夫洞穴修道院被调往莫斯科。莫斯科教区出版部负责人皮季里姆主教获悉，普斯科夫洞穴修道院的牛棚里有位见习修士是电影学院毕业生。恰在那一年，当局终于允许教会筹备罗斯受洗千年庆典。教会急需专门人才，因为将在苏联电视上首次展示教会生活，需要拍摄一部关于东正教的影片。如此一来，我便派上了用场。

返回这座我数年前因投奔普斯科夫洞穴修道院而离开的城市，这对我而言是一场真正的悲剧，可我的教父约翰神父却说："顺从高于一切。教会高层让你去哪儿，你就去哪儿。"可身在莫斯科，我仍利用一切机会返回我心爱的修道院，即便只待一天。

一天，我接到济侬修士打来的电话，他是一位圣像画家，当时住在普斯科夫洞穴修道院，他嗓音激动，在电话里没作解释，只让我赶紧前往洞穴修道院。我不记得我当时以何借口向皮季里姆主教告假，但次日早晨，我已身在洞穴修道院，身在济侬神父的修道小室。

济侬神父是怎么说的呢？他十分机密地告诉我，阿布哈兹山中不合法地秘密居住着许多修士，数周前，一位修士被迫下山来到俗界，他现在的处境十分危险。

修士们在苏呼米附近群山中非法居住的现象由来已久，在苏维埃政权的最初几年即已出现。他们彻底抛弃尘世，前往人迹罕至的深山老林，以逃避世俗政权，有时也为躲避教会权力。他们当中不乏真正的苦修士，他们寻求与上帝接近的幽静之地，持之以恒地祷告和静观。另一些人逃进深山，则是为了抗议国家的不公和教会的不公，他们撕碎自己的苏联护照，反对教会再合一运动，反对妥协，总之，反对当时教民暗中抱怨的一切。

三年前，我到过这片山区。经圣三一谢尔吉修道院神父基里尔大司祭和修道院监事奥努福里恩准，我和几位朋友将圣三一谢尔吉修道院的一位修士秘密送往该地的非法居住区。此事非同寻常，我因此熟悉了格里高利助祭位于苏呼米城卡兹别吉街上的家，通往高加索各座峰巅的旅程几乎全都始自此处，从合法的生活走向不合法的生活，两三处避难场所，山道旁的基督徒常出面掩藏修士。沿着陡峭的山路，从一间修道小室到另一间修道小室，行者逐渐走向人迹罕至、无比壮美的深山，苦修士们就住在此地。

当局自然对修士们穷追不舍。他们中常有人被抓，被送进监狱，但他们仍继续在此地居住，在许多人心目中，他们就是不屈教会的象征之一。

济侬神父说，这些修士中的一位被迫下山，后辗转来到洞穴修道院。此人十分年轻，二十二岁。他名叫奥古斯丁。我听苏呼米的东正教徒们说起他，但与他从未谋面。在他四岁时，他母亲剪发当修士。她带着孩子走进深山。男孩在苦修士中间长大成人，十八岁时也剪发当修士。他与母亲一起住在修道小室里，在山中长老的指导下修身养性，从未想到离开自己的幽居之地。

可是有一天，他正在山坡的菜地干活，母亲在忙家务，几位阿布哈兹猎人偶然发现这对母子的住处。他们喝醉了酒，蛮横地要求奥古斯丁母亲为他们做吃的。母亲深知自己的处境不合法（这些猎人回到村子后或许会向当局告密他们的住处），因此便为他们准备饭菜。可这些不速之客吃饱喝足之后，竟想占这位妇人便宜。妇人对他们说，与其受到他们侮辱，她宁愿被他们烧死。这些因酒精和性欲而丧失理智的猎人果真在她身上浇上煤油，点着了火……

奥古斯丁远远听见母亲骇人的喊叫。他冲回住处，目睹到这幅惨景：他母亲浑身是火，在他们寒酸的茅屋里乱窜，那几个猎人的酒劲也被吓跑了，慌忙去扑打她身上的火苗。看见屋里冲进一个年轻人，猎人们越发恐惧，立马逃之夭夭。奥古斯丁最终扑灭了母亲身上的火。母亲已奄奄一息。奥古斯丁把母亲背到最近的村子，背到朋友家，可她的生命已无法挽救。母亲在接受圣餐后死去，临死前

◁ 烈女
（重彩油画 150X260cm
2017 年　周昌新作）

吩咐儿子别为她复仇，而要为那几个不幸的凶手祈祷。

可那几位猎人事后缓过神来，却吓得要死。无论这位妇人是否修女，无论她隐居山中是否合法，这些人明白，此事若走漏风声，他们将被定罪为杀人犯。于是他们便开始搜寻唯一的证人，即奥古斯丁。负责指导这位年轻人生活的山中长老获悉此事，便对他说："他们迟早会找到你的。你最好还是下山去吧。随便去哪儿，在这里他们会杀了你的。"

奥古斯丁接受了他们的劝告。起先，有人帮他逃到圣三一谢尔吉修道院。可他没有护照，在那里生活很危险。于是，他又被送至普斯科夫洞穴修道院。

问题在于，洞穴修道院已经住有一位下山的修士。他年岁已高，在山中生活了四十余年，他身患重病后，长老们恩准他去俗界治病。普斯科夫洞穴修道院院长加夫里尔大司祭，当年是洞穴修道院威风凛凛、说一不二的主宰，他可怜这位老人，便设法疏通州委、警察局和克格勃，为这位没有任何身份证明的患病修士弄到一份许可，使他可以合法地住在修道院。由于院长神父的帮助，他甚至得到了一本护照。他就住在养老院，住在修道院里的拉扎尔楼。

济侬神父指望奥古斯丁也能获得同样的帮助，便领这位年轻修士去见院长神父。可是，院长神父这一天显然心情不好。他只看了奥古斯丁一眼，便愤怒地喊起来："什么个修士？把流浪汉和骗子全都给领了过来！把他送到警察局去！"济侬神父竭尽全力，才把吓得惊慌失措的奥古斯丁拖回修道小室。

"唉，这个加夫里尔，真是个契卡分子！"济侬神父黯然神伤，"我干嘛要领这个天使去见他呢？"

济侬神父认为这位年轻修士是个真正的天使，他十分激动地说：

"你简直难以想象这个人有多纯洁！他每天的饭量就像一个五岁孩子。他的眼睛纯洁极了，就是天使的眼睛。他一天到晚不停地祷告！"

济侬神父还补充了一句：

"这是我一生中遇见的唯一一位真正的修士。"

当然，他这么说话也是在气头上，院长神父的粗暴接待让他深感伤心。但无论如何，用他的话来说，每位见过奥古斯丁的人都会惊诧不已。可惜的是，如今修道院中已无好心的教父约翰大司祭（克列斯奇扬金）。该如何安置这位出色的年轻修士，只有约翰神父能给出最正确的建议。

我问奥古斯丁神父现在何处。原来，济侬神父在与院长龃龉之后便让奥古斯丁走了，将他自洞穴修道院送至莫斯科，住进济侬神父的教子教女弗拉基米尔·维基里扬斯基夫妇的家。

次日返回莫斯科后，我结识了这对夫妻。如今许多人均认识弗拉基米尔·维基里扬斯基，他是牧首新闻办公室主任。当年他小名沃洛佳，是艺术学研究所的科研人员，与妻子奥列霞和三个年幼孩子一同住在和平大街的作家公寓。他们的邻居多为名人，如布拉特·奥库扎瓦、宇航员列昂诺夫、体育解说员尼古拉·奥泽罗夫等。奥古斯丁神父像件宝贝一般被藏在维基里扬斯基家位于九楼的住宅里。我自然忍不住要去见他。

终于，一位十分年轻的修士走进我们的房间，他像是来自另一世界，长长的头发披散肩头，一双大眼碧蓝碧蓝的。我以山间修士常用的特殊方式向他问好。奥列霞和沃洛佳惊诧地看着我们。我们在桌旁落座，我向他打听居住在高山河流普索乌沿岸的我们那些共同的熟人，如马尔达里神父、奥列斯特神父、帕伊西神父，还有拉法伊尔神父（别列斯托夫）。奥古斯丁简短平静地回答，他自幼便认识这些神父。交谈完毕，他回到自己的房间。

我们坐在原处，这次会面令我们印象深刻……该如何帮助他呢？这个悬而未决的问题让我们心头沉重。我得提醒你们，当时是 1986 年。奥古斯丁神父身着教袍（他坚决拒绝穿便装出门），却无任何证件，若遇民警检查，他便会立时被抓。一些法律界朋友曾对沃洛佳·维基里扬斯基说，奥古斯丁会被立即"列为"近五年间自加里宁格勒至海参崴之间一切未被侦破的刑事案件的嫌疑犯，会被轻而易举地扣上不止一项重罪。

想到这位对尘世生活一无所知的苦修士，这位在深山里苦读古代教父著作的天使，有可能被关进拘留所，我们不禁恐惧不已！如若发生最可怕的事，这位将其年轻的生命全都奉献给上帝的纯洁无瑕的苦修士就会去坐牢？……

一连数天，我们始终在慌乱地寻求出路。弗拉基米尔前往圣三一修道院，与教父们商量此事。我们找来那些认识司法界人士的朋友。有人许诺去找著名歌星阿拉·普加乔娃，以便在万一需要的时候将奥古斯丁从警察局捞出来……

奥古斯丁神父却活得很自在。他在自己的房间里祷告，等我们作出决定，我们很快便称他的房间为修道小室。我观察他的行为，发现普通修道院和深山修道小室有时具有截然不同的传统。譬如，我偶然发现，奥古斯丁神父在内衣里面贴身挂着一个带有饰物的神父十字架。

"你怎么会有十字架呢？你是秘密神父？"我好奇地问道，我知道那时确实有此类秘密神父。

"不，我不是神父。"奥古斯丁平静地回答，"我的一位长老临死前把他这枚十字架送给了我。他让我在成为神父之后再公开佩戴这枚十字架。在这之前，他的十字架会一直保佑我。"

他还有一个十分漂亮的手提香炉。他每日在房间里摇动香炉散香，为此他要我们向他提供木炭和香料。我在我们修道院里从未见过有人在房间摇香炉。我曾建议他与我一同读赞美诗，奥古斯丁神父居然读错很多地方，这令我大为吃惊。我甚至忍不住要谴责他，一位修士居然连赞美诗都读错。可我很快冷静下来，猜到他长年居住在阿布哈兹的深山老林，无人能教给他正确的教会斯拉夫语。

时间一天天过去。我们渐渐发觉奥古斯丁神父发生了变化。更确切地说，他我行我素，在与我们的交往中逐渐变坏。我们自然不像他，我们远非天使。正如赞美诗中所写："与圣者同在你即为圣者，与纯洁者同在你即纯洁，与被选者同在你即被选中，与任性者同在你会堕落。"最末一句所言恰为我们每日观察后发现的致命影响。

譬如，在照例进行了一场关于拯救奥古斯丁神父各种可能方案的漫长讨论之后，我们突然平白无故地冒出一个念头，决定招待他吃点冰激凌。我们这位修士非常爱吃二十八戈比一份的果仁冰激凌，竟一口气吃下五份，之后每天均派遣沃洛佳的小儿子去最近的小卖部买冰激凌。我们不好拒绝他，我们恐惧地看到，奥古斯丁神父受到真正的诱惑，因为他居然能昼夜二十四小时不停地吃这该死的冰激凌！

小男孩尼卡如今已长大成人，大学毕业后成为助祭，可他仍清楚地记得，他曾含泪认错，因为他给那位深山修士吃了太多的冰激凌。

再譬如，奥列霞的弟弟有台录音机。我们突然发现，奥古斯丁坐在录音机前，与奥列霞的弟弟一起听……甲壳虫乐队！……这让我们目瞪口呆。我们愁容满面，孤立无援，一次又一次聚在维基里扬斯基家商讨对策。此时，我的几位朋友也加入进来，他们是叶莲娜·恰夫恰瓦泽和祖拉勃·恰夫恰瓦泽夫妇，以及圣三一谢尔吉修道院的季米特里修士（他如今是维捷布斯克的主教）。

对于我个人而言，最后的打击是这样一件事，站在阳台上的奥古斯丁神父突然开心地大喊：

"快看，尼古拉·奥泽罗夫！"

我惊讶至极！在楼下隔壁一家的阳台上果真站着那位传奇的体育解说员，他正露出实在的笑容，冲认出自己的那位修士点头。事情还不止于此。

"什么尼古拉·奥泽罗夫？你怎么知道的？尼古拉·奥泽罗夫这些人与你有什么关系？！"我喊道，把他从阳台推进房间。

事情立马弄清楚了：奥古斯丁神父找到一册《星火》杂志合订本，他在自己的修道小室里闲来无事，便一连数小时看杂志，看了很多遍。

我清楚，必须尽快让这位纯洁的修士远离我们的社会。否则，我们很难得到宽恕。

在经历这些不快之后，我们突然找到一个解决办法。这方法是祖拉勃·恰夫恰瓦泽想出来的。（他与他的妻子叶莲娜如今均为我们奉献节修道院的教民）。祖拉勃建议把奥古斯丁神父送往第比利斯，送至格鲁吉亚主教伊里亚处。

这的确是个绝妙的主意！在苏联时期生活过的人均记得，格鲁吉亚曾是我们巨大国家中一处在很多方面均很特殊的地方。在其他地方，比如在普斯科夫州、西伯利亚或远东绝对无法开展的许多事情，在格鲁吉亚却或许可行。譬如，让某人"入籍"，为他颁发证件。再说，奥古斯丁神父记事后的生活均在格鲁吉亚主教管辖的教区度过。祖拉勃本人也曾数年担任伊里亚主教的副助祭。主教尊重古老的恰夫恰瓦泽大公家族，祖拉勃认为伊里亚主教愿意并能够向我们提供应有的帮助，能做到在莫斯科不可能做到的事情。

于是，购买一本假护照的可疑方案被推翻，寄希望于国家机构的理解和恩赐的第二方案，以及继续无止境地把奥古斯丁神父藏在家中的第三方案，亦被排除，唯一可行的方式即前往格鲁吉亚。奥古斯丁神父祷告之后，表示同意。仅剩下一个难题，即我需要一个有力的借口，以便出差格鲁吉亚一周。我认为不能将这位地下修士的事告诉我的主管皮季里姆主教，否则便会将这位长年受特工机关监视的主教置于困境。

此时我突然产生了一个主意，想在庆祝罗斯受洗千年的筹备方案中加入一项，即拍摄一部反映格鲁吉亚教会与俄国教会合并的影片。应该说，宗教事务委员会的官员，亦即教会生活的监督者，曾数次强令我拍摄一部反映教会再合一运动的影片，可我在洞穴修道院接受过坚定的反教会再合一运动的教育，于是便断然拒绝此类建议。可此时我却心生一计，即将格鲁吉亚教会和俄国教会的合并当成教会再合一运动的实例，以获宗教事务委员会支持，以便前往格鲁吉亚，并获得拍摄许可。

我当夜写出脚本。影片中的场景是这样的：俄国的象征是小麦和面包，格鲁吉亚的象征是葡萄和葡萄酒。一位俄国农民在耕地，播种，收割，打捆，脱粒，磨面……在格鲁吉亚，一位农民把葡萄树枝插进温暖的土地，葡萄扯藤，然后结出串串葡萄，人们赤脚在巨大的木桶里踩葡萄……这一切都很美，让人觉得会出现一个十分重要的目标。最终，目标出现，古老伟大的劳作的崇高目标，即圣餐仪式，即面包和葡萄酒，圣餐仪式上的神圣食物！这才是我们的真正统一！

皮季里姆主教很喜欢这个脚本，他凭借其机智很快说服宗教事务委员会的官员，称一部期待已久的反映教会再合一运动的影片终将拍成。假如此官员若更有文化便会明白，这部影片与教会再合一运动毫无干系，因为俄国教会和格鲁吉亚教会均为东正教会，而教会再合一运动则指与非东正教派别的关联。

前往格鲁吉亚的问题得以解决，不过另一问题又接踵而至，即在前往格鲁吉亚之前必须抓紧拍摄俄国的粮食收获场景，否则就得再等上整整一年，直到次年收获季节方能开拍。这里又出现一个问题。此时已是 9 月初，中部地区的粮食早已收割完毕，更遑论南方各地。

我打电话到农业部，了解什么地方此时还有麦收。可是很不幸，我被当成了检查工作的人，他们向我汇报，整个苏联国土上的麦收均已顺利结束，粮食均已入仓。无论我如何探问，说或许某个偏僻的小集体农庄工作落后，我们或许可以在那里拍摄麦收，可农业部的工作人员却断然回答，他们绝不会允许此类丑闻发生。最终，我时来运转，在《农村生活》编辑部，他们将我一通审问后通知我，据他们统计，全苏国土上目前仅有一个地方仍在收割粮食，即西伯利亚，确切地说是鄂木斯克的一个区。如若今日即飞往该地，或许还能赶上拍摄。

当晚，我便与摄影师（他好像名叫瓦列里·沙伊塔诺夫）奔向多莫杰多沃机场，乘上最早一架飞往鄂木斯克的航班。与此同时，祖拉勃·恰夫恰瓦泽则应购买两天后开往第比利斯的特快列车票。当时，购买火车票不需像购买飞机票那样出示护照，我们因此不必为奥古斯丁担心。

在鄂木斯克，事先接到宗教事务委员会通知的人已在等待我们。他们说，离该城三百公里远的地方有一处农庄，那里的小麦还得收割一两天。我们坐上主教的伏尔加轿车，向遥远的集体农庄驶去，开车的是鄂木斯克主教马克西姆的司机约翰助祭。主教本人不在城里。不久前，正教公会决定将他调至白俄罗斯的一个教区。来自柏林的费奥多西主教被派至鄂木斯克。常言道：西伯利亚是让人接受红色再教育的。可是看来，那位柏林主教并不急于"染红"，他尚未抵达该城。于是对我们而言，约翰助祭便是鄂木斯克教区一切教会权力的代表，他还是我们的司机。

我和沙伊塔诺夫完美地拍摄下一切：日落时分一望无际的麦田，颗粒饱满的

麦穗，联合收割机步调一致的收割，晒谷场，金灿灿的麦粒，农民们喜气洋洋的漂亮脸庞……

临近傍晚，心满意足、疲惫不堪的我们乘坐主教的汽车返回鄂木斯克，以便当夜飞回莫斯科。次日傍晚就将前往第比利斯。沙伊塔诺夫在后排座上打瞌睡，我和助祭海阔天空地闲聊。当所有话题均已谈完，助祭问道：

"请给我再讲点什么吧，要不我会睡着的。"

我知道他只是想多听听都城的故事，便不愿扫他的兴。我不着边际地谈起莫斯科教会的生活，最后谈到不久前在皮季里姆主教身边出现一个骗子，这骗子自称是末代皇帝的儿子。助祭顿时来了兴致：

"我们这里也有过一个骗子！去年有个孤儿来到一座教堂。老太太们收留了他。他也开始帮忙干点活儿，劈柴，擦烛台，也学会了诵经，在唱诗班唱诗。他赢得大长老和长老夫人的信任，大长老甚至把一大笔钱托付给他，是给和平基金会的捐款。这时恰逢他们那座教堂的本堂节日。我和主教当天在他们的教堂做了晚祷，一早再去做圣餐礼拜，却发现教堂被洗劫一空！那个小伙子偷了教堂的钱，拿走了供桌上的十字架，还有很多东西……"

"甚至从供桌上偷东西？"我大为吃惊。

"更要命的是，"这助祭激动起来，"他还偷走了我的教袍！我这个傻瓜，晚祷后把教袍留在了教堂里。那件教袍可真漂亮啊！纽扣是主教从国外给我带回来的。多漂亮的纽扣啊！我再也见不到那样的纽扣了。从一个角度看那些纽扣，它们泛出绿光，换一个角度看则是红光……"

"是啊，我们教会阶层的一些人士就喜爱这些考究的小玩意儿……"我暗自想，已不再听助祭的话，"要不就是绣花腰带，要不就是这些纽扣……纽扣……"

我突然想起，不久之前我在什么地方恰好见过这种带有可爱纽扣的教袍……可究竟是在何处呢？穿在谁身上呢？我立即相当清晰地忆起，这些纽扣曾出现在……奥古斯丁神父的教袍上。我记得我当时十分诧异：一位乡间修士却身着如此"时尚的"教袍。可面对我的疑问，奥古斯丁神父却十分简单地回答：

"施主送什么衣服，我就穿什么衣服。山里没有商店。"

我当时还深感后悔："瞧你，又在指责别人！……几颗纽扣有什么了不起的！"

可此刻，为驱散这个突如其来的愚蠢念头，我便问助祭，那个自教堂偷走供桌上十字架和教袍的年轻孤儿是何长相。随着约翰神父对此人津津乐道的描绘，我慢慢在座位上欠起身来。他描绘出来的形象正是奥古斯丁！……

我不敢相信自己的耳朵。我打断助祭的话，近乎叫喊地问他：

"他爱吃冰激凌吗？！"

"爱吃啊！你就是给他一百份，他也能一扫而光！老太太们都笑话他，说他为了冰激凌连亲娘都会卖掉。"

这简直难以置信！

"等等，"我说，"他在教堂里还偷了什么？"

"还偷了什么？"助祭问道，"我想想，为这事我们常被叫到警察局去，一连两个月。他还偷了一座香炉，金香炉，主教的……"

"带几个小铃铛？"我轻声问道。

"带几个小铃铛。还有一枚弗拉基米尔二等勋章，是院长去年获得的。还有……什么？……还有钱，三千块钱，是为和平基金会募捐的。还有带有装饰的十字架。"

"这十字架什么样？有破损的地方吗？"

"这十字架的情况我不清楚。你干嘛问这个呢？"

"干嘛问这个，这个孤儿此刻好像就穿着你的教袍待在我莫斯科的家里呢！"

这回轮到助祭从座椅欠起身体了。我一五一十地把事情告诉他。我请他尽快送我去见那位其教堂被洗劫一空的神父。奥古斯丁神父所称为长老所赠的那个十字架有个特征，即绿宝石吊坠残缺了一半。

那位神父起初断然拒绝与我们细谈，因为他已厌烦了此前的调查。他曾被怀疑盗窃自己的教堂。可最终，他还是描述了被偷走的十字架。吊坠上的宝石有一半残缺……

我连夜乘飞机赶回莫斯科。我当然彻夜难眠。全苏联到昨日为止仍在麦收的唯一地方是鄂木斯克州；而唯一有可能津津乐道谈论这位窃贼的人则是我的助祭司机。而且，由于他念念不忘自己的珍贵纽扣，我才可能听到他讲的故事，还由于鄂木斯克的旧主教前往其他教区、而新主教尚未到来，否则坐在这位助祭神父车上的就会是主教本人，而非我这个来自莫斯科的年轻见习修士。我怎么会突然冒出这么个葡萄酒和粮食的脚本呢？莫非只是为了来到此地以获悉实情？……

可我获悉了什么？我对什么信以为真？奥古斯丁是什么人？是一个犯下奸淫烧杀之罪孽的恶棍？还是这一切仅为魔鬼的诱惑？！我们的奥古斯丁是个真正的修士和苦行者？他可认识我熟悉、我爱戴的那些深山修士啊，比如帕伊西神父，拉法伊尔神父……

我望着舷窗外漆黑的星空，把此事的前因后果细想一遍，我越来越清晰地意识到：是神意那只无所不能的手将我自莫斯科遣至遥远的西伯利亚小城！一切的一切均非偶然！

如今，奥古斯丁的种种奇怪之处，如他不懂教会斯拉夫语，他的神父十字架和主教香炉，他爱吃冰激凌，他见到著名体育解说员尼古拉·奥泽罗夫时的欣喜若狂等等，于我而言便昭然若揭。可我们却曾千方百计为他这些奇怪荒谬的行为找寻借口！我们还担心错怪他。或许，正因为我们担心错怪他，上帝才以这种神奇方式让我们看清真相。或许还因为，我和祖拉勃·恰夫恰瓦泽若真的送他去见伊里亚主教，主教替他担保，帮他弄到证件，岂不更加可怕。我们岂不害了主教，想想都后怕！……

一次又一次，我始终在考虑这个难以摆脱的念头：此人要干什么？他为何要伪装自己？为何老缠着教会？他究竟犯下了什么罪行？理智告诉我，我生平首次前往鄂木斯克，仅在那里逗留一昼夜，我在那里获悉的一切均为真情实事，可我的心灵却拒绝相信。我们的失望和奥古斯丁的狡诈均触目惊心，不可思议。

我需要再一次心平气静地弄清细枝末节。我想起奥古斯丁曾说，两个月前，在来洞穴修道院之前，他住在圣三一谢尔吉修道院。飞机在莫斯科降落后，我与摄影师道别，从机场乘出租车直接前往圣三一谢尔吉修道院所在的扎戈尔斯克镇。

我与圣三一谢尔吉修道院当时的监事奥努福里大司祭很熟悉，这位杰出的修士和教父如今在辅佐切尔诺维策和布科维纳都主教。待我向他说明此事来龙去脉，他立时忆起，的确有位相当奇怪的年轻修士助祭，他来自鄂木斯克教区，两三个月前曾在修道院里小住，据大司祭描绘，此人像是奥古斯丁。奥努福里神父唤来其助手达尼伊尔修士（他如今是阿尔汉格尔斯克主教），我们对他一番追问。当时正是由他照看这位鄂木斯克来客。

达尼伊尔神父说，夏初，修道院里来了一位无人认识的修士，他来自鄂木斯克教区，是位相当年轻的修士辅祭。他自称弗拉基米尔神父。他在途中遭遇抢劫，因此既无证件亦无钱财，身上的衣服也仅剩一件贴身穿的教袍。富有同情心的修道院修士们可怜这位兄弟。他们走进修道院仓库，很快找来合身的教帽教袍。半小时后，这位客人便全身修士装扮站在了院长面前。他获准住在修道院，直至重新领到证件。

达尼伊尔神父忆起，这是位普普通通的年轻修士，但有些奇怪。外省许多年轻人很早便被主教授予教职，他亦为其中之一。他有一枚弗拉基米尔大公勋章，这是一项崇高荣誉，即便德高望重的大司祭也很难获得。对于我们的疑问他回答，他由于在鄂木斯克教区重建了一座教堂而获此勋章。"这么年轻，却已作出这么大的事情！"修士们纷纷赞叹。可最让达尼伊尔神父吃惊的是，这位辅祭从不参加祈祷仪式，只是谦卑地站在角落里。当人们建议他主持祈祷，他总是拒绝，称他身体有恙，或说他不配站在神座前。最后，修道院修士们担忧这位年轻兄弟的精神生活，便坚决要求他主持一次周日礼拜。

"他主持了吗？！"我和监督司祭异口同声地喊道。

"主持了，"达尼伊尔神父回答，"不过不在我们修道院，而在附近的教区教堂。可这哪能算是礼拜呢？……外省教区的主教们的确让一些不学无术的人获得了教职。他什么都不懂！不知道怎么穿教服，不知道怎么求祷。跟他在一起真是难受。在我们的研修班里，这样的水平别说获得教职，就连考试也通不过！"

此时我感到很不舒服。有教职的人却不会主持礼拜和圣餐仪式……这简直让人难以想象。

"他后来去了哪儿？"奥努福里神父问。

"他的证件一直没办下来。他抱怨鄂木斯克的官僚们办事拖沓。他问能否在扎戈尔斯克当地办证件，甚至还托了某人，但最终没能办成。他在城里住了近一月，在几位老妇人处租住了一个角落。我与他交了朋友，尽全力帮他。他后来去阿布哈兹，进山了。他对隐修士们的生活很感兴趣，老是问个不停。顺便说一下，将近一个月前我收到他的一张明信片，他说他顺利抵达苏呼米，但在结尾他很奇怪地写道：'如今我有个新绰号，叫奥古斯丁。'"

就这样，在神的帮助下，一切情况均已清楚。某个我们不知其底细的人先到鄂木斯克，假扮孤儿，在该地教堂住了八个月。之后他盗窃教堂，接着来到圣三一谢尔吉修道院，冒充弗拉基米尔辅祭。他试图弄到一本护照，未能如愿，后前往苏呼米。他显然对山中修士的生活很感兴趣，山中修士远离苏维埃生活，更重要的是无需各类证件。可在隐士们中间生活一段时间后，他很快明白他无法长期过这种禁欲生活（何况还完全见不着冰激凌）。因此，在听闻真实发生的奥古斯丁修士的悲剧后，他决定冒充奥古斯丁。他还知道，普斯科夫洞穴修道院院长加夫里尔大司祭尽管以严厉专断著称，却不仅乐于接待那位因病下山的长老，而且还突破层层阻碍，设法为长老弄到了护照。

他来到洞穴修道院。在这里起初一切顺利，修士们对他的故事信以为真，热心向他提供帮助。可不久却出了岔子，唯一揭穿他的人正是那位"不像修士的""野兽"和"暴君"加夫里尔大司祭："什么个修士？这是个骗子！把他送到警察局去！"就像事后约翰神父（克列斯奇扬金）对我解释，是普斯科夫洞穴修道院的天国护佑者圣母给院长加夫里尔神父以精神启示，让他看清了这位来客。可好心的修士们却因院长的狠心而愤愤不平，从院长手中救出奥古斯丁，赶忙将他送至莫斯科。之后的事我们已不陌生。

可这自然并非一切！最重要的问题我们便不清楚，即这位奥古斯丁到底是什么人？他在去鄂木斯克之前都干过什么？当他知道我们已清楚他的底细后，他会怎么做？他藏有武器吗？我们揭穿他的时候，他或许会劫持孩子，比如沃洛佳·维吉里扬斯基四岁的女儿娜斯佳，拿枪或刀顶着她说："喂，伙计们，你们玩够了，现在就按我说的做！"

可是，尽管证据确凿，我却始终不能相信这位奥古斯丁神父就是骗子和罪

154

犯。这就是我们喜欢上的那位奥古斯丁神父吗？就是我们与其一同祈祷、一同喝茶、一同争论、一同讨论神学问题的奥古斯丁神父吗？或许这只是一个可怕的幻觉？这一切或许只是一连串惊人的巧合，我这个罪人在错怪一个纯洁无辜的人？这些疑惑片刻不停地萦绕于我的脑袋。最终，我作出一个毋庸置疑的决定，即在我本人完全确定一切之前，我不能对这个人有任何责难。该怎么办呢？我相信，既然上帝在这两天里已让我有所获悉，他便一定会让我看清一切！

我们当晚将乘火车去第比利斯，出版部放着一封皮季里姆主教致伊里亚主教的信，皮季里姆主教在信中要求格鲁吉亚主教为我拍摄影片《圣餐》提供帮助。

我给几位参与帮助奥古斯丁神父的朋友打去电话，要他们当晚来沃洛佳·维基里扬斯基家聚会，以便在行前最后商定一切。

我已清楚该如何行事。当我们与奥古斯丁一同在桌边坐下时，我将说明我刚刚去过鄂木斯克。我将仔细观察奥古斯丁神父的反应。然后我建议他们听一个故事，说十个月前有个年轻人到过鄂木斯克，他来到教堂，自称孤儿。我会说，他受到关照，获得住处和工作，赢得教堂住持的信任，之后却无情地洗劫了教堂，偷走用具以及教友们的募捐，甚至偷走十字架，而且是从供桌上偷走的！在座的人都会感叹不已，对这种渎神行为表达愤怒。而我会接着说下去。

"还有一个故事，"我会说，"一个人来到圣三一谢尔吉修道院，说自己是一位尚未获得教职的辅祭。而且，他竟敢主持礼拜！"

听到这里，众人自然会目瞪口呆！而我会继续说下去，同时继续打量奥古斯丁：

"还有一个故事。一个人来到深山，就是你，奥古斯丁神父，待过的地方。了解到修士们的一些生活细节后，他就佯装成深山修士，以便抹去自己过去的生活痕迹，试图冒充别人的姓氏获取新证件。你们想想，这几个故事的主人公都是同一个人！"

一定会有一个人叫喊起来，最有可能是奥列霞，或是莲娜·恰夫恰瓦泽。

"这个人是谁呢？"

我则会转向奥古斯丁：

"奥古斯丁神父，你说这个人是谁呢？"

这时，要想再隐瞒下去已不可能！

"是谁呢？……"奥古斯丁会嚅动嘴唇反问。

这时，我就会像我喜爱的作家陀思妥耶夫斯基所写的小说《罪与罚》中的检察官波尔菲里·彼得罗维奇那样回答：

"是谁？就是你，奥古斯丁神父！还能是谁！"

说到此处，根据他的反应，大家就能立时明白一切，自己的情感是难以掩饰的！

离朋友们前来赴约还有两小时。我走进维基里扬斯基家，建议奥古斯丁神父与我一同乘出租车去出版部取那封写给伊里亚主教的信。奥古斯丁欣然同意乘车前往，顺便看看出版部。

此刻我脑中闪过一个念头：他在被揭穿后很可能逃脱，然后再次在教会犯罪，那该如何是好？我因此向他提出这样一个建议：

"奥古斯丁神父，我们去照张相吧！我们给奥列霞和沃洛佳留张照片做纪念。"

他想了想，不大情愿地表示同意。我却不知为何冒出一句：

"如果警察来抓我们，就不必浪费胶卷了，我们正面、侧面都照一张。"

说完此话，我便感到后悔。奥古斯丁面色不善地看了我一眼，让我很不自在。我竭尽所能地将自己愚蠢的显摆转化为玩笑。幸运的是，我做到了。奥古斯丁允许我们与他合影，虽说他不时有些疑惑地看我一眼。他显然开始担心了。

趁他做出门准备的时候，我把沃洛佳拉进厨房，关上门，小声对他说：

"奥古斯丁很可能是个冒牌货！他很可能是个可怕的罪犯！我不是在开玩笑。趁我和他出门时，你赶紧搜查一下他的东西，看看有没有武器或其他什么东西。"

沃洛佳瞪大眼睛看着我，半晌说不出一句话来。之后他终于开了口：

"你知道你在说什么吗？！你疯了吗？你是怎么想的，我能去搜查别人的东西吗？"

"听着！丢掉你那些知识分子的古怪念头吧！"我冲他喊道，"此事十分要紧，甚至危及你孩子的性命。"

沃洛佳终于有些明白了。无需多言，我拉着奥古斯丁，与他一同坐上出租车，向出版部驶去。

我们在途中随意聊天，后来又吃了冰激凌，因为我想给沃洛佳多留些时间。等我们回家，只见为我们开门的沃洛佳脸色惨白。我赶紧把沃洛佳拉进厨房，一边冲奥古斯丁喊道，要他准备迎接客人。

沃洛佳在厨房里小声说道：

"证件的名字叫谢尔盖（沃洛佳还说出了姓氏），有个供桌上用的十字架，还有钱，两千五百卢布，一枚弗拉基米尔人公勋章……怎么回事？！"

"有枪吗？"我问。

"没有枪。"

门厅里响起门铃声。来人是圣三一谢尔吉修道院的季米特里修士。我们听到，奥古斯丁为季米特里院长打开门，他俩走进客厅。

即便发现了这些新物证，我仍无法彻底相信此事的真实性！我将这一感觉告诉沃洛佳。沃洛佳刚刚亲眼见过那些证件和大笔赃款，可他也无法相信奥古斯丁是个冒牌货。

祖拉勃·恰夫恰瓦泽和莲娜·恰夫恰瓦泽夫妇也到了。

我和沃洛佳走进客厅，众人齐聚。我们让孩子们出门去玩。

"你把我们叫来干什么呢？"季米特里修士有些不满地问道。他是从修道院赶来的，他的路程最远。

我看了奥古斯丁神父一眼，立时明白：他已猜透一切，这一切都是真的！我还明白，如若我此刻开始讲述我的故事，就像波尔菲里·彼得罗维奇那样，其结局一准如我所料，直到我说出："就是你，奥古斯丁神父！还能是谁！"这与奥古斯丁和其他在场者的反应是吻合的。可是突然，我真的可怜起他来。虽说我得承认，我还有些洋洋得意。猎人的洋洋得意——这位猎人知道再有片刻，猎物都会被掌握在他的手中。然而，这种感觉显然不是一个基督徒应有的情感。

因此，我抛开事先精心编排的台词，仅向他道出一个单词：

"谢廖沙！"

他的脸变得惨白。

怎么回事！……大家全都站起身来，喊道：

"什么谢廖沙？！怎么回事？！你俩赶快解释清楚！"

只有我和他坐着，默默地相互对视。等大家终于稍稍安静一些，我才对他说：

"我今天早晨从鄂木斯克回来。我在那里得到一些与你的故事相关的最新证据。我此刻最该做的事就是拨打报警电话，五分钟后警察就会赶到这里。不过我们还想给你最后一个机会。你也看到了，我们多么真心地努力帮助你。如果你现在说出自始至终的一切真相，我们也许还能再次搭救你。但你要是再说哪怕一句谎话，我就立即拿起话筒打电话报警。等待你的将是什么，这不用我来解释。现在一切都只取决于你。"

谢尔盖沉默了很久。我的朋友们也沉默不语，吃惊地看着他，看着这位可爱的"深山修士"和"天使"……在这片寂静中，我心情紧张地等待他的决定。

他之后说道：

"好吧，我全都说出来。但有一个条件，你们要保证不送我去警察局。"

"要你自己来保证，谢尔盖，保证只有一个，就是你要绝对诚实。我只要发现你在撒谎，就会立即叫来警察。"

他又思索良久。显然，他在绞尽脑汁，看能否脱身或多少赚取点什么。看着这场景让人极其厌恶，就连对他的那份怜悯也烟消云散。

"从哪儿说起呢？"他终于问道，带着疑惑的眼神看了我一眼。

这个问题显然是个圈套。他想摸摸底，看我究竟知道多少底细。

"随你便。你可以从鄂木斯克说起。也可以从苏呼米说起。还可以从你进入修道院说起。但最好从一开始说起！"

看他沮丧地垂下脑袋，我如释重负，知道我命中了目标。虽说这也是我最后的子弹，除此之外我再无其他储备。

谢尔盖说了起来。

他是个罪犯、骗子和小偷。他自幼行窃，十八岁时逃脱坐牢的铁定结局，应征入伍。可是在部队，他很快被胆大的团仓库主任看中，两人合伙倒卖军用物资，乐此不疲。顺便说一句，他们的客户中也有附近一位正忙于修复垮塌教堂的神父。当年，购买维修教堂所需建材必须获得宗教事务全权委员会的特别许可，那位神父因此只得依照苏维埃的惯例，从谢尔盖手上购买砖头、水泥和木板。谢尔盖也时而去神父家，并因神父的真诚善良以及对"大兵"父亲般的关怀而深受感动。让他更为惊异的是，神父的劳作并非为自己，他自己生活清贫，他的劳作是为了教堂，为了信仰。

可是有一天，团里遭到突然检查。谢尔盖很快明白，他那位首长朋友为了自保，会把他和盘托出。他当机立断，抓上一把赃款，乘上最早一班列车，溜之大吉。火车将他带至鄂木斯克。他无处可去，突然之间他想起了那位善良的神父。谢尔盖于是找到此地的教堂，自称孤儿，获得了丰衣足食的可靠落脚处，一住就是数月。老太太们对他宠爱有加。谢尔盖本人也多少介入教会生活，学会了一些他先前未知的词汇和说法，他从未见过的那种善意信赖的人际关系也让他感觉惊异。

可是到了春天，谢尔盖在这些年老的鄂木斯克教会人士中间待腻了，他又开始幻想自由。就在此时，那位把谢尔盖唤作"孙子"的教会女住持，为表示对谢尔盖的充分信任，便派他去缴纳全年的募捐款……他偷走了这笔钱，尽管他也知道，这笔捐给苏联和平基金会的钱是一戈比一戈比艰难积攒起来的。他还卷走了教堂中他喜欢的一切。他就这样逃走了。

他无忧无虑地闲逛数日，差点儿被抓进警察局。心怀恐惧的他再度接近信徒，接近这些傻瓜和怪人，他们对人充满信赖，对他们不用要任何诡计。

他来到古老的圣三一谢尔吉修道院，自称弗拉基米尔辅祭，令他自己也深感惊讶的是，他很快便穿上了全套教服，得到了友好的关照。这关照尽管有些烦人，却也令他开心。可是，他想在此地获得一本新护照的期望却未能实现。再说，在受到警察局和克格勃严密监控的扎戈尔斯克继续逗留，也越来越危险。

"可你怎么胆敢主持礼拜呢？！"我问道。

我的确想弄清这件事。而且，这也有助于向他表明，我对他的事知根知底。

"我有什么法子呢？"谢尔盖沮丧地说，"修士们一个劲儿地说：'你是个辅祭，怎么能不做礼拜呢？'于是我就……"

"太可怕了！"奥列霞喊了起来。

谢尔盖叹了一口气，继续讲他的事。

他听说我们国家有个地方，人们在那里生活不需要任何证件，那里温暖而又自由，于是他前往苏呼米。他在高加索逗留了一个半月，走访了许多深山隐修处。他自称弗拉基米尔辅祭，来自圣三一谢尔吉修道院，带来了谢尔吉修道院修士们的消息和问候，于是他得以进入许多人难以进入的区域，获悉许多人难以获悉的事情。不过，谢尔盖自然从未想过要永远待在深山。他在山中听说，洞穴修道院院长曾帮助一位因病下山的修士获得证件。他也听说了奥古斯丁神父的悲剧事件……

接下来的一切我们均已清楚。

谢尔盖讲完自己的故事后，我送他返回他的"修道小室"。我们留在客厅里。我们依然面临这样一个已折磨我们两周的难题：我们该拿他怎么办？只不过此时，让我们犯难的原因已全然不同。

在这天的谈话开始时我曾对谢尔盖说，我随时可以拨打报警电话，可我说的并非实话。无论如何也不能送他去警察局！问题并不仅仅在于，谢尔盖之后会告诉检察官，说我们曾设法为他购买假护照。这是小事。主要的危险在于，此人在山中待过，对教会中由合法状态向非法状态过渡的基本途径了如指掌。他认识苏呼米的奥尔迦嬷嬷和格里高利助祭，知道他俩几乎与所有隐修点保持联系。他到过山中居所，知道那些已在山中居住数十年的长老们的住处。执法机构定会好好利用他的这些信息。可是如果我们立马放了他，让他一走了之，眼不见心不烦，也不是办法，因为他一定会再度去教堂和修道院行骗。

第二天，我们前往谢尔吉修道院，听取几位最权威教父的建议。神父们听闻我们的讲述后大为惊恐，也折服于神意的指引，却未给出具体的解决办法。

路越走越死。我们的主人公此时也觉察出我们的犹豫不决，有些缓过神来，变得轻松起来，又派孩子们去买冰激凌……不过在孩子们眼中，他依旧是奥古斯丁神父。

一段时间过后我们意识到，此事仍有出路。而且是唯一出路。出路就是，谢尔盖本人必须做出改变。他应在上帝面前忏悔，然后去警察局自首。说来奇怪，这样的机会曾数次出现。

在谢尔盖的事被揭穿的过程中出现的神意，也让谢尔盖深受震撼。他知道，在他的生活道路上存在着一种强大无形的神的力量。对于他而言，这种力量的化身就是充满爱的、拯救人的基督。我们看到，谢尔盖尽管面临许多难题，他仍体验到了真正的精神震撼。再说，他在东正教的环境中生活了近一年，教会氛围十分纯真，充满信赖，无与伦比，这也对他产生了影响。

他陷入沉思。我们多次谈心，他也在谢尔吉修道院纳乌姆大司祭处做了忏悔，之后我们高兴地看到，他决定因自己的罪过而接受惩罚。

虽然下定了决心，但他仍在磨蹭。我和祖拉勃去格鲁吉亚拍摄我们那部倒霉的电影，之后返回莫斯科，可他依旧住在维基里扬斯基家。他最终鼓起勇气，久久地与几个孩子告别，场面感人，他离去时擅自带走了两本宗教书籍和一本旧祈祷书。他曾说，他很难面对新版祈祷书祷告。一周后他打来电话，说他要去自首。

一个月后，军事检察院的一位检察官来到莫斯科。奥古斯丁盗窃的东西均留在我处，检察官便住在我家，省了住旅馆的开销。这是一位与我年纪相仿的上尉。应他请求，我陪他逛了莫斯科的所有商店，他用他那份上尉薪水为妻子买礼物，香肠、速溶咖啡和万宝路香烟塞了满满两大网袋。当然，他也谈及奥古斯丁，即谢尔盖。原来，谢尔盖在拘留所表现"神奇"，他不说脏话，也不打牌。他只是祷告。犯人们因此送他绰号"圣人"。他在被关押期间一直带着这个绰号。谢尔盖与检察官合作，并未掩盖自己的罪行。

不久审判举行，他被判八年徒刑。在谢尔盖服刑期间，奥列霞和沃洛佳始终向他提供帮助。他们寄钱、书籍和食品给他。应谢尔盖请求，他们甚至给他寄《莫斯科主教区杂志》。

八年后，谢尔盖再度现身莫斯科。我们高兴地接待他，我们一同久久地回忆往事。

我们眼前的谢尔盖像是换了一个人，像《圣经》中那位被鬼附着的格拉森人，主从他身上驱走群魔。群魔进入猪群，猪群自悬崖坠入大海，先前的一切，如欺骗、罪行和诡计等均沉入深渊，一切均被遗忘……

他又住到维基里扬斯基家。三个孩子尼古拉、亚历山大和娜斯佳已长大，也已了解他们那位神奇朋友、"深山修士"奥古斯丁神父的真实故事。苦涩的真相曾让孩子们深受震动，他们哭了很久，但此事的最终结局却使他们的信仰愈加坚定。他们说，他们如今爱谢尔盖，一如当年爱奥古斯丁神父。

一年过后谢尔盖突然宣布，他在外省一位主教处剪发做修士，教名为弗拉基米尔。他不久被授辅祭教职，之后成为神父，受托去重建一个小教区。

说实话，我们对他身上发生的变化不无担忧。一方面，我们当然为他高兴；可另一方面，这份高兴中也不时掺入真正的担心。我当时已是顿河修道院神父。刚获教职的弗拉基米尔神父来莫斯科时曾做客我处。他乘坐一辆在当时显得很贵重的进口汽车，他解释说他"有事要找赞助商"。

我决定严肃地与他谈一谈。谈话持续很久，谈得很累，但我觉得他听进了我的话。我提醒他，我们的主耶稣基督如何用独特的神意为他打开了一片新天地，如何关爱地拯救他，给他以非书卷的真正信仰。我说，如今，当他已经成为真正的修士和神父，便存在一种巨大的危险，即虚妄的自满和致命的自得，外在的遂愿或许会导致大难甚至毁灭。基督警告我们大家："人正说平安稳妥的时候，灾祸忽然临到他们。"

在剪发当修士和获得教职后，我们的生活会发生重大变化，却也并非脱胎换骨。根深蒂固、由来已久的恶会始终跟随我们，恶片刻不曾放弃企图，欲再度潜入并驾驭我们的灵魂。我们在上帝面前证明自身的唯一方式，就是与恶展开英勇的斗争，斗争的目的是使我们心灵纯洁，这一目的十分壮丽，但许多人并不知晓。如若上帝不看这场斗争，他离这位神父、修士或百姓而去，则是为了让他们与他们执意选择的一切独处。这一选择始终只有一种，即永不满足的傲慢和追求此世的满足。一段时间过后，或迟或早，此类欲望终将让抛弃上帝的人看到其可怕的真实的一面。

于是，加利利海便再度掀起波涛，早已沉入海底、充满怨恨的猪群又爬上岸来，扑向在猪群和上帝之间作出选择的不幸的人。污鬼离了人身，就在无水之地过来过去，寻求安歇之处，却寻不着。于是说："我要回到我所出来的屋里去。"到了，就看见里面空闲，打扫干净，修饰好了，便去另带了七个比自己更恶的鬼来，都进去住在那里。那人末后的景况比先前更不好了。(《马太福音》)

不幸的是，这就是发生在奥古斯丁—谢尔盖—弗拉基米尔身上的事。2001年，我们在报上读到，在一座外省城市侍奉上帝的弗拉基米尔修士，却与当地犯罪集团关系密切，这与教士的身份极不相称，后来他在自己家中被残忍杀害。

主啊，请让你死去的奴隶、遇害的修士弗拉基米尔灵魂安息吧！

这一时刻在神的世界发生了什么

什么是偶然性？在成千上万人当中，一块砖头为何会恰恰砸中某位路人的脑袋？数千年里，此类深思始终令人类困惑不已。

一次，圣三一谢尔吉修道院监事奥努福里大司祭和修道院教父基里尔大司祭让我帮忙送人去高加索深山，那里许多年间一直是隐居修士们非法活动的区域，我要护送的是修道院修士拉法伊尔辅祭（别列斯托夫）。这位修士身材瘦小，像个孩子，没有胡须，声音纤细，心地纯洁。

小个子拉法伊尔神父用密谋般的低声告诉我，他已获基里尔神父恩准，将被迫逃入深山，因为他在修道院里孤身一人反对教会再合一运动。他在修道院自己修道小室的门框上别着一张从学生练习本上撕下的纸，上面写着：

"教会再合一主义者是耻辱！！！"

我也对教会再合一运动没有任何好感，因而决定帮助他，虽说我对他所面临威胁的真实性深感怀疑，更因他必须逃离修道院而觉蹊跷。

"他们对我一定会穷追不舍，让我坐牢！"拉法伊尔神父用恐慌的低语对我说。他说得既热情又形象，用的是崇高语体。

说实话，至于"坐牢"，我同样不太相信。有谁要关押这个瘦小的辅祭呢？

拉法伊尔神父还是一位画家。除了个人用品，他打算把一些画圣像画的用具如画架、颜料和一些圣像画板也带入深山。我知道我一人难以应付这些物件，便决定唤我的朋友、洞穴修道院见习修士萨沙·施维佐夫来帮忙，他此时恰好在莫斯科的父母家休假。经基里尔大司祭恩准，还有一位青年加入我们，他就是莫斯科神学院毕业生康斯坦丁，如今他名为尼基塔，在布良斯克教区任修道院院长。

在苏呼米火车站迎接我们的是格里高利助祭和他妻子奥尔迦修女，格里高利一头长发，面色忧郁，他妻子则与他相反，非常热情细心。我们住在他俩位于卡兹别吉街的家中。原来，秘密去见山中修士的人均首先落脚此处。

拉法伊尔神父急切希望尽早赶到山中修道小室，可事情并不这么简单。扎戈尔斯克有人给奥尔迦修女打来电话，说该城已有传闻，即拉法伊尔辅祭已动身前往苏呼米，打算住进深山，人们在那里可躲开苏维埃政权而自由地生活，无需各种证件、户口和登记。如若此话已有人在扎戈尔斯克谈起，那么不出几日，此地政府亦将有所耳闻。果真如此。苏呼米的各个工作岗位上都有教徒，因此我们次日便得知，苏呼米警察局已作出部署，要逮捕危险的罪犯拉法伊尔辅祭，因为该人企图逃入非法地区，他可能进行反苏活动，并像寄生虫一般生活。

瘦小的拉法伊尔神父的惊慌预感果然成真，这令我相当惊讶。而他本人，虽然似乎已对这一生活转折做好准备，可在获悉对自己的围捕已经开始后仍被吓得半死，像个孩子似的躲进床底，无论如何也不肯钻出来。我们一边笑话他，一边试图把他拽出来。总之，这位瘦小的拉法伊尔神父，怎么看都不像是整个警察机构公开宣布竭力追捕的凶狠恶棍和可怕的国家罪犯。

但无论如何，进山的事必须延期。我们请教在苏呼米教子处做客的洞穴修道院修士阿德里安，他让我们等一等，直到警察局放松警惕。对我们三位年轻人，即见习修士萨沙·施维佐夫、神学院毕业生康斯坦丁和我而言，这正中下怀。整整一周，我们所做的事就是下海游泳、晒太阳，直到这灿烂的欢乐引发了房东格里高利神父的怨气。

这天，他一清早便把我们叫起来，得意洋洋地宣布，游手好闲者们的甜蜜时光已经结束。他终于为我们找到活计。当天烈日当头，热得邪乎。温情的大海在不远处荡漾。无论如何我们也不想干活。可毫无办法，早饭后我们随格里高利神父穿过整座城市，来到他为让我们建立劳动功勋而选定的地方。

此处为苏呼米城最边缘。助祭将我们领至一座倾塌的砖房前，他昨晚以极低价格买下了这栋破房子，他让我们仔细整理这片废墟，以便用旧砖搭建一个小屋，用作夏季厨房。这活儿很重，要干很久，而且尘土飞扬。

我们推倒一段墙，取出砖头，清除砖上干硬的水泥，然后把它们码整齐，留待装车。给我们布置完工作，格里高利神父立时高兴起来。他用白色大头巾包住脑袋，像一个大胡子强盗，他开摩托车去找卡车，并说他五小时后回来。

一连五小时，我们推倒高墙，把清理好的砖码成一座小山。暑热难当。我们挥汗如雨，水泥灰从头到脚覆盖我们全身。下午三点，格里高利神父终于乘一辆卡车现身。我们很幸运，因为他决定关心一下我们，给我们带来了一桶三升左右的水，好让我们在为他装完砖之前别渴死。

喝完水后，我赶紧躲到唯一有荫凉的去处，即被拆了一半的墙壁下。这片荫凉仅够一人置身，恰好罩住我。可好景不长。助祭冲我叫喊，我只得不情愿地离开了这个凉爽之处。我已不记得格里高利神父当时叫我去做什么，好像是件小事，可待我急忙返回这块荫凉地时，却发现神学院毕业生康斯坦丁已舒舒服服地坐在那里。我在旁边转了一圈，却连个插针的地儿也没有。我走开了。

就在此时，康斯坦丁发现萨沙·施维佐夫已在喝第四杯或第五杯水，便生气地冲他喊道：

"嘿，你别把水给喝完了啊！多少留点！"

可对方不管不顾，示威性地又倒了一杯。康斯坦丁冲向萨沙，夺下对方手中的杯子，可狡猾的萨沙却乖乖地交出杯子，一溜烟跑到那堵可爱的断壁前，坐到了那片荫凉下。

我们妒忌地看着他。但萨沙也未能享受太久。格里高利助祭见我们又游手好闲起来，便高声喊道：

"你们散漫够了吧？赶紧装车！我只给司机付了一小时的钱。我可不想因为你们再贴上三卢布！"

我们赶紧去执行命令。格里高利神父自己却走近那堵可爱的断壁，心满意足地坐到了荫凉下。

之后的事情发生在片刻之间。我们正往卡车上搬砖，突然传来一声闷响。我们回头一看，只见格里高利神父刚才坐的地方腾起一片浓密的尘雾。墙突然倒塌。待我们跑近，在尘雾中依稀看到不幸的助祭被大堆碎砖埋住了头。当时最令我惊讶的是他头上的包巾，那包巾在我们眼前迅速地由白变红，一如电影中描写红军指挥员的镜头，我脑中闪出的第一个念头是："有谁这么快就给他包扎了呢？"我立时意识到，是鲜血浸透了格里高利神父用来扎紧头发的头巾。我向他冲去。

助祭神父已失去知觉。我们将他抬出砖堆。卡车司机跑去叫救护车。医生半小时后赶到。他们给格里高利神父做了检查，神情严肃地说情况非常严重，然后急忙送他去做手术。格里高利神父之后在多家医院治疗八个月，做了数次手术，可之后很久仍无法做礼拜，无法恢复先前的状态。

当晚，我们三人，即康斯坦丁、萨沙和我，提出了如下问题：为何格里高利神父恰好在墙倒时分坐到了墙下？我们三人可都在那里待过，虽说待的时间不长。断壁为何正砸在助祭头上呢？这一刻在神的世界发生了什么？是我们的护佑天使在以种种借口让我们躲开那堵该死的墙壁？还是所发生的这一切纯属偶然？

这些问题令我们困惑不已，我们便去阿德里安神父处请教答案。神父沉思良久，说道：

"我无法回答你们的问题。我只说一点（这并非忏悔秘密，亦非机密），格里高利神父已数年在礼拜时不做忏悔。我和他教堂里的神父们多次对他说，这样做会有不好的结果。可格里高利神父只是摆摆手：'不一定吧。我往后再忏悔几句就是了。'可他之后仍旧拖着不做忏悔。我估计他会遭遇不幸。这种事可开不得玩笑。"

数日后，我们终于获得阿德里安神父恩准进入深山，背起一个个装有拉法伊尔神父各种物件的沉重背囊。当地一位四旬左右的修女自告奋勇地送我们进山，她力气很大，把最沉的行李扛在自己肩头。

我们只在夜间赶路，借着月光攀爬陡峭的山路，手抓岩石和树枝。白天我们住进修士们的修道小室，以免被猎人撞见。

我们看到了熊和鹿的踪迹。我们尝到了美味的山间蜂蜜。我们结识了一些深山修士。他们中间有几位真正的苦修士。我们与他们交谈，帮他们修葺用一截截树干搭成的修道小室。

我们迫不得已在一位非常善良的老年修女处滞留了两日，因为当时四周多有猎人出没。这两天里，我们吃光了这位修女储备过冬的所有食物。我们本不想吃光她的储藏，无奈山中空气清新，让我们这些年轻人胃口大开，我们控制不住自己，像上了发条似地把罐头、炸土豆和粥饭一扫而光。性格随和的修女忙不迭地为我们做饭。她一句怨言也没说，可我们事后获悉，我们走后她不得不下山一趟，重新筹措过冬的口粮。

第六天，我们终于在山间一道溪流旁遇见了帕伊西修士，他是拉法伊尔神父的朋友，是位性格快乐、很有学问的年轻修士，已在此处隐居数年。

"帕伊西！"瘦小的拉法伊尔尖声喊道，趟过小溪向帕伊西扑去。

故事到此结束。我们隔着湍急的溪流递过拉法伊尔神父的东西，与他俩告别，便走上了返程的路，我们在途中讨论，我们的生活中为何会突然出现这些山峦、这些人和这些非同寻常的奇遇。

神学家

一位神学院毕业生一次来见约翰神父，他在自我介绍时顺便说道："我是神学家。"

约翰神父非常吃惊，便问：

"那您就是第四位喽？"

"什么'第四位'？"神学院毕业生大惑不解。

约翰神父解释道：

"我们的教会熟悉三位神学家：第一位是神学家约翰，他是救主的使徒，是救主最钟爱的学生；第二位是神学家格里高利；第三位是新神学家西梅翁。我们的神圣教会在两千年历史中只在他们三位的姓名前加有'神学家'的封号。而您难道就是第四位？"

不过，上帝会把神的智慧传递给什么人呢？会以什么方式传递呢？实际上，欲成为神学家，并非一定得穿上教袍，读完神学院。"风随着意思吹！"使徒约翰常动情地重复基督的这句话。

一次，我与我们奉献节修道院合唱团来到远东一处战略空军基地。在礼拜和音乐会之后，军官们邀请我们一同晚餐。东正教礼拜活动许多年来首次在这座边远的军事小镇举行。因此，人们好奇地打量我们，像是看怪物。就餐前，我们依基督徒惯例念诵"我主耶稣"的祷告词。全体官兵爱戴的将军也与我们一同祷告，画十字。两小时后，在晚餐即将结束时，几位军官问将军：

"将军同志，我们刚才看到您也画十字了。我们爱戴您。可我们不明白。您或许思考了很多问题，想到了我们没想到的问题。请问，经过这么多年，您认为生活中最重要的东西是什么，生活的意义究竟是什么呢？"

显而易见，人们只有在同甘共苦、相互赢得信任和好感后才有可能提出此类问题。

这位将军，这位真正的军旅将军，在略作思索后说道：

"生活中最重要的东西，就是在上帝面前保持心灵纯洁！"

我深受震撼，因为这句话十分深刻，富有神学的精确性，只有出类拔萃的真正的神学家、思想家和实践家方能道出此言，我曾以为一位军旅将军很难悟透此道。

总之，许多貌似远离神学的人也会教给我们的修士弟兄很多东西，令我们自愧弗如。

在与俄国境外教会讨论合并事宜期间，德国和不列颠东正教大主教马克曾向我坦承，他在俄国遇见的一件事使他确信，我们国家正在发生的精神变化并非宣传，而是实情。

他与一位神父驾车行驶在莫斯科郊外。马克主教是德国人，他因此很不习惯看到他们乘坐的汽车超速，路边标牌标明的限速为九十公里，可他们的汽车却时速一百四十。主教忍耐许久，最终还是礼貌地提醒开车的神父超速了。可开车的神父却仅对这位外国人天真的好心报以微笑，向主教保证说不会有事。

"万一被警察拦下呢？"主教感到不解。

"那也不会有事！"神父自信地回答惊讶不已的客人。

过了一会，他们果真被一位交警拦下。神父摇下车窗，自信而又友好地对那位年轻的民警说：

"你好，长官！对不起，我们有急事。"

可民警并未对他的问候作出任何反应。

"您的证件！"他说。

"算了吧，长官！"神父激动起来，"你怎么，没看见吗？……再说，我们有急事！"

"您的证件！"民警又重复了一遍。

当着客人的面，神父感到既委屈又害羞，可是没办法，他把驾照和行驶证递给民警，但忍不住又挖苦了一句：

"算了吧，老弟！你们就老想着惩罚人。我们却是在宽恕人！"

听了这话，那民警冷冷地瞪了神父一眼，说道：

"首先，惩罚您的不是我们，而是法律。而宽恕人的也不是您，而是上帝！"

如马可主教所言，他在那一时刻明白，如若连俄国道路上的民警如今都能有这样的思维方式，那么在这个用理智难以理解的国度，一切便均已再度发生变化。

圣灵降临节布道

（1995 年 11 月 6 日〈新历 11 月 19 日〉）

以圣父、圣子和圣灵的名义！

今日教会礼拜令我们想起《路加福音》中的一个故事，使徒路加在一个小渔村见证了我主耶稣基督如何治愈一位身患不治之症达十二年之久的妇人。

治愈的过程很奇特。许多人围住耶稣基督，都想从他那里得到些什么，有人想治好病，有人想见到奇迹，有人自己也不知要什么。在这片极度的混乱和喧闹中，主突然转过身来，向他的门徒提出了一个奇特的问题：

"摸我的是谁？"

众使徒都感到诧异：

"众人四面八方拥挤你，都想引起你哪怕片刻的关注。你却问'摸我的是谁'。"

基督回答说，的确如此，但在拥挤中他感觉到，他的神力突然传给了一个人。

站在近处的一个妇人于是羞怯地承认，是她碰了一下导师的衣襟。她面带羞怯，因为根据犹太法律，身患妇女病的她被视为不洁，不能碰触他人，以免玷污他人。她承认，因为她在碰触的刹那之后准确地感觉到自己的病已经痊愈！基督回答这位妇人的话，足以为她、为众门徒、为你我解释这一奇迹：

"你伟大的信仰使你痊愈了！平安地去吧！"

就这样，对上帝的谦卑、强大的信仰与一文不值、转瞬即逝的人际法则、虚妄的羞怯和对流言蜚语的在意，始终交织在一起。

兄弟姐妹们，你们大家当然记得，两个月前我们举行我们修道院建院六百周年庆祝活动，奉迎弗拉基米尔圣母像，我们修道院是为纪念莫斯科摆脱帖木儿可汗统治而建立的。这真是一个盛大的节日！古代罗斯最宝贵的圣物、有奇迹创造功能的弗拉基米尔圣母像被请出特列季亚科夫斯基画廊，来我们修道院展示一天。

十字架游行自克里姆林宫开始，到我们奉献节修道院止，三万余人参加游行。当天落着九月的雨。至圣牧首和众修士缓缓地跟在圣像后面，浑身湿透，人们站在街道两旁，当庄严的圣物打身旁经过时，他们纷纷跪下，跪在水坑里，跪在湿漉漉的路面上，没人在意跪在哪里。

朝拜的人排成数公里长的队伍，直到半夜三点，最后一个人才走进我们的教堂，向圣像鞠躬。空旷下来的教堂里，摆放在高台上的奇迹圣像前只剩下一些守护者，如特列季亚科夫斯基画廊的艺术学家，市政府的工作人员，警察局的高官。大家默默站立，这几个小时内他们所目睹的民众信仰的场景令他们深受震撼。

我和教友们最后一次对圣像行膜拜礼，之后我们亲吻圣像，我对官员们说：

"现在是你们一生中的唯一机会，在这样一个日子，这样一个地方，你们有机会走近这尊伟大的圣像，向圣母祈祷。几分钟后，圣像就要被送回美术馆。我知道你们都身居要职，但请你们别错过这次机会。"

官员们面面相觑，手足无措，不好意思地笑着，却并不动步。我想，他们中间任何一位若是单独置身此地，一定会高兴地向这件伟大的古代圣物膜拜，向圣母道出最隐秘的愿望。可是此刻，如《福音书》中所言，"因为害怕犹太人"，大家都像木头人一般站在那里。

突然，一位将军级警监走向前一步，他的脸瞬间红得像一面苏联旗帜。他气呼呼地嘟囔一句，把自己的制帽递给随行的少校，然后沿台阶走向圣像，笨拙地三鞠躬。他出声地吻了圣像的玻璃面罩，然后面对圣母真诚地低语。他再次深深地膜拜到地，然后磕磕碰碰地走下台阶。他从那位惊讶得合不拢嘴的民警手中取回制帽，目光阴沉地扫视众人，然后走到一旁。

"好样的，将军同志！"我说，"圣母因此永远不会抛弃您的。"然后我转身对美术馆工作人员说："好了，你们把圣像送回去吧。"

一周过后，我们举办一场庆功圣餐，邀请参与筹备庆典的那些人，如教友、修道院的许多工作人员、特列季亚科夫画廊的艺术学家、市政府的官员和我们的合唱队员。目的就是感谢大家。那位将军也应邀出席圣餐会。

"您知道吗，我当时看到了奇迹？"他举起酒杯对我说。

他把他遇到的事告诉了我。

当天夜里在教堂，将军在听到要大家走近奇迹圣像的建议后，起初也像众人一样感到担心。周围站着与他级别相当的人，甚至有他的上级。可是在那些天里，将军恰好遇到不幸，他住在弗拉基米尔的姐姐惨遭车祸，两腿骨折。在弗拉基米尔，她接受长达数小时的手术，一条腿被包扎起来，打上石膏。另一条腿还得再做一次手术，长时间麻醉。但将军的姐姐年岁已高，医生担心她有病的心脏难以承受这次手术。

当天夜里，将军下定决心，走近圣母像并对圣母小声说道：

"圣母啊，我什么都不需要，因为我什么都有了。可我有一个姐姐……她明天要做手术。我担心她挺不过来……你救救她吧！"

第二天早晨，将军打电话去医院，想了解手术进行情况。可是他却获悉，根本没做手术。医生的回答令他大惑不解，医生说，早晨在送女病人去手术室前给她新拍了一张 X 光片，结果突然发现，粉碎的骨头又接上了，完好如初。看来，这位女病人在夜间幸运地翻了一个身，骨头便以最理想的状态复位了，医生们要做的事情就是及时给这条腿打上石膏绷带。

我们今天在《福音书》中读到的治愈妇人的故事，于两千年前发生在罗马帝国偏远的加利利海滨小城迦百农。这位警监和他姐姐的故事，则于两个月前发生在我们这里，发生在莫斯科。

很多人会觉得《福音书》中的故事是十分神奇、却未必真实的童话。这童话崇高优美，能使人变得更好，甚至能使整个人类变得更好！可它毕竟是童话……

但事实并非如此！使徒保罗当年曾有一个伟大的发现，这个发现十分重要，我们每个人都必须牢记。我们似乎觉得，只有在物理学和医学领域才会有发现。比如，使徒保罗就发现了我们这个世界最重要、最基本的法则。他的表述就是："昨日和今日之我主耶稣基督，永为一人！"

难道还有什么可补充的吗？只有一个自古就有的欢乐之词：阿门！

祈祷和小狐

（摘自《训诫集》）

　　基督教传播早期，在埃及有许多伟大的修道院，当时有位修士与一个没有文化、朴实厚道的农民交上朋友。一次，这农民对修士说：

　　"我也爱上帝，他创造了这个世界。我每天晚上端出一盆羊奶，放在棕榈树下。上帝夜里会来喝干我的羊奶。上帝很喜欢羊奶！每一回，盆里的奶都喝得干干净净。"

　　听了此言，修士不禁笑起来。他心直口快地对他的朋友解释，上帝不需要羊奶。可农民却固执己见。于是，修士建议他俩第二天夜间悄悄看一看，看奶盆摆到棕榈树下之后发生了什么事情。

　　说到做到，修士和农民当夜躲在不远处，他们在月光下很快就发现，一只小狐走近奶盆，把奶舔得一干二净。

　　看到这一场景，农民如雷轰顶。

　　"是的，"他难过地说，"现在我看到了，这不是上帝！"

　　修士试图安慰农民，便解释道，上帝就是圣灵，对于我们这个世界而言他完全是另一种形象，人们要通过特殊的方式才能认知上帝……可农民却站在修士面前，无精打采。后来，农民哭了，走进自己的茅舍。

　　修士也返回修道小室。可走近修道小室，他却惊讶地看见天使拦在门口。修士心怀恐惧地跪下，天使说道：

　　"这位普通人没受过教育，没有文化，也缺乏智慧，他只能用这种方式爱上帝。而你这个有智慧、有文化的人却剥夺了他的这种可能性。你能说你的意见就一定正确吗？可是，聪明人，有一点你却有所不知：上帝看到了这位农民的真诚之心，便每夜派一只小狐来到棕榈树下，只为抚慰他，接受他的奉献。"

护佑天使

护佑天使不仅向我们传授能让我们走向永恒救赎的幸福神意，而且也在日常生活中真正地护佑我们。"护佑"一词绝非比喻，而是一代又一代基督徒的宝贵经验。比如，教会常要我们为出门旅行的人向上帝祈祷，祈祷护佑天使的特别护佑，这并非多此一举。的确，旅行中时时处处均充满无法预见的危险，我们如何离得开神的特别护佑呢？

大约十三年前，我与我们的教民尼古拉·谢尔盖耶维奇·列昂诺夫一同待在普斯科夫洞穴修道院，他是史学教授、情报部门的中将，我与他一同在俄罗斯之家电视频道合作多年。在洞穴修道院，尼古拉·谢尔盖耶维奇·列昂诺夫初次结识约翰神父（克列斯奇扬金），约翰神父不仅对列昂诺夫产生很大影响，而且还如列昂诺夫本人所言，通过约翰神父的祈祷给了列昂诺夫很多帮助。

当时，尼古拉·谢尔盖耶维奇刚刚步入教会生活，他有很多疑问。譬如，他曾请我解释教会中关于天使世界、关于护佑天使的学说。我竭尽全力作出解释，可尽管尼古拉·谢尔盖耶维奇彬彬有礼，我仍能感觉到他对我的笨拙解释深感失望。我十分沮丧，但也只能期待神的帮助。

一个夏日早晨，我们驱车自普斯科夫洞穴修道院前往莫斯科，事先得到了约翰神父的祝福。路途遥远，行前我请修道院车库的一位技师检查汽车，并给马达加注了润滑油。

我们沿着空旷的道路一路飞驰。我一边开车，一边听尼古拉·谢尔盖耶维奇讲他一次长途出差的故事。这个故事他早就答应要讲给我听。我这一生还从未遇见比尼古拉·谢尔盖耶维奇更会讲故事的人。听他的故事，你往往会屏住呼吸。这一次也一样。

可是我脑中却突然闪出一个奇特的念头，即我们马上就会遭遇某件非同寻常的事情。汽车行驶正常。仪表盘上的读数，汽车的匀速行驶，车厢里的气味，一切均无异常。可我的感觉却越来越不对劲。

"尼古拉·谢尔盖耶维奇，汽车好像不太对劲。"我下定决心，打断我旅伴的话。

列昂诺夫是位经验丰富、有多年驾龄的司机。他仔细审视一番，然后告诉我一切正常。然而，我难以解释的恐慌不仅没有消失，反而愈来愈强烈。

"我们也许应该停车。"我最终说道。

尼古拉·谢尔盖耶维奇再度仔细查看仪表盘。他听了听发动机的声音，诧异地看我一眼，然后再次说道，在他看来没有任何需要担心的情况。不过，当我第三次惊慌失措地强调我们必须停车时，尼古拉·谢尔盖耶维奇表示同意。

我们刚开始刹车，发动机罩盖下便腾起一股黑烟。

我们跳出汽车。我打开发动机盖，只见发动机窜出一团火苗。尼古拉·谢尔盖耶维奇从后座抓起他的上衣，捂在发动机上，将火扑灭。等黑烟散尽，我们才弄清原委。修道院的技师给发动机加油后，忘记拧上盖子了。盖子就摆在蓄电池旁边。一路上，机油不断从敞开的注油孔溅出，落在滚烫的马达上，但由于车速较快，烟和气味都被压到车底，抛散出去，我们在封闭的车厢里毫无察觉。若继续行驶两三公里，一切或许就将以悲剧告终。

我们勉强收拾好汽车，然后慢速开回修道院，我问尼古拉·谢尔盖耶维奇，关于护佑天使及其对我们命运的左右，他是否还需要更多的解释。尼古拉·谢尔盖耶维奇回答，今天的事已足以让他深刻领会这一教义问题。

△ 复活大教堂（重彩油画　197X291cm　2015 年　周昌新作）

一座圣修院

（一则可编入未来《训诫集》的故事）

在革命前俄国的一个偏僻之地有座修道院，关于修道院的流言蜚语在当地不胫而走，说修道院里的修士均为懒汉和醉鬼。国内战争时期，布尔什维克进入修道院附近的小镇。他们让居民聚集市场，并把修士们也押解到那里。

政委手指众修士大声地对人们说：

"本城的公民们，居民们！你们大家比我更了解这些醉鬼、吃货和懒汉！如今他们的统治到头了。但是今天，为了让你们彻底弄清楚，这些骗子和寄生虫几百年来是如何欺骗劳动人民的，我们要把他们的十字架和《福音书》扔到他们脚下，现在，当着你们的面，就让他们每一个人都来踩一踩这些欺骗人民、奴役人民的工具。然后我们再释放他们，让他们远走高飞。"

人群爆发出哄笑。

在人们的叫骂声中，一位修士上前一步，这男人面色忧伤疲惫，满脸赘肉，鼻头发红，他对其他修士说道：

"那么好吧，兄弟们……我们像猪一样活着，那么，就让我们像基督徒一样死一回吧！"

没有一位修士挪动脚步。他们当天全都被军刀劈死。

我一生中最美好的礼拜

在苏联时期，俄国教会遭受摧毁的最骇人象征或许就是基维耶沃修道院。

这座由圣谢拉菲姆·萨罗夫斯基兴建的修道院变成了一片可怕的废墟。这片废墟高高矗立在一座其貌不扬的苏联区政府所在地，这个区中心的前身即著名的快乐小城基维耶沃。当局并未将修道院完全捣毁。他们留下一片废墟，当作其胜利的纪念碑，当作其永远奴役教会的纪念碑。他们在修道院的正门口立起一座革命领袖的纪念碑，纪念碑上的人威严地迎候着破落修道院的每一位来客。

这里的人常说，没有返回过去的路可走。圣谢拉菲姆关于基维耶沃修道院伟大命运的预言曾获得整个东正教俄国的拥戴，可如今，这预言似乎将永远被推翻，遭受耻笑。四周远近地区，连一座继续举行礼拜的教堂都不存在，悉数被毁。而在曾声名远扬的基维耶沃修道院，在以修道院为中心的这座小城，却坐落着苏联最为机密、最难以接近的项目之一，名为"阿尔扎马斯–16"。他们在此制造核武器。

修士们若偷偷来基维耶沃朝圣，大多要作一番伪装，穿上百姓的衣服。但他们仍会被盯梢。在我首度前往这座被毁修道院的那一年，就有两位修士因朝圣基维耶沃圣地被捕，他们在警察局遭到残忍殴打，在地面结冰的牢房里被关押了十五天。

那年冬天，圣三一谢尔吉修道院十分杰出善良的修士沃尼法季大司祭让我陪他一同前往基维耶沃。教会章程规定，修士若携带圣杯等圣物出远门，必须找人陪伴，以便在难以预料的情况下合力保护伟大圣物。沃尼法季神父此次前往基维耶沃，恰是去给那家修道院附近地区的几位年老修士举行圣餐仪式，她们是曾在革命前的修道院里待过、如今依然健在的仅有的几位修女。

我们计划先乘火车至下诺夫哥罗德，当时名叫高尔基城，然后换乘汽车前往基维耶沃。火车上，神父彻夜未眠，因为他胸前就挂着一个用丝线拴着的小圣杯。我躺在邻近的卧铺上，不时在车轮的哐当声中醒来，我看到沃尼法季神父坐在小桌旁，借着暗淡的车厢夜灯阅读《福音书》。

我们抵达下诺夫哥罗德，这里是沃尼法季神父的故乡，我们落脚在他的老宅。沃尼法季神父让我读一部革命前的旧书，是圣伊格纳吉（勃里扬恰尼诺夫）作品集第一卷，我读到天亮，一夜没合眼，我结识了这位惊人的基督教作家。

早晨我们前往基维耶沃。我们的路程近八十公里。沃尼法季神父尽量掩饰修士装扮，他仔细地将教袍下摆掖入大衣，用围巾和衣领遮挡长长的胡须。

我们抵达此行的目的地时，天已擦黑。透过车窗外 2 月的风雪，我怀着激动的心情看到了高高的、没有穹顶的钟楼，看到了被毁教堂的构架。尽管这是一幅无比悲伤的画面，可我内心却被这座伟大修道院非同寻常的隐秘力量所震撼。我更为这样的念头而感动，即基维耶沃修道院并未死去，它依然活着，具有这个世界难以理解的神秘生命力。

果真如此！在基维耶沃边角一间破败的小木屋里，我遇见了即便在最明亮的幻想中亦无法想象的场景。我见到了永远战无不胜、难以摧毁的教会，它生机勃勃，在为自己的上帝、为神灵和救主而欢欣。正是在这里，我开始理解使徒保罗那句大胆之言所蕴含的伟大力量："我靠着那加给我力量的，凡事都能作。"

还有一点：我一生中最美好、最难忘的礼拜并非出现在某座壮丽的大教堂，某座因年代久远而著称的圣殿，而是出现在区中心基维耶沃，出现在森林街 16 号这间歪歪斜斜的小房子里。更确切地说，这并非房子，而只是一间被用作住处的小澡堂。

我与沃尼法季神父首次来到这里时，看到了一间天棚十分低矮的小房间，房间里有十位年岁很高的老太婆。最年少者也至少超过八十，年长者则肯定超过百岁。她们全都身穿普通的老太太服装，戴着普通的头巾，而未着教袍、修士服装和修士冠。她们哪里像是修女呢？"就是些普普通通的老太婆，"我或许会如此认为，如若我事先不曾得知，这些老太婆是我们当代最为勇敢的人士，是真正的苦修士，她们在监狱和集中营中度过了数十年时光。这些磨难却使她们心灵中对上帝的信仰和忠诚更为坚定。

令我大吃一惊的是，当着我的面，沃尼法季神父，这位可敬的大司祭，圣三一谢尔吉修道院的住持，在莫斯科享有盛名、德高望重的教父，在为这些老太婆祝福之前却跪倒在她们面前，给她们磕头！说实话，我简直不敢相信自己的眼睛。神父站起身，开始给老太婆们祝福，她们动作笨拙，步履蹒跚，轮流走到神父面前。可以看出，她们因为神父的到来而满心欢喜。

在沃尼法季神父与老太婆们相互问候时，我打量四周。小屋墙上古老的神龛里，圣像旁的长明灯泛出微弱的光。一幅画很快引起我的特别关注。这幅圣像画很大，技法高超，画的是圣谢拉菲姆·萨罗夫斯基。长老的面孔闪烁着善良和温暖，能让观者目不转睛。我后来得知，这幅画在教堂被毁时奇迹般地保存了下来，它画于十月革命前夕，原拟悬挂于基维耶沃一座新教堂，可那座教堂最终未及落成。

此时，屋里的人开始准备晚祷。当修女们从秘密仓库取出圣谢拉菲姆·萨罗夫斯基生前用过的物件，摆放在那张用木板拼凑成的桌子上时，我不禁屏住呼吸。这里有圣人的修士长巾，他的枷锁——一个带链条的沉重铁十字架，一副皮手套，一口旧铁锅，萨罗夫修道院的那位长老就用这口锅做饭。在修道院被毁后的数十年间，这些圣物由基维耶沃修女们手手相传，保存至今。

沃尼法季神父披上圣衣，宣布夜间礼拜开始。修女们马上容光焕发，唱起圣歌。

多么震撼人心的神奇合唱啊！

"第六首歌！主啊，我们呼唤你，请倾听我们！"领唱的修女用苍老嘶哑的声音唱到。她一百零二岁。她在监狱和流放中度过了近二十年。

庄严的修女们随她一同唱起来：

"主啊，我们呼唤你，请倾听我们！倾听我们，主啊！"

这是一场难以用语言描绘的礼拜！蜡烛在燃烧。圣像画上的圣谢拉菲姆用他无限善良、智慧的目光看着我们。神奇的修女们唱着，从头至尾几乎都不看唱词，只有个别人偶尔瞥一眼厚厚的唱本，她们没戴老花镜，而用巨大的木柄放大镜。无论在劳改营和流放中，还是获释后回到这里，栖身于基维耶沃城边的简陋小屋，她们始终如此礼拜。她们对此已习以为常，可是我却的确不知道，自己究竟置身天国还是人在世间。

　　这些年老的修女如此礼拜，她们具有如此巨大的精神力量，如此的勇敢、谦卑、善良和爱，如此的信念，这使得我在这次礼拜中明白，她们战胜了一切，战胜了强大的不信神的当局，战胜了世间的无信仰，战胜了她们完全不再恐惧的死亡。

弗罗霞婆婆

　　基维耶沃森林街上这间藏有圣谢拉菲姆遗物的小屋，其主人是修女玛格丽特。不过在很多年间，无人知晓她是秘密修士和苦修女。人们叫她弗罗霞婆婆，或直接叫她弗罗霞，尽管她与我们这个世纪同龄，在我 1983 年首次来到基维耶沃时，婆婆刚好年满八十三岁。

　　秘密修行出现在二十世纪对教会的迫害之后。接受秘密剪发后的男女修士仍留在俗界，穿寻常衣服，常在世俗单位工作，可他们却严格履行一切修行承诺。某人的剪发及其新教名，通常仅有其教父知晓。即便在普通教堂参加礼拜时，这些修士亦仅用其俗名。

　　譬如，俄国著名哲学家阿列克谢·费奥多罗维奇·洛谢夫院士即为秘密修士。他剪发时获教名安德罗尼克修士。在所有照片上，洛谢夫院士均戴一副镜片很厚的眼镜，头顶一个古怪的黑色小帽。阿列克谢·费奥多罗维奇戴这副眼镜，是因为在北海 – 波罗的海运河工地的劳改营度过数年后他几近失明。而他头戴古怪的黑色小帽，却不似大家以为的那样是担心着凉。这实为一顶修士帽，作为修士服饰的唯一表征，安德罗尼克修士终日戴着它。

　　教会生活在战后步入另一时期，教堂和修道院开始恢复。秘密剪发做修士已无必要。一个众所周知的规律在此时充分显现，即历史周而复始，起初像悲剧，之后是闹剧。

　　宗教界流传着一些故事，比如某位一身黑衣的女人参加礼拜，她使劲推开和和气气的众人，以便第一个领到圣餐，她还高声报出自己的名字："秘密女修士鲁克里娅！"

　　皮季里姆都主教讲过这样一个五十年代流传于宗教界的笑话。一位莫斯科

妇人到女友家做客。她坐在桌边打牌。这位激动的女客人突然小声说道："玛丽娅·彼得罗夫娜！玛丽娅·彼得罗夫娜！这事我谁都不能说，这是秘密，天大的秘密！可我要告诉您……我昨天秘密剪发了，教名是康科尔季娅！"女主人不动声色地打出自己的牌，答道："这有什么？我当苦修女已经一年多了！"

而在众人看来，弗罗霞只不过从前在修道院做过见习修女。若有好奇者问起修行之事，婆婆便十分诚实地回答，她曾有幸在基维耶沃修道院当过见习修女。

直到九十年代初，在重建的基维耶沃修道院院长谢尔吉娅的恩准下，弗罗霞方公开她的教名，她生命的最后三年在基维耶沃女修院度过。

在此之前，她一直被称为弗罗霞。而且，婆婆本人始终十分低调，甚至谦卑至极。

我们出版部曾出版一本非常漂亮的图文杂志，内容有关圣谢拉菲姆和基维耶沃修道院的历史。这是苏联时期第一份此类出版物。杂志面世不久我便找机会带给弗罗霞婆婆看。这份杂志的制作十分现代，画面光亮鲜艳，在森林街的寒酸小屋里它就像一位天外来客。

婆婆很喜欢这份杂志。她看着图片，兴致勃勃地翻阅。

"啊，谢拉菲姆神父！"看到精美的圣谢拉菲姆圣像画后，她两手一拍。

"亚历山德拉嬷嬷，老院长！"她认出了基维耶沃教会第一任负责人阿加菲娅·谢苗诺夫娜·梅尔古诺娃的照片。弗罗霞婆婆对基维耶沃近两百年的历史了如指掌。

"这一位？！是尼古拉·亚历山大罗维奇·莫托维洛夫！"

婆婆翻到最后一页，她看到自己的照片。她一时间说不出话来。稍后，她激动地两手一拍，喊道：

"弗罗霞！你也在这儿？！唉，真不知害羞！"

早在我和沃尼法季神父首次去基维耶沃时，弗罗霞婆婆在分手时并不见外地求我再来基维耶沃，帮她修葺屋顶和草棚。我答应一定帮忙。夏天，我带两位朋友来基维耶沃。我们住在草棚里，白天修葺房屋，晚间则在被毁的修道院散步，与这些令人惊异的修女一同祷告，聆听弗罗霞婆婆讲那些无与伦比的故事。

　　她给我们讲基维耶沃从前的故事，讲谢拉菲姆神父如何维持基维耶沃修道院，熬过苏维埃时期漫长的数十年，谢拉菲姆神父历经磨难，时而身陷牢狱，时而遭到流放。我们的四周便是被毁的修道院。显然，她试图将她记忆中的一切都传递出来，以免那些记忆与她一同逝去。

弗罗霞婆婆口述实录

（根据录音整理，仅作细微修改）

我在很小的时候就产生一个想法：我不愿嫁人！

父亲常常喝醉酒。有时候，他天亮才回家，胡闹一整夜。我和妈妈在家等他，吓得发抖……

我们听见砰地一声，栅栏门……喝醉的父亲回来了。

他进屋来。

"端饭来！"他进门就喊。

妈妈端上吃的……

不管好吃还是不好吃，他都会拿盘子砸妈妈！

我看够了这种场面，就对自己说：

"圣母啊，你救救我吧，别让我嫁人！"

我家有位女邻居。她叫乌丽塔。她有两个指头断了。我就想："上帝啊，让我的指头也断了吧，那就没人娶我了！要不他们一准要把我嫁出去的，不管我愿意还是不愿意！"

我一个劲儿地求圣母："圣母啊，你救救我吧。"但这话我谁都没告诉。我只告诉了妈妈。

后来有个机会：我的堂兄格里沙和姑妈玛丽娅打算进修道院。格里沙去萨罗夫修道院，玛丽娅去基维耶沃修道院。他俩比我大。我当时还小。

我对他俩说：

"带我去吧！"

他俩不愿带我走。

我就说："天上的女皇，圣母啊！要是他俩这次不带我走，我就自己逃走！"

我当时的心情就这样。我不愿活在俗世。

他俩在做准备，我一直浑身发抖："谢拉菲姆神父，救救我！"

一天，妈妈和父亲歇着，是个不大的节日。妈妈一直不敢开口，可她还是说了：

"她爸，你知道玛丽娅和格里沙要去修道院吗……"

"那又怎么样？"

"我们让弗罗霞和他俩一同去吧……"

父亲说：

"你疯了吗？！"

他俩都没话了……

妈妈也害怕多讲。父亲太严厉了。

他俩都没话了。

父亲默不作声，后来突然说：

"弗罗霞，你听见你妈的话了吗？"

"听见了……"

"你怎么想的？"

我说：

"我同意。我愿意去……"

就这样。大家都没做声。

我只是浑身发抖："天上的女皇啊，我的命运就要决定了！谢拉菲姆神父，救救我！"

可父亲却考虑起来。他还是害怕上帝的。他一句话也没说，就作出了决定。

我家有三头小牛。父亲很心疼它们。家里有三个姑娘要嫁人，要养母牛给她们作嫁妆。早先就是这样，姑娘出嫁，给头奶牛做嫁妆。

父亲牵出给我做嫁妆的那头牛，把它牵到市场去卖。他后来说：

"我试了试，为你那头牛要了双倍的价。要是有人出价，我就放你去基维耶沃；要是有人笑话，你就待在家里。"

父亲来到市场。他一看，市场上满是牲口。

他站在最边上。

"我一看，"他说，"我家的小牛算什么！这里没这样的牛。可是我突然看到一个老头跑过来，他身穿农家衣裳，帽子歪戴着。他谁也不看，谁也不问，径直走到我跟前，他说：'你的小牛真棒！多少钱？'我想也没想，就要了双倍的价钱，二十四卢布！二十四卢布啊！这样一头小牛一般才卖十二卢布。可这个老头好像倒很高兴。他不谈贵贱，一句话也不说。'好吧！'他说。我俩就击掌成交了！"

老人牵走了小牛。

父亲傻了。他站在那里，手里拿着钱。

回到家里。他不说话。他坐下吃饭。妈妈端饭给父亲，他问妈妈：

"怎么，玛丽娅是要去基维耶沃吗？"

妈妈对他说：

"要去……"

"格里沙要去萨罗夫？"

"要去……"

"弗罗霞呢？"

妈妈浑身颤抖。

"你不是说……"

父亲看了妈妈一眼，说：

"让她去吧！"

我们三人一同去了。5月5号。1915年。

就这样，我们来到基维耶沃。我真心喜欢这地方！到处都很干净，很整齐。每个人都有事情做。修道小室前有小桥直通教堂。真好，是啊！……唱圣歌，就像是天使们在唱！有很多歌手。足够选的，我们有整整一千个姐妹。我被派到萨蒂斯河边一个小村子去放牛。我们就住在那里。

不错，我的姑妈玛丽娅很快就回家了，她没留在这里。知道我们修道院当年什么样子吗？没有衣服，一寸布也不发，从家里带来了什么就穿什么。一年半后，格里沙堂兄也离开了萨罗夫修道院。

不错，有一次格里沙来萨蒂斯看我。他也不是来看我的，他们是去拉干草路过这里。格里沙见我在放牛，还穿着树皮鞋，就笑起来：

"树皮鞋？我可不穿它！"

他就是这么说的！修士们都穿教服，甚至还有靴子穿。他很神气。有意思的是，他是要显富吗？他给了我十个戈比！……修女们后来笑话我，说一个富翁给了小妹妹十个戈比。唉，上帝保佑他……唉，他让骄傲冲昏了脑子！他看来运气不错……可他却犯起愁来，不愿待在修道院，走了，甚至没跟我说。可我，上帝却让我更坚定了。是啊……

可是后来，格里沙回到家里告诉我父母，说我穿树皮鞋，我活得很苦，我妈妈就哭了。他们坐到桌旁，格里沙拿起面包说：

"这才是天国啊！修道院那边没有天国。"

好像这用精粉烤出的面包就是天国。

妈妈哭得更厉害了。

可格里沙却连真正的修士生活都没见到过。他当见习修士时活儿很轻，就是在面包房烤面包。主教来的时候，他就拿着拐杖站在那儿。他头发很长，波浪一样披在肩膀上。敌人在诱惑他。可是格里沙不明白。是啊……

后来的事，小伙子们，我之后再对你们说，请你们看在基督的份上原谅我！你们想去修道院，是吗？去吧，但你们最要紧的事，就是别去数落修士，别去数落院长。你只要一数落，就住不下来。你很快就会飞走的！

前不久，有位名叫瓦西里的助祭从扎戈尔斯克的修道院来我们这里。他听他老师在数落其他修士，说他们这也不对，那也不是……我对他说：

"你等着瞧！你自己很快就会离开修道院的。"

果真如此！他离开了修道院。是啊……这条戒律就是：你在哪里看到一位修士或者神父有过失，或者哪位院长做得不对，你要做的事情就是——别去管他！背过身去，谁也别看！让他们过失去吧。就像谢拉菲姆神父常说的那样："让他们提前活着吧，吃我们的面包。时辰一到，上帝会赶走他们的。"你们一定要当心，别去数落别人。别去数落！这不是我们该管的事情，上帝会让他们改过的。

谁又能没有缺点呢？这不是你的事。别去管它。谁都不能当别人的法官。是这样的！格里沙就是这样一个人，老是数落每个人："这个不对！那个不是！第三件事，还是不对劲！应该这样做才是！"这哪里像个修士呢？上帝比他看得远！把他赶出了修道院。而你，想按神的意思生活，就这样生活吧。

圣女长老阿加沙说过："每走一步都要祷告：圣母啊，保佑我的贞洁吧，别让我失去天国，别让我失去你的圣修院！"这样你才能坚定信心，继续生活下去。要知道敌人很多啊，四面八方都有。

我见过这样的场景：圣谢尔吉站在那儿，四周全是可怕的野兽，尽是鳄鱼。他站在那里祷告。你们见过这场景吗？你们知道这些鳄鱼是什么吗？就是魔鬼，是人的欲望！祷告能救大家。要是老数落别人，就哪儿也待不下去，上帝讨厌这样。管好自己就行了。

我如今就这样祷告："圣母啊，死亡快要到了……你别丢下我！"只有她，女主宰，能帮助大家，保佑大家，不管你在哪儿。你在坐牢也好，你被流放也好。我只是不停祷告："战无不胜的圣母啊！"只要这样祷告，上帝就会保佑你的。

我们那时住在萨蒂斯河边的小村子里。我们有很大一片土地，是有人捐献的。牲口也很多。我在那里放牛。

有一回，有人从萨罗夫给我们牵来一头小母牛。他们想在我们这里也养出这种牛。他们那儿的牛是灰色的，可壮实了！我们这里的牛却毛色泛红，个头不大。他们很爱惜这头萨罗夫小牛。一连两年都不让它跑进牲口群，直到第三年。

这年，这头小母牛刚满两岁，它听见河对岸有一大群牛在哞哞叫。我这头牛发了疯。它像是受惊了，冲向对岸的牲口群。这可是不被允许的啊！

我追着它跑。我跑啊，跑啊，它扑通一声下了河，萨蒂斯河，游了起来。萨蒂斯河的水很深。母牛游向对岸，冲向牲口群。

我站在岸边。我跪下来，喊道：

"谢拉菲姆神父！你怎么啦，你难道没看到吗？！母牛跑走了！"

我竟然用这种腔调怪罪起圣人来！"你难道没看见吗！"

你们猜怎么着？母牛一下子停住了。像是被绊住了。之后它踉踉跄跄，慢慢转过身来，往回走。就像有人牵着它。它走进河里，慢慢往这边游。

我在岸边抓起缰绳。"唉，你这个无赖，害得我好苦！"

我想，是谢拉菲姆神父拦住了它。之后它再也没发疯。后来它产下小牛，和它一样漂亮。可我们很快就从那里被赶走了，离开了萨蒂斯河……

是啊……当时太可怕了。当时打了一场大仗，后来沙皇被推翻了。革命。

你们没遇见过，你们不懂。

修道院起先倒是没人来碰，村子却被抢了。一些人把我们给抢了。我们遭殃了。是谁抢的呢？是本村的人。本村的人！是洛马索沃村的人，离萨蒂斯只有六公里路。我们管那村里的男人女人叫洛马索人。他们想干什么？把我们抢了，把我们所有东西都卷走了！

可我们事先得到了消息。有人给我们通风报信。修道院派帮手到我们萨蒂斯来，好连夜把奶牛赶进修道院。要不那些人第二天一到，就会牵走奶牛。我们赶牲口赶了一夜，哦，神父们，赶了整整一夜！赶这些奶牛可真遭罪啊！赶牛犊也遭罪！……那么小，有的刚生下来五天，就把它们赶上大车。母牛不少，牛犊也不少。

后来我们迷了路，走进了树林。林子密不透风，走不过去。唉，真遭罪啊！本来以为路不远，可好像有二十公里。我们还绕过一座庄园，这是老爷拉日金的庄园。这里有他的一家酒厂。有人已经开始抢他了，四面八方的人都跑过来，大家全都在灌酒！淹死几个人，他们掉进了酒桶。烧掉很多东西。没人管事，大家随便乱窜。

是啊……母牛勉强能走，小牛犊走累了，倒在地上。那情景我终生难忘！但大家还是走到了基维耶沃。早晨七点。我们早上的祷告有点晚，可我们却把奶牛赶了过来。牲口群赶进马厩。全都赶了过来。之后，院长嬷嬷让我们返回去。我们喝口茶，就走了。

我和我的女友帕莎一天一夜没睡觉，我们一直走啊走……我们太累了，一点力气也没有！我们坐下来歇歇吧……我俩坐下，就坐在大路上，一下就睡着了。我们睡了多久，我不知道。因为我们太累了。这时，有个男人赶着大车来到我们跟前。他冲我们又喊又叫，要我们让开路，我们却听不见，差点被大车撞上！我们还在睡。他是怎么做的呢？他拿鞭子抽我们！我俩吓坏了："耶稣基督啊，我们这是在哪里啊？！"四周都是林子，我们不知道我们身在哪里，我们吓坏了。

△ 回头是岸（重彩油画　150X260cm　2016 年　周昌新作）

"大叔，看在基督的份上请你告诉我们，我们这是在哪儿呀？"

他骂了一句，赶车走开了……好吧，上帝保佑你！

我俩又坐了一会儿。我俩使劲在想。我们从哪儿来？到哪儿去？……后来我们一看，我们恰好离那座庄园不远，洛马索人正在抢拉日金，在抢他的酒厂。看来，赶车的男人就是去那儿。我们一看，火盆被拖了出来，还有成匹的布，拉日金家的一切都被拖了出来。我们不敢再走那条道，他们会杀了我们的。什么，女修士……我们听见他在喊："我们现在就去抢那些黑修士！"

我们赶紧回到自己人那里。姐妹们在等我们。

"你们怎么去了那么久？"

我们讲了事情的来龙去脉：我们如何迷路，如何睡着，如何回到这里。我们还告诉姐妹们，他们马上就要来抢我们。

话音刚落，就听姐妹们在喊：

"洛马索人来啦！还打着红旗！"

他们冲了进来。他们人很多。我们这里有间粮仓，他们就是冲这间粮仓来的。

"把钥匙交出来！"

我们的大姐走向他们。

"好的，马上给你们。你们要什么？"

"我们什么都要！什么都要！我们要把粮食都拿走！把能拿的都拿走！"

嬷嬷想要阻挡……哪里挡得住……

粮仓的门被打开。那里有我们的麦子、谷子，还有面粉……我们开始给他们一斗一斗地装粮食。可他们难道等得及一斗一斗地装吗？他们推开我们，自己装起来。他们抢光了粮食。

一个大叔直接爬进粮囤，爬进面粉堆。真是贪啊！又可笑又可恨！全身雪白！装满了好几麻袋。

后来我们听见，有人在砰砰地打枪！怎么回事？我们四处一看，许多男人赶来保卫修道院，正在驱赶这些洛马索人。

我们喊了起来：

"救命啊！有人要杀我们啦！"

那些男人冲我们喊：

"你们这些傻瓜，喊什么喊？要杀的不是你们，而是那些人！"

不过谁都没杀，谢天谢地。他们只是对天开枪。他们赶走了那些洛马索人。可东西却被洛马索人抢光了……这场抢劫……饶恕吧，上帝……

那是在秋天。10月份。1917年。是啊，天已经冷了……

我们储藏了一些蘑菇和白菜，都是留着过冬吃的。

这时我看到，一个男人爬进地窖，拖出两三个小木桶。这男人很喜欢那木桶。桶里泡着最好的蘑菇。可是他呢？他倒出蘑菇，也不心疼他的树皮鞋，吧唧吧唧踩了起来，可惜那些蘑菇了！为了不让别人拿走。他要的不是蘑菇，而是那木桶。

还有一个鞑靼人也到了地窖。他也看了一眼木桶，是另一只，里面装着西红柿。

"这是什么？"他问。

我们有位姐妹，是莫尔多瓦人，她爱开玩笑，她说：

"这是我们用的药！"

"什么药？"

"奶牛长了虱子，我们就用这药给它洗身子。"

她就是这么说的！鞑靼人信了。他不懂什么叫西红柿。

我们有很多装牛奶的瓶子，玻璃的，可漂亮了。哦，上帝啊！一个小伙子爬上阁楼，看到这些瓶子。他装了一口袋。下楼的时候，稀里哗啦，全都摔碎了。碎玻璃扔在院子里。"我知道哪儿还有。"他又爬了上去。

他们全都喝醉了。他们抢了拉日金酒厂里的酒。他们干的事情啊，简直说不出口！我们院子里有个男人，躺在那里不省人事。脸色铁青！喝伤了！……上帝啊，饶恕这些罪人吧！

后来……来了……政权。

政权来了，好像有十四个人。他们在我们的大厨房里开会。他们要决定怎么对付那些白酒。他们说："如果照这样下去，人们不知会干出什么事来！"他们想啊，想啊，作出决定：把这些酒全都倒掉。像白水一样倒到地里去。另一些人说："不行！酒精到处都有用，酒精是药。"还有一些人说："不，这个时候我们可不能这么干，喝醉的人什么事都做得出来……"

他们最后还是作出决定，把这些酒全都倒掉。酒是用土豆做的。大堆大堆的土豆被运进酒厂做酒。伏特加，白花花的伏特加酒。在倒酒之前，掌权的人跑来找我们，他们说：

"你们有瓶子吗？"

我们有一些大瓶子，装圣水的。我们指给他们看。

"瓶子里装的是什么？"

"圣水。"

他们拿起瓶子。把圣水给倒了！就倒在地上！他们怎么会心疼圣水呢？他们自己留了几瓶酒。剩下的酒全都倒到地上。倒在沙土里。

之后，远近各村的男人女人全都跑到这片沙土地上来舀酒。边舀边喝，小伙子们！……酒厂里当时淹死好些人啊！……一个男人两脚朝天栽进酒桶，全身通红，就像火炭！好些人啊……

萨蒂斯村被抢光了，我们被赶走。是啊……这是哪一年的事？……是啊，1917年，革命刚开始那会儿。

修道院在1927年被关了。可怕的事倒是没了。因为政权已经建立起来了。

周围的修道院全都被清空了，暂时还没碰我们。莫斯科有人帮忙。有人悄悄通知我们："你们哪儿也别去，就待在那里。"我们建立了劳动合作社。我们不叫修道院，而叫合作社。可到了1927年，政权要院长嬷嬷提供所有姐妹的名单和证件。

我们说：

"我们什么证件也没有！"

是啊，我们进修道院的时候不需要提供证件。虽说，当然也统计过我们的人数。革命前有超过一千名姐妹。我是 1915 年来的。"你是从哪儿来的？"我们村的阿加莎就在这座修道院，她年纪比我大。

"我和阿加莎是一个村的。"

"哦，阿加莎的老乡！"

这就得了。这就是证件。"阿加莎的老乡。"

老婆婆们说："姐妹们见过圣谢拉菲姆，也就是说，在一百五十年前，谢拉菲姆神父常对姐妹们说：'总有一天，我的女孤儿们在圣诞门前会像豌豆一样撒满一地。'我们想：'这圣诞门什么样啊？修道院里也没有这扇大门啊。'"

1927 年，我们修道院的节日圣母诞生节快到了。两点钟是小晚祷。我当时在钟楼上。我们去钟楼敲钟。我刚要开门锁，身后有个人突然抓住我的手。哎呀，神父们，是"小红帽"！是个民警！……我没看到他是从哪儿跑过来的。他抓住门锁不放，不让我们进钟楼。

"站住！"他说。

我说：

"干嘛要站住？！我们该敲钟啦！"

"你们该敲钟，"他说，"我们却不该敲。"

合唱队员们跑过来问：

"你们怎么还不敲钟啊？"

我们垂头丧气：

"瞧，'小红帽'不让敲！"

他们不让敲钟过节，他们给七天时间收拾。

那是在 1927 年。9 月份。旧历 8 号。按新历，我不知道是哪一天。圣母诞生节。9 月 8 号。姐妹们想了起来：

"谢拉菲姆神父说：'我的女孤儿们在圣诞门前会像豌豆一样撒满一地！'这不就是圣诞门吗。"

她们想起了圣徒的话！

姐妹们之后就去求那些人：

"你们这七天里就要最终决定我们的问题。这就是说，我们该做礼拜就做礼拜，该敲钟就敲钟。"

"好吧，你们该怎么做就怎么做吧。"

他们没拦着。

一个星期之后，我们敲响所有的钟，招呼姐妹们做晚祷。最后一次！招呼过来，做完礼拜……之后就像小鸟一样，各自飞走。就这样……下起小雨！上路了……上帝啊，人们看着我们，上帝看着我们！圣母啊！……可是有什么法子呢？没法子，掌权的要我们别穿修士服！像百姓一样上路。圣像也不能摆，要摆列宁的像。这一点谁都不同意！

齐赫文教堂里藏有为新建教堂准备的所有东西。当着我们的面，那些东西被搬出来。法衣，十字架，还有其他东西，全被运走了。被拉来赶车的男人们很不开心：'我们高高兴兴把这些东西拉到这里来，是为新建的教堂用的，这下我们可惨了。'有些男人低下脑袋，哭起来。太可怜了！他们只能大哭一场，他们又怎能反抗政权呢？

院长嬷嬷第二天就被关进大牢。我们各自散开了……

一位主教来到我们这儿，偷偷地。他对我们说：

"你们被赶出了修道院，但是我们并没有剥夺你们的修士身份。"

我不知道人们是怎么想的，但修士们当时就是这么想的："这一切都是神的惩罚。上帝特意给我们派来这样一个政权。"

1937年。我和一些修女住在修道院四周。我就住在这里，在卡尔加诺夫卡。马路对面还有几间小屋，那里也住着修女。有些修女害怕坐牢，就嫁人了……上帝啊，帮帮她们吧！

▽ 翠鸟流韵（重彩油画　100X120cm　2015 年　周昌新作）

有一段时间，他们随随便便就把我们抓去坐牢。1937 年。有个什么"三人小组"，就是法官。我记得，一个不大的房间。他们坐在那里，都是五大三粗的男人。一个民警一下子把我们二十个修女带了进来。

　　"嗬，老弟，你一下带来这么多！"

　　"我还知道到哪儿去抓。"

　　"是修女吗？"

　　"是修女。"

　　"该怎么判你们呢？你们去过教堂吗？"

　　"去过教堂。"

　　"就写你们是'流浪女'吧。"

　　"流浪女"，这就是我们的罪名。

　　我们被送到塔什干。是运牲口的车厢，四处透风。我在车上病倒了。我一直在哭，我在想："上帝啊，为什么让我去坐牢呢？坐牢！"让我去坐牢，我感到委屈。我一直在哭。大家好像也都在哭。我的脸上一直有泪水。后来，火车开起来，风很大，我的脑袋冻得冰凉。"丑八怪"！我浑身发肿。我们被拉到塔什干，我已经不省人事。我被送进医院。可我没死，活了下来……

　　我们被拉到塔什干，那里什么也没有，好像自由了，建造一座城市。免费的劳动力。

　　还有什么总检查。黑乎乎的走廊。两边是端着刺刀的卫兵。那里太可怕了！戒备森严，狼狗乱叫！上帝啊，他们干嘛这样看重修士呢？这样一条路，两边都是卫兵。走到头，要搜身。十字架被摘下。上帝，饶恕他们吧！圣母啊……那民警扯下十字架，用脚去踩："你干嘛要戴它？！"

　　当他们扯下我们的十字架，我们觉得，我们受难的主就站在我们面前！好像主正在十字架上受难。他们扯下了十字架，真叫人伤心啊！

　　后来我们想，没有十字架怎么能行呢？我们当时在乌兹别克纺纱，纺棉花。我们有一些小钩子，把钩尖去掉，就成了一个小十字架。我们做成十字架。我们戴着十字架去澡堂。那里有些人立马就汇报了领导：

"修女们又都戴上了十字架！"

他们没再来抢走十字架。他们要是抢走了，我们还能再找到其他东西。

主让我们的信仰更坚定了！有位基维耶沃修女，她在我们之前就坐了牢，她梦见了谢拉菲姆神父。神父把整整一火车的修女带到这里，带到大牢。他开心地说："你们开门啊！我把姐妹们给你们送来啦！"他指的就是我们啊！

在这之前，没坐牢的时候，在基维耶沃，有位圣女名叫玛丽娅·伊万诺夫娜。她当着我的面说，我们很快就要被赶出修道院。我们大家就问她：

"嬷嬷，我们啥时候能回修道院呢？我们等着回修道院！"

她说：

"你们能回修道院的。我和死去的司库嬷嬷会让你们回到这座修道院的！"

你们知道她还对我说了什么话吗？

"再回到这座修道院，就不用名字叫你们了，而用号码。弗罗霞，我和司库嬷嬷就叫你'338号'！"

338号……我很奇怪，但记下了这个号码。我被关进大牢时，我的编号就是这个号！我记住了自己的这个号——338号。是啊，是圣女玛丽娅·伊万诺夫娜告诉我的！你会回到修道院的！

当时的情况就这样……什么情况都有。斋戒已没有人遵守了。主啊，请宽恕！有时用骨头熬汤……可是大斋戒还是遵守的。我们只喝水，吃点素食。不吃荤的。

好的是我们人多，那里有很多修女。四十人。一过节，我们就坐在板床上，感觉神的喜讯降临！主啊，宽恕我们，到处是人！底下还有那些无赖！他们在那里作威作福。我们在上面。我们更好些。上帝保佑他们！我们中间有唱诗班的人。就这样，我们聚在上面，轻轻地唱起《天使之声》。

就这样，我们记住了一切，记住祷告，记住赞美诗。他们不让我们看书。他们把书抢走了，可是……

有一回我们被换了一处关押地。我们坐火车走了很久。旁边一节车厢里是些无赖。他们大打出手。修女们被单独关在一节车厢里。无赖们的车厢翻天覆地。有个女犯人被塞到我们车厢里。她全身……唉……差不多光着！她什么也没有，勉强遮住身子，也没有包。修女们都有包，换洗衣裳啊，面包干啊，我们都有点。那些无赖们什么都没有。我们可怜她。谁有吃的，就给她一点。有人给她一件裙子，有人给她一块头巾，把她打扮起来。好吧……我们接着赶路。在一个小站，一名军人打开车厢门。押送我们的不是布尔什维克，而是军人，是士兵。

"姐妹们，你们过得怎么样啊？"那军人问。

"都很好。谢天谢地！"

"有人需要点什么吗？有人生病吗？"

"没有。我们熬得过去！"

那个女无赖却说：

"首长公民，修女们祷告上帝。她们还唱歌！"

那军人说：

"这很好啊！你也和她们一起唱吧。她们就是因此坐牢的。让她们为自己祷告吧。"

我们继续赶路。每节车厢里都有士兵负责押送。我们坐在车厢里，看守站在车厢顶上。那里很冷。他一直走来走去，踩得车顶砰砰响。我们很可怜他！"主啊，我们这里很暖和，他却在那边受冻，守着我们！"

等火车开动，那士兵就来敲我们的车门：

"唉，姐妹们！唱一段《贵妇人》吧！"

我们就唱起《主啊，祝福我的灵魂吧》。我们在车厢做日祷。只要我们的车一开，他就会敲门，虽然他不知道歌名是什么，他对我们说：

"唱一段《贵妇人》吧，别怕！"

是啊……主啊，善人是有的。什么人都有……

后来，我们这些修女被送到孤儿院。孤儿院设在监狱里。孩子们的妈妈都被关进劳改营。不能让那些无赖去照看孩子。她们会杀掉孩子，然后逃走。因此才把修女们押到这里。

我们在这里感到很舒服！复活节的时候，我们在十二点钟安排孩子们睡下，然后我们集中到一个地方……那地方叫……我忘了……我说不上来……叫陈列馆！孩子们白天在陈列馆玩耍。我们聚在那里，轻声地唱歌："你的复活，基督救主……"或是"基督复活了"。我们轻声地唱……

孤儿院的护士和院长有次听见了。"哪儿传来的歌声啊？就像是天使在唱！"她们走进来，撞见了我们。

"是你们在唱呀？"

我们吓坏了！院长是个犹太人。她什么话也没对任何人讲。

"唱吧，但声音轻点。"

我们还给孩子们施洗！哦，上帝，宽恕我们，应该把这些讲给神父们听……给孩子们洗澡时，就给他们施洗。是诵读"我信仰"，还是其他祷告，我忘了。四个孩子一起洗礼。有些孩子病得厉害，就单个洗礼，要不会传染的。

就这样。那儿死了多少孩子啊！……太多了……

就是在孤儿院，我们被释放了。

唉，我的上帝啊，我们什么活儿没做过啊！生活中什么事儿没遇见啊！纺过棉花，织过布，带过孩子！修女！……

唉，大牢对谁都不会客气的！俗话说："没坐过牢的会去坐牢，坐过牢的忘不了大牢。"如今还有很多苦要吃……上帝，救救我！圣母啊！……我对你们说得太多了！……

婆婆与我们道别，送我们出门，她揭开头巾，从内衣领口处取出一个木质小十字架。

"我一直藏着它！它从来没丢过。这十字架是在大牢里做的……瞧，木头做的。我原原本本给你们说了……要是说得不好，你们别怪罪！……你们要是被关上七十年，你们就会明白了，不是吗？我们坐的是苏维埃政权的大牢。是大牢！我不知道往后会怎么样……往哪里走？我听一个人说，我不说他是谁，他说："愚昧的王国结束了！"

在婆婆家做客

数年过去。一年冬天，新获神父封号的我前往刚开始复建的基维耶沃修道院。在修道院办完事，我急忙赶往森林街去见弗罗霞婆婆。可熟悉小屋前的院门上挂着一副大锁。我感到奇怪。婆婆通常不出门，她当时已年满九十二岁。

我卷起教袍的下摆，跳过栅栏。我敲门，婆婆应声回答，她说她如今常被反锁在家，连钥匙也不给她，因为访客太多，从早到晚络绎不绝。

可我们很想见面。婆婆打开窗户，我像罗密欧那样钻进屋子。

"吉洪！我知道你现在做了神父！"这是婆婆对我说的第一句话，"你快来听我忏悔吧，要不我就没机会在你们这些人间神父面前忏悔了。"

忏悔之后，婆婆让我坐到桌边，开始忙乎。她煎鸡蛋，烤土豆。突然，她从桌子底下掏出一瓶白酒。我们交往近十年，我甚至想象不出她会去碰葡萄酒，而这可是一瓶高度白酒！

"怎么？"看到我的惊讶神情，她问道，"我先前不想让你难堪，怕你上瘾。现在你长大了，做了神父，不会怪我的。我们这些老人，有时喝点酒是为了活活血。"

她给自己斟了三十来克酒，让我与她干杯，然后心满意足地把那杯未经稀释的酒一饮而尽。这让我大为震惊，但这也让我多少窥见了这位伟大修女生活的另一面，这样的生活很难用寻常的"算术"法则来衡量。

蜡烛

在秘藏的箱子里，在圣谢拉菲姆的其他遗物中间，修女们珍藏着一小支蜡烛。当弗罗霞婆婆拿出圣物让朝圣者膜拜时，这支蜡烛通常被放在一旁，无人注意到它。我有一次问婆婆，这支蜡烛有何独特之处。她给我讲了这个故事。

修女们自圣谢拉菲姆时代开始保存这支蜡烛。谢拉菲姆神父临死前把这支蜡烛交给她们，并说："你们当中有一位会举着这支蜡烛迎接我的遗体，我会被抬回基维耶沃安葬。我的遗骨不能躺在萨罗夫，我要和你们在一起，要回基维耶沃。"

圣谢拉菲姆1833年去世后葬于萨罗夫修道院。人们缅怀他，成千上万的朝拜者从俄国各地来到萨罗夫修道院。1903年，圣谢拉菲姆被封为圣徒，他的遗骨被置入萨罗夫修道院圣三一大教堂中一副精美的圣棺。东正教徒们自然知晓圣谢拉菲姆的预言，即他的遗骨将回到基维耶沃，可这预言却显得语焉不详，尤其在革命之后，连遗骨都认为已被焚毁，因此，这预言更像是纯粹的象征之语。

弗罗霞婆婆还说，1927年，在基维耶沃修道院被关闭的前夜，圣女玛丽娅·伊万诺夫娜最后一次召集基维耶沃众修女，她拿起圣谢拉菲姆留下的那支珍贵蜡烛，在众人面前点燃它。之后她道出预言，要当天在场所有修女中将来活得最久的人，定要代表所有修女，那些已故的、受难的、遇害的、却依然忠于上帝的修女，迎接圣谢拉菲姆的遗骨返回基维耶沃，手里就拿着这支蜡烛。

弗罗霞婆婆给我讲这故事时，大约尚有十位基维耶沃女修士健在。一年年过去，她们的人数越来越少。可她们依然神圣地坚信，圣谢拉菲姆的预言一定会应验。最后，在革命前近千名基维耶沃女修士中只剩下弗罗霞婆婆一人。

1990年，曾被认为已经失踪的圣谢拉菲姆·萨罗夫斯基的遗骨在列宁格勒被发现。一年后,圣谢拉菲姆的遗骨被运回基维耶沃,仪式十分隆重,十字架游行横贯俄国。萨罗夫当时尚无一座正式恢复礼拜的教堂,基维耶沃修道院则已恢复原样。

当以阿列克西牧首为首的主教们在成千上万民众的簇拥下将圣谢拉菲姆的遗骨抬进基维耶沃教堂,弗罗霞婆婆,亦即玛格丽特修女,就手持一支燃烧的蜡烛立于门口。

弗罗霞婆婆逝于1997年2月9日,在俄国新受难者和忏悔者纪念日。她本人就是一位忏悔者和新受难者。与约翰神父(克列斯奇扬金)一样,后者十年后亦逝于这一节日。

在受洗节天下之水皆圣洁

（一则可编入未来《训诫集》的故事）

有人问一位著名俄国神父，他如何能在多年囚禁中坚持做礼拜。长老回答：
"许多神父都能背诵礼拜文本。面包不难找到，虽说有时不是小麦面包。葡萄酒要用浆果汁代替。至于举行仪式的供桌，按教会规矩那里应该放置受难基督徒的部分遗骨，我们就在我们的弟兄、被关押的神父中选一位身材最高大的人。他裸露上身躺下，我们就用他的胸口当供桌，完成礼拜。在劳改营里大家都是受难者和忏悔者，都随时准备为基督而死。"

"神父，您如何在受洗节让清水变成圣水呢？如果说经常做礼拜就能记得住词的话，那么受洗节的祷告一年才说一次，祷告词又很长。"

"我们不需要记住这些祷告词。要知道，只要天下任何一个地方的东正教堂里举行了大圣水仪式，由于神圣教会的祈祷，天下之水都会变成受洗的圣水。这一天，我们可以从任何一眼泉水取水，所取的水都不会腐败，都是神赐之水，受洗之水，多年不会变质。"

反宗教宣传的专家们不久前曾断言，受洗之水之所以多年不变质，是因为神父们偷偷在杯中放入银锭、银币和十字架。针对此说，教会中的机智人士编出这样一则谜语："如果圣水仪式在伏尔加中游的一个截面举行，此处河面宽一公里，水深七米，水的流速是每小时五公里，神父用来使水变成圣水的工具是一个木头十字架，因为教堂太穷，请问一升受洗之水中含有多少银离子？"

阿瓦库姆神父和普斯科夫州委全权代表

一年夏天，古老洞穴修道院里的一位老人、守门人阿瓦库姆修士在晚祷后的餐厅宣布，他决定再也不放不信东正教的人走进修道院。够了！浓妆艳抹的观光小姐挽着不信神男人的胳膊在修道院里闲逛，隔老远就能闻见那些男人满身的烟草味，还有共产党员和浸礼会教徒，还有新出现的教会再合一主义者，还有穆斯林搂着不信神的犹太佬。这一切应该结束了！

弟兄们没太在意这位老人的唠叨，但有人问道：

"你怎么区分谁是东正教徒，谁又不是呢？"

阿瓦库姆陷入深思。但没想太久。

"谁能背信条，我就放谁进来！不会背的，你就在门外转悠吧，修道院里没你什么事！"

众人对他的话付之一笑，然后便抛到脑后。可次日早晨，当修士们在礼拜之后分头去干活时，却惊讶地发现修道院里不似往常，没几个人影。几位虔敬的朝圣者在修道院漫步，对着教堂画十字。一些熟悉的妇人走过来接受祝福。背着包袱的香客在礼拜后坐下休息。一位圣愚围着水井转圈跑。往常那些令人厌烦、成群结队的旅游者不见踪影。简直就像是古代的神圣罗斯！显然，阿瓦库姆神父真的耍起脾气，兑现了诺言。

果真如此。一大早起，阿瓦库姆神父接班把守正门后，便要求每位进门者背诵九世纪前两次大公会议神父们制定的信条。这一要求很简单：任何一位入会的东正教徒都能准确背诵这段文字。

从早晨五点半到十点，每位走进修道院大门的人均没有在背诵信条方面遇到问题。十点之后，从普斯科夫开来第一辆旅游大巴。不言而喻，这些苏维埃旅游者中无一人能够通过阿瓦库姆的考试。他们只会站在关得紧紧的大门前咒骂、恐吓。可对于在布达佩斯城下结束战争的老兵阿瓦库姆神父而言，这些恐吓简直显得可笑。

又驶来一辆大巴。外国游客接着赶来……到正午时分，修道院门前聚起一大群躁动不安的人。普斯科夫州委宗教事务全权代表尼古拉·亚历山大罗维奇·尤金前来院长神父处午餐，此人是普斯科夫州整个宗教生活的主要监督者，他透过他那辆黑色伏尔加轿车的车窗看到了那群人。

在修道院，全权代表的姓氏被大家根据谐音有意叫成"犹大"。这并非因为这位全权代表比谁都坏。任何一位宗教生活监督者都自然会成为教会所遭受的外部奴役之象征。公正地说，尼古拉·亚历山大罗维奇是个相当善良的人，他在机关工作多年，却未因过剩的权力而变得冷酷无情。不过，他也是个说一不二的主人，主宰着归他领导的所有神职人员的命运。他可独自决定剥夺任何一位神父所谓的"注册"权，使后者无权在教堂继续待下去。这只是一桩不足挂齿的小事。一位神父若引起这位全权代表不快，最后或许会不知不觉地遭遇一大堆麻烦，这位克格勃干部有可能据此作出判断，将某人视为会危害到苏维埃制度的危险分子。因此，修道院的所有负责人，包括普通神父，一听到召唤便会立时跑进这位全权代表的办公室，丝毫不敢怠慢。

只有院长加夫里尔大司祭是个例外。加夫里尔大司祭是唯一一位，有什么问题要解决，尤金会自己去找加夫里尔大司祭。为什么会这样？我想，可能是院长有意为之。还有一点，加夫里尔神父是位强硬独立的院长。他很执着，如若作出决定，便不达目的誓不罢休。

是的，也有人恶毒地假设，全权代表尤金来修道院是接受"训话"的，因为院长的军衔更高。可这只是毒舌诬陷。虽说众所周知，当年的修道院院长们无法不与国家政权的代表们打交道。

眼见自己的"领地"发生混乱，尼古拉·亚历山大罗维奇·尤金立马走出汽车。他迅速弄清情况，果断地穿过人群走近大门，挥拳擂向包着铁皮的古老的橡木大门。

"谁在那边？！马上开门！"

"请背信条！"门后传来阿瓦库姆修士威风凛凛的声音。

"什么？！"全权代表不相信自己的耳朵，"还要什么信条？开门，跟你说话呢！"

"请背信条！"那边传来的还是这个不屈不挠的声音。

尼古拉·亚历山大罗维奇愤怒得喘不过气来。

"你是谁？！你胆大包天啊？我是全权代表！我是尤金！马上开门，要不你会后悔的！！！"

"请背信条！"

这场声调高昂的对话持续了十来分钟。

最终，全权代表看看手表，让步了：

"开门，我求你了！我要去见你们院长，已经迟到整整一刻钟了。你想想，他见了我会怎么说？"

门后一阵沉默。看来，阿瓦库姆神父显然在活灵活现地设想，这个不幸的家伙会遭遇什么场景。

"是啊，不会向你问好的……"他善解人意地叹了一口气。不过，他立马又毫不让步地重复了一句："请背信条！"

"我哪知道你们的信条！"全权代表央求道，"到底怎么说的？"

阿瓦库姆神父又陷入沉思，最终他作出决定：

"好吧，就这样吧。你跟我读。"

门口传来信条中那古老庄严的话语。

"我信奉！"阿瓦库姆说。

"我信奉……"全权代表担心地环顾旅游者，说道。

"唯一的圣父！……"阿瓦库姆庄严地继续。

"唯一的圣父……"尤金不得不重复。

“主宰！”

“主宰……”

“天和地的造主！”

“天和地的造主……”

普斯科夫州宗教事务委员会全权代表当众道出大祷告中的最后一句，即“我相信复活和永生。阿门！”在此之后，大门才敞开一道缝，让这位官员进了修道院。

全权代表狠狠盯了他这位判官一眼，咬牙切齿地臭骂一通，然后冲向院长住处，院长神父已在那里等他，神情相当不悦。

“您是怎么回事，尼古拉·亚历山大罗维奇，这么晚？我已经等了您半小时！”院长不满地责备客人。

“您还问我？！”全权代表发起攻击，“您这里怎么搞的！派个精神病去看门。谁都不让进，要让大家背什么信条！大巴、游客都挤在外面的广场上！还有外国人！您想想会闹出什么丑闻来！”

院长这下也慌了，他赶忙派管事神父去了解情况，恢复秩序，阿瓦库姆则立时被唤至院长办公室接受审讯。

当阿瓦库姆走进礼拜大厅，在院长的百般安抚下，借助丰盛的饭菜和法国白兰地，全权代表的火气已有所消退。

看见这位守门人，院长愤怒地从椅子上站起身来。

“你都干了什么？！你未经祝福，就要擅自在修道院实行你的规矩？！”

擅自做主，这对于修士来说确系重罪。院长神父所言没错。阿瓦库姆也立时意识到自己的罪过。他上前一步，扑倒在加夫里尔神父脚下。

“我有罪！请你原谅，院长神父！”

“走开，你这个擅自妄为的家伙！”院长冲阿瓦库姆喊道，甚至用靴子轻轻踹了他一下。

全权代表洋洋得意，面带复仇的快感。在他走后，院长再次唤来阿瓦库姆。

阿瓦库姆进屋后立即跪下。

可院长神父叫来阿瓦库姆，却并非为了责骂他。

"好了，你是好样的！喂，拿去吧！"加夫里尔神父温和地说道，递给阿瓦库姆一瓶拿破仑牌白兰地。

当晚，阿瓦库姆与几位当过兵的老修士心满意足地品尝了著名院长的白兰地的滋味。

黑毛犬

　　或许，在为一套住宅或一幢楼祝圣时会发生有趣的重大事件？但在简单的礼拜中，人们也会站在上帝面前，哪怕仅有片刻。对于暂时远离教会的人而言这已足够，能让他偶尔之间突然看到他从未目睹的壮观地平线。

　　在每个人的生活中，一次或数次，定会发生一些自唯理论角度无论如何均难以解释的事件。不过，如若你愿自欺欺人，便可将此类事件视为不可思议的巧合甚或病态的幻想。不错，如若这些难以想象的事件另有其他见证人，事情便会变得复杂起来。此时另有一种可能，即把这一切视为集体的杜撰和幻象。

　　然而，无论我们如何竭尽全力，对我们神秘的个人精神体验加以解释，试图遗忘，或采取更好的办法，即予以嘲笑，我们依然永远无法彻底解放我们的记忆，让它摆脱猛烈闯入我们日常存在的另一种真实。

　　接下来，无论我们是对发生的一切进行思考，还是假设这一切从未发生，均已在我们的掌控之中。只是人的灵魂在我们死后会离开肉体，面对新的世界，它不会因其一无所知而责备任何人。它不会像小学生那样抱怨："不是我们做的！他们不让我们做！"是我们做的，他们让我们做了。每个人均会以不同的方式获得对所发生一切的解释。

　　不过，此类事件尽管意义重大，却又往往颇具讽刺性，甚或可笑。

　　九十年代，许多人都爱嘲笑那些非教会人士，他们神情严肃地参加东正教堂的礼拜，他们很专注，可画起十字来却有些笨拙，他们的鞠躬也不是时候，对仪式过程显然知之甚少。

　　对于那些邀请神父去祝圣他们住宅的人，人们更多嘲笑。"赶时髦！"爱开玩笑的人冲那些人冷言冷语。

说实话，我始终乐见这些"蜡烛台"（这是嘲讽者们给这些人起的绰号）。我为他们感到高兴，因为他们尽管动作笨拙，却心怀忠诚和谦卑地站在上帝面前。一切均会留下痕迹，最外行的祷告者也一定能获得上帝特殊的精神赐予，获得他独有的发现，而此类发现是那些嘲笑者在梦中也难以见到的。

我有一位好友叫奥列格·亚历山大罗维奇·尼基金，他早在苏联时期便是一位功勋力能学家。九十年代，他掌管一家大型企业，该企业负责自远东至加里林格勒输电线的运营和维修。奥列格·亚历山大罗维奇和他的同事们都很风趣，但对教会生活，委婉地说，还不甚了解。他们是典型的苏联学者和老式的产业经理。但他们也开始经常来教堂。

做礼拜时，这些同志像木桩一般站在那儿。的确像"蜡烛台"。他们满脸通红，浑身是汗，却不屈不饶，坚持做完一个半小时的礼拜对他们而言不啻真正的壮举。

奥格列·亚历山大罗维奇曾对朋友们说，他要邀请大家去看他的新居，这套不大的别墅位于卡卢加州，他已建设多年，目的是接待客人。他还请我去给新居祝圣。祝圣仪式后朋友们聚餐。我给尼基金一家带去的礼物是一座老式茶炊，以及一瓶喝茶时吃的农家果酱。

应该说，当时我们大多数同胞脑海里的宗教意识都很混乱。从最顽固的无神论直到相信报纸上的占星术，相信有外星人。奥列格·亚历山大罗维奇的女儿叶莲娜是个很有教养的漂亮姑娘，可连她也迷恋实用魔术。在数十年的国家无神论之后出现这一情况，丝毫不令人奇怪。（虽说在革命前的俄国我们其实也不乏此类学说。）

我来到奥列格·亚历山大罗维奇的别墅时，率先出来迎接我的是一只矮脚黑毛犬。我很喜欢狗，可这条狗的凶狠却让我大吃一惊。黑毛犬疯狂大叫，朝我冲过来，想咬我的腿，它撕破了教袍，我只能拿脚踢它。主人对这只小狗的表现大惑不解，奥列格·亚历山大罗维奇的女儿赶紧抱住小狗。

我担心地看了一眼叶莲娜怀中的小狗，它龇牙咧嘴，还想扑过来。我赶紧对主人说，在我们给房间祝圣时，家里不能有狗。这并非因为我一开始就不喜欢这只矮脚恶犬。教会章程中的确有此规定，我向主人通报了这一规定。

"奇怪的规定。"叶莲娜委屈地说。

这只暴躁的狗是她的宠物。

"狗被视为不洁动物。"我郁闷地解释。

叶莲娜更生气了。

"那猫呢？猫也是不洁动物吗？"

"不是。只有狗才是。狗和猪。"

我当然是在气头上添加这句话的。猪早已被视为不洁之物，自《旧约》时起，可如今许多东正教徒也心满意足地食用猪肉。不过这只被宠坏的卷毛狗已惹恼了我。

"猪？！"叶莲娜喊起来，"您怎能做这样的类比呢！"

奥列格·亚历山大罗维奇的夫人也支持女儿的意见。

"那么，在您祝圣之后家里就不能养狗了吗？"她问。

"不！可教会视狗为不洁动物也自有其理由。这些规矩不是我们定的，也不该我们来废除。这绝不是说你们要赶走你们的狗。但是至少，为房子祝圣时它不能在场。在举行仪式时，应该找个地方把它拴紧。"

"那您至少也该解释一下，你们教会为什么认为狗是不洁的呢？"叶莲娜不依不饶，"怎么鉴定的呢？其他教义中可没这一条。这不过是偶然的杜撰。"

"没有任何东西是偶然的，"我答道，"至于其他教义……您想过没有，叶莲娜，比如用您入迷的神秘论来解释，为什么你们家里养的恰好是条黑毛犬呢？"

"这有什么可奇怪的呢？"

"可靡菲斯特在浮士德面前现身时恰好也化身为一条黑毛犬。"

"对不起，是谁现身？靡菲斯特？"

"就是他。就是歌德悲剧《浮士德》中的魔鬼。歌德改编了一个古老的西方传说。当浮士德决定与魔鬼签订合约时，靡菲斯特化身为黑毛犬来他家做客。"

"您真的在谈靡菲斯特？在我们这个时代？"

"对于那些轻率迷恋恶劣神秘把戏的人来说，靡菲斯特在我们这个时代、在任何一个时代都是真实存在的。事实上，这些游戏十分危险。靡菲斯特残酷无情，会引诱那些轻信他的人上钩。你们家跑来一条黑毛犬，这其中自有原因。"

"它不是跑来的。是我自己在莫斯科良犬俱乐部买来的。"

"当然。可您没买狮子狗，没买玩具犬，也没买白色矮脚犬，而买了这条黑色矮脚犬！"

客人们聚在周围，兴致勃勃地听我们争论。

叶莲娜笑了起来。

"神父，您是在开玩笑！靡菲斯特与这有什么相干？就因为您是一位东正教神父，您不喜欢别人以您不明白的其他特殊方式研究精神世界的秘密。您现在又来怪罪我的狗。它刚才差点儿咬了您，您大约吓着了，于是就跟我们说起魔鬼，说起地狱和油锅。您还要拿靡菲斯特来吓人！"

与一个姑娘争论可不轻松。奥列格·亚历山大罗维奇此时出面帮我。他把那条汪汪叫的狗夹在腋下，送到干草棚。而我内心带着几分疑惑，开始准备祝圣仪式。谢天谢地，屋里没有任何异教形象、图画和象征。否则，又得像刚才那样，苦口婆心地劝主人自墙上摘下来。

客人与主人一同参加祝圣仪式。仪式结束后，众人皆感觉屋里发生了某种难以察觉的变化。做完此类圣事后总是如此。我和叶莲娜相互对视，怒气已有所缓解。最后，众人为奥列格·亚历山大罗维奇和他全家唱长命百岁歌，虽不太整齐，但声音很大。

住在隔壁的一位力能专家邀请我也为他家做一次祝圣。我自然不会拒绝，奥列格·亚历山大罗维奇只是要我们抓紧时间，因为欢庆宴会很快就将开始。

出门来到院子，我遇见了一位迟到的客人。他身后的司机正吃力地扛着一件用白布包裹的大型礼品。

我用四十分钟左右的时间做完了另一场祝圣仪式，返回奥列格·亚历山大罗维奇家就餐。可刚走进客厅，我便看到一幅奇特场景：客人们满脸惊恐，面色煞白，默不作声地站在那里。而尼基金家三人，奥列格·亚历山大罗维奇、加琳娜·德米特里耶夫娜和叶莲娜，更是惊慌失措。

我脑中闪过的第一个念头是，祝圣时点燃的蜡烛引燃什么东西，发生了一场小火灾。我慌忙四处打量，搜寻火灾痕迹，却突然在墙角看见了……靡菲斯特！是的，是的，真真切切的靡菲斯特，一座黑色铸铁塑像，有半人高。靡菲斯特被塑造成一位西班牙王公，他手持宝剑，嘴角带有淡淡的嘲讽。雕塑的旁边，坐着那条黑毛犬。它得意地用身体蹭着冰凉的铸铁。我浑身像是起了一层鸡皮疙瘩。

"这是什么？！"我恐惧地小声问道，忆起刚才那场谈话。

从在场者的神情看，他们也同样没有忘记那场交谈的主题。

原来，我出门后遇见的那位迟到的客人名叫列昂尼德·弗拉基米罗维奇·马卡列维奇，他是莫斯科庞大的电力厂的厂长，为了庆贺主人乔迁之喜，他带来这件贵重的雕塑作品，由著名的卡斯利浇铸厂出品。它被用白布包裹，由跟在来客身后的司机搬进屋子。

当列昂尼德·弗拉基米罗维奇洋洋得意地从自己精美的礼物上揭下蒙布，所有人均呆若木鸡。此时已被松开的黑毛犬突然走近雕塑，嗅了一番，然后坐在雕塑旁，此时，客人们的惊诧和恐惧愈加强烈。这狗还像猫一样，开始用身子亲热地蹭雕像。当我走进客厅，所见正是这一场景。只有马卡列维奇大惑不解，一遍遍地问：

"喂，你们给解释一下啊，到底出了什么事？"

大家七嘴八舌，我们对列昂尼德·弗拉基米罗维奇讲了这个奇怪的故事。起先他尚有疑惑，以为大家是在耍他，但最终还是信了我们，因为我们神情激动，一脸真诚。黑毛犬的行为看上去也很怪异。

奥列格·亚历山大罗维奇和他全家人在向列昂尼德·弗拉基米罗维奇表示歉意之后，求我把这尊雕塑带走，随便带到什么地方去。

马卡列维奇无力地试图表示反对：

"听着，同志们！这只是巧合啊！"

"是啊，当然是巧合！"奥列格·亚历山大罗维奇情绪热烈地表示同意，他转向我，再次请求道，"吉洪神父，我请求你，请立即把它拉走。"

马卡列维奇只得摊开双手。

我们将雕像放进我汽车的后备箱。大家的情绪立时好转，我们坐下就餐。

回到家，我完全忘了雕塑，一连两天拉着它在莫斯科跑。我最终想起后备箱里的这件东西，便与我的朋友阿纳斯塔西一同，在夜间将靡菲斯特铸铁像运至亚乌扎河边，沉入河底。

这个故事自然很荒诞。这完全是某种奇怪的巧合。可在此事之后，叶莲娜却抛弃了对其他教义的迷恋。奥列格·亚历山大罗维奇决定定期去教堂。虽说他总是按照只有他一人所知的日历确定去教堂的日子，他固执已见地仅在喀山圣母像节前往教堂。不过这已是另一个故事，我们之后再讲。

一位基督徒之死

对于一位神父而言，他的礼拜就是要揭开某种无人能够知晓的东西。我在此处并非指庄严礼拜，在神座前举行的圣餐仪式难以用任何语言加以描绘。但除礼拜外，也有一些特殊场合能使人认知我们的世界和人，其他人则不可能获得此类认知。

在一位基督徒尘世生活的最后时刻，医生和神父往往在场。但是，只有神父才是最后忏悔的唯一见证人。这并非指濒死的人究竟作出何种忏悔，因为人们的罪孽通常大同小异。但神父可能成为见证人，并往往成为参与者，他所见证和参与的是我们世界上最惊人、最神秘、最壮丽的事件，即揭示上帝关于人的天意的秘密。

基督的话自古代一直流传至今："我在你们身上的寻见即我的审判。"信教的人自古保持这一信仰，即一个人若能在临终前接受圣餐，他的灵魂便能很快飞向上帝，躲过一切死后的考验。

我时常感到惊讶，为何某些人（此类人不少）一生坚持去教堂，甚至成为修士、神父甚或主教，在死去之前却未接受圣餐仪式。另一些人从不去教堂，一辈子均为所谓不信教的人，在生命的最后关头却体现出最深刻的信仰和忏悔，而且还出乎意料地获得主赏赐的圣餐。

我曾向拉法伊尔神父（奥戈罗德尼科夫）提出这一问题。他一声叹息，说道：

"是啊，临死前接受圣餐！……这是可遇不可求的！我想，一个人如果终生都没入会，但在最后一刻忏悔了，还接受了圣餐，主给他这个机会，一定因为他有某种隐在的美德，比如仁慈。"

拉法伊尔神父想了想，自己又作了修正：

"我们说得也许不对。哪有人能明白神的意志呢？您记得先知以赛亚的话吗？'耶和华说：我的意念非同你们的意念，我的道路非同你们的道路。'我们有时对不信教的人谴责得太厉害了！其实我们一无所知！……"

1994年秋，我的大学同学德米特里·塔兰金来到奉献节修道院。我们已多年未见。德米特里带来一个不幸消息：学院的教授、伟大的演员和导演谢尔盖·费奥多罗维奇·邦达丘克生命垂危。德米特里找到我，要我去给来日无多的邦达丘克安排忏悔和圣餐仪式。邦达丘克是塔兰金一家的好友。

从还在上大学时起，我一直没见过谢尔盖·费奥多罗维奇，但我知道他近年生活艰难，因为这位杰出艺术家受到其电影厂同行们的恶毒围攻。谢尔盖·费奥多罗维奇坚韧地挺过一切。邦达丘克不仅是一位才华横溢的天才，也是一个非常强大勇敢的人。但是，他的健康却每况愈下。

至于谢尔盖·费奥多罗维奇的精神生活，自幼受洗的他成长、生活在无神论的社会环境中，在暮年他主动试图认知上帝。可他并未在教会寻求信仰，而沉湎于列夫·尼古拉耶维奇·托尔斯泰的宗教著作，他崇拜托尔斯泰的天赋。众所周知，托尔斯泰在十九世纪末曾向世人推出他自己创建的宗教。数代俄国知识分子均曾受到托尔斯泰主义的诱惑。一些人对其偶像托尔斯泰的态度，有时近似真正的宗教崇拜。

德米特里告诉我，谢尔盖·费奥多罗维奇最近数周不仅忍受身体痛苦，还遭受十分严重的精神折磨。他眼前会清晰呈现出一些形象，他们是早已死去的熟人，即著名的演员和艺术家同行。可如今他们全都面目全非，相貌恐怖，他们折磨着这位病人，白天黑夜不让他安宁。医生试图帮他解决问题，可是无济于事。饱受噩梦折磨的谢尔盖·费奥多罗维奇试图在托尔斯泰的宗教中寻求护卫。可那些闯入他意识的怪人仍在嘲弄他，更厉害地折磨他。

次日早晨，我来到邦达丘克家，谢尔盖·费奥多罗维奇的夫人伊琳娜·康斯坦丁诺夫娜·斯科勃采娃和他们的子女阿列娜和费佳在门口迎接我。屋里笼罩着一片悲伤的昏暗。这里的一切似乎充满苦难——垂危者的苦难以及他的亲人们的苦难。

谢尔盖·费奥多罗维奇躺在宽大的房间里，窗户被窗帘捂得严严实实。疾病让他容颜巨变。床铺对面悬挂着一幅精美的托尔斯泰巨幅画像，他抬眼便能看到。

向谢尔盖·费奥多罗维奇问好后，我坐到他床前，一开始只能对他说，我们电影学院各个系的毕业生都会心怀感激地回忆起与他的见面。谢尔盖·费奥多罗维奇握了握我的手，表示感谢。这使我信心大增，转而直言我此行的主要目的。

我说，我来到这里是为了向他说明一个宝贵的知识，教会保存这个知识，并代代相传下来。基督教会不仅相信，而且知道，肉体的死亡绝非我们的存在之终结，而是人将要获得的新生活之开端。这新生活是无限的，是由上帝的化身耶稣基督揭示给人的。我谈到那令人赞叹的美丽世界，无限善良、永远光明的世界，救主会将每一位衷心信仰他的人领入那个世界。我还谈到，应该做好准备，迎接死亡和步入新生活这一伟大事件。

至于那些残忍折磨病人的可怕梦魇，我试图简明扼要地叙述教会关于堕落灵魂对我们施加影响的学说和经验。当代人很难接受这一话题。可谢尔盖·费奥多罗维奇依据其亲身经历感受到了这些残忍精灵在我们世界的存在，他听得十分专注。在死亡的前厅，当一个人接近此世和彼世的分界处，两个世界间那层先前不为人所知的精神帷幕就会变得透明。人便会突然看清对他而言的新现实。最大的震撼往往在于，眼前呈现出的这一现实大多是激烈的、恐怖的。远离教会的人不知道，由于未作忏悔的罪孽和欲望，人会遭遇那些在东正教里被称作魔鬼的精灵。他们会恐吓濒死者，以濒死者熟人的面貌现身。他们的目的即让此人害怕、慌乱和恐惧，陷入极端绝望，让灵魂在另一个世界处于无望和绝望的痛苦状态，失去对上帝的信仰，失去救赎的希望。

谢尔盖·费奥多罗维奇听着这一切，面露激动之情。显而易见，许多问题他本已明白，本已意识到。待我讲完，谢尔盖·费奥多罗维奇说，他全心全意地希望做忏悔并接受圣餐。

在与他单独相对之前，我还有两件重要的事要做。第一件事并不难做。我和阿列娜打开沉重的窗帘。灿烂的阳光涌进房间。之后我将谢尔盖·费奥多罗维奇的家人叫到门外待上片刻，我尽我所能地向他们解释，亲人们无济于事的悲伤和绝望反而会加重濒死者的精神痛苦。亲人步入另一种生活，这当然是件悲伤的事，却绝对不应是绝望的理由。死亡不仅是我们因失去亲人而感到的悲伤，对于基督徒而言，死亡还是一个伟大节日，他由此步入永恒的生活。大家要竭尽全力帮助他迎接这一最伟大的事件！因此，别在他面前表现出悲伤和绝望。我请伊琳娜·康斯坦丁诺夫娜和阿列娜准备饭菜，请费佳找出家中最好的酒水。

我回到谢尔盖·费奥多罗维奇身边，告诉他我们立即开始准备忏悔和圣餐仪式。

"可我还不知道该怎么做。"邦达丘克信赖地说。

"我来帮您。不过，您信仰上帝和我们的救主耶稣基督吗？"

"信，我信！我信仰他！"谢尔盖·费奥多罗维奇由衷地说道。

之后，他想起什么，有些迟疑地说：

"不过我……我一直在求助于托尔斯泰……"

"谢尔盖·费奥多罗维奇！"我激动地说，"托尔斯泰是个杰出、伟大的作家！可他永远无法帮您驱除这些可怕的噩梦。只有主才能赶走它们！"

邦达丘克点了点头。

该准备圣餐仪式了，可病人对面的墙上依然挂着他崇拜的那位天才的肖像，就像一幅圣像。只能把圣餐仪式要用的圣杯摆到作家肖像画下的橱柜上。这让人觉得不可思议！托尔斯泰生前不仅不相信教会的圣礼，还多年有意加以刻薄嘲讽。对圣餐仪式，他更是横加指责。邦达丘克对此心知肚明，不亚于我。经他允许，我将托尔斯泰的画像搬至客厅，这便是我必须完成的第二件事。

邦达丘克家里有一幅救主圣像，圣像上的银质衣饰已有些暗淡。我和费佳把圣像放到病人对面，谢尔盖·费奥多罗维奇终于把一切陈腐的、暂时的念想抛到脑后，完成了主的神意在数十年之后引导他做的事。邦达丘克在上帝面前做了十分深刻、真诚勇敢的忏悔。之后，全家人走进房间，谢尔盖·费奥多罗维奇在遥远的童年之后首次接受了圣餐。

他在仪式中的神情让大家深感震惊。就连他脸上始终带有的痛苦表情，如今也消散殆尽。

做完主要的事，我们把丰盛的餐桌摆在病人床前。费佳给大家斟了一点红葡萄酒和父亲珍藏的白兰地。我们欢庆这个平静欢乐的真正节日，庆贺谢尔盖·费奥多罗维奇的首次圣餐，送他走向他即将踏上的隐秘的"通天大路"。

我在告别前又与谢尔盖·费奥多罗维奇独处片刻。我将最简单的耶稣祷告词抄在一张纸上，摆在他面前："我主耶稣基督，圣子啊，请宽恕我的罪孽。"谢尔盖·费奥多罗维奇对祷告词一无所知。他自然也记不住更复杂的祷告，也没有必要记。之后我摘下自己手上的念珠，教谢尔盖·费奥多罗维奇如何持念珠祷告。

我们相互道别。

几天过后，阿列娜·邦达丘克给我打来电话，说她父亲的情况变化很大。可怕的噩梦不再纠缠他。他平静下来，显然试图摆脱这个世界。阿列娜说，她常常看到父亲躺在那里，久久注视救主圣像，或闭上眼睛，边拨动念珠边小声祷告。有时他将念珠串上的十字架贴近双唇。这表明，肉体的痛苦令他难以忍受。

又过了一星期。一天早晨，我应莫斯科州立医院神经外科主任之邀去给手术室和康复室做祝圣仪式。季马·塔兰金和费佳·邦达丘克在这里找到我。原来，谢尔盖·费奥多罗维奇病情恶化，被送进中央医院，医生说随时可能出现不测。我随身带着为病人做圣餐仪式的圣杯，我们急忙赶往中央医院。

谢尔盖·费奥多罗维奇十分痛苦。当我走到他身边，他仅眨眨眼，表示认出了我。他手里攥着念珠。我问他要否举行圣餐仪式。谢尔盖·费奥多罗维奇微微点头。他已无法说话。我为他诵读赦免祷告，举行圣餐仪式。之后，我和他的家人跪在他的床边，送他的灵魂升天。

教会有一段特殊祷告，名叫《当一个人长久地痛苦》。如若一个人的灵魂久久不愿告别肉体，持续地痛苦，当一个愿意死去的人无法死去，人们就诵读这段祷告。

看到病人的状况，我便在他耳边诵读这段祷告。通过这段祷告，教会将自己的孩子交到神的手中，求神让他摆脱苦难和有限的生命。在最后一次给谢尔盖·费奥多罗维奇画了十字后，我们与他告别。我和季马·塔兰金离开医院病房，让濒危的病人与他的亲人们在一起。

死前的痛苦场面令人心酸，可生活还要继续。我和季马从早晨起便滴水未进，因此我们决定去莫斯科电影厂的塔兰金家吃饭。

在门口迎候我们的是德米特里哭泣的双亲，即伊戈尔·瓦西里耶维奇和丽季娅·米哈伊洛夫那，阿列娜刚给他们打来电话，说谢尔盖·费奥多罗维奇走了。

就在这间住宅里，我们立即举行了一个追思仪式。

杰出的大师、伟大的艺术家谢尔盖·费奥多罗维奇·邦达丘克，这位基督徒死去的故事，到这里本该结束，如若德米特里的父母没有告诉我们一桩更为奇特的事。说实话，我思忖良久，考虑是否有必要提及此事。我不知道教会人士会如何看待德米特里父母所讲的这个故事，即便教会人士也有可能将此事视为想象或偶然的巧合……这个故事一直是塔兰金一家的隐秘传说，最终，我获得允许将它写在这里。

人们的生活中常有一些奇怪的、却十分真实的事件，在外人看来它们很可能是偶然的或荒谬可笑的。可对于这些事件的亲历者而言，它们却永远是真正的发现，足以改变整个生活，改变先前的世界观。因此，我将原封不动地写下这件事。叙述者是两位极有修养的人，即苏联人民演员、导演伊戈尔·瓦西里耶维奇·塔兰金和他的妻子、大学教授丽季娅·米哈伊洛夫娜·塔兰金娜，我的记述也与我和德米特里当时听到的有很少出入。

当我们完成对谢尔盖·费奥多罗维奇的首场追悼，德米特里的父母惊慌失措地告诉我们，在阿列娜·邦达丘克打电话给他们的前几分钟，发生了一件十分奇

△ 升天（重彩油画　150X260cm　2017 年　周昌新作）

特、无法解释的事。

他俩坐在房间里，尚未得知朋友去世的消息。突然，窗外响起一阵乌鸦的聒噪，声音越来越大，几乎震耳欲聋。原来，数不清的乌鸦在他们楼顶上方翻飞。

吃惊的夫妻俩来到阳台，他们看到一个从未见过的场景。黑压压的鸟群像一团乌云，真真切切地遮蔽了天空。它们刺耳的叫声令人难以忍受。阳台正对森林公园，公园那边就是医院，塔兰金夫妇知道，他们那位奄奄一息的朋友就躺在那里。无数的飞鸟正是从那边飞来。这场景令伊戈尔·瓦西里耶维奇心生一念，他毫不怀疑地将这个想法告诉了妻子：

"谢尔盖刚刚死了……这是魔鬼离开了他的灵魂！"

话一出口，竟把他自己吓了一跳。

鸟群在他们头上翻飞，最后消失在莫斯科上空的乌云中。几分钟后，阿列娜

沙皇村湖畔 ▷
（重彩油画 100X120cm
2015 年　周昌新作）

打来电话……

　　谢尔盖·费奥多罗维奇的死，以及他死前几分钟出现的这一奇特现象，这一切都发生在同一天，伊戈尔·瓦西里耶维奇·塔兰金和丽季娅·米哈伊洛夫那·塔兰金娜认为，这是他们那位死去的朋友给他们捎来的讯息。无论他俩的朋友们，还是我和季马，都无法说服他俩改变看法，甚至连他们自身的知识分子的怀疑论也无济于事。虽说据我所知，塔兰金夫妇此后再也不曾言及能让他们参透神秘的其他事件。我有幸为他俩施洗，他俩先后成为基督徒，成为具有深刻和真诚信仰的人。

朱可夫元帅的岳母

我们修道院的女教民玛丽娅·格奥尔基耶夫娜·朱可娃是著名元帅格奥尔基·康斯坦丁诺维奇·朱可夫的女儿，她有一次伤心地告诉我，她的外祖母克拉夫季娅·叶夫盖尼耶夫娜已八十九岁，可她童年过后始终未曾接受圣餐。还有一件不幸事，即克拉夫季娅·叶夫盖尼耶夫娜已患老年痴呆症数年。她病情很重，甚至认不出心爱的外孙女，看见玛丽娅·格奥尔基耶夫娜，她会十分平静地说："您是谁啊？我的孙女哪儿去了？玛莎在哪儿？"玛丽娅·格奥尔基耶夫娜时常泪流满面，可医生说此病无法治愈，她也无法弄清克拉夫季娅·叶夫盖尼耶夫娜是否愿意忏悔，是否愿意接受圣餐，是否愿意让神父进入她的房间。

玛丽娅·格奥尔基耶夫娜也找过一些熟悉的神父，可他们却两手一摊：谁也不敢给一位不知是否信仰上帝的老太太（克拉夫季娅·叶夫盖尼耶夫娜患病前是共产党员，是无神论者）做圣餐仪式。

我与玛丽娅·格奥尔基耶夫娜长久思忖这一非同寻常的情况，却未能得出任何结果。最终，我也找不出更好办法，便说：

"玛莎，您知道吗？人的理性是一回事，我们去给您外婆做圣餐仪式是另一回事。上帝或许会以某种方式解决问题。我们没什么可顾虑的。"

玛丽娅·格奥尔基耶夫娜表示同意。

我虽然提出了建议，可说实话，我自己对于是否能成功也心里没底。令我羞愧的是，我之后又拖延很久，未及时探望病人，因为要去为一位很可能连你为何而来都不甚明了的人做圣餐仪式，这让我感到不大自在。此外，我一如既往地忙，各种急事此起彼伏……

可玛丽娅·格奥尔基耶夫娜却最终体现出像她父亲一样的真正朱可夫式的不

屈不挠。我也开始为自己的畏缩感到羞愧。我们终于决定尽快将两件事一起完成，即为元帅的家做祝圣仪式，以及试着为外婆做忏悔和圣餐仪式。当然，这需要外婆自己同意，需要她能正确对待我的来访。后一点相当重要，因为玛丽娅·格奥尔基耶夫娜曾提醒我，说外婆可能会生气。还有一点，是她完全无法忍受身穿黑衣的人，所以我只得赶紧做一件白色教袍。

最终，我们前去给朱可夫元帅的住宅做祝圣仪式，为他岳母做圣餐仪式。顺便说一句，这位岳母可非等闲之辈，她或许是人类历史上唯一的岳母，曾获女婿（她的女婿又是何人！格奥尔基·康斯坦丁诺维奇·朱可夫对人十分挑剔）在他回忆录扉页上题词称谢的殊荣。

我身穿白色教袍，带着圣餐盒，走进房间，说实话，我心里不无担心，房间里，一位身材瘦小的老太婆躺在床上，她衣着整洁，神情端庄。

我怯怯地看一眼玛莎，然后走到床边，小心翼翼地说道：

"嗯嗯……您好，克拉夫季娅·叶夫盖尼耶夫娜。"

外婆目光游移地看着天花板。然后她慢慢地向我转过脸来。

此时，她的目光突然变了样。

"神父啊！"她喊道，"您终于来了！我等您太久了！"

我惊慌失措，因为我听说外婆的消瘦症（我们对老年痴呆症的说法）很重，她丧失正常思维能力已有数年，可是突然……我茫然不解地转向玛丽娅·格奥尔基耶夫娜。

可如若说我感到惊讶，那么玛莎和被她叫来参加祝圣仪式的那位女友则完全被惊倒！玛丽娅·格奥尔基耶夫娜哭着跑出房间，她的女友告诉我，已经两年多了，她们从未听到克拉夫季娅·叶夫盖尼耶夫娜说出这样一句明明白白的话。

此时外婆又继续说道：

"神父！您为什么这么久才来啊？"

"请您原谅，克拉夫季娅·叶夫盖尼耶夫娜！"我由衷地道歉，"我错了！可

是我现在还是来了……"

"是啊，是啊！我们要做一件重要的事！"朱可夫的岳母说道，她又有些担心地添了一句，"不过我不记得是什么事了。"

"我们要做忏悔，接受圣餐。"

"完全正确。不过要请您帮帮我。"

我和她单独在一起。我将一把小椅子搬到床前，当然是在我的帮助下，克拉夫季娅·叶夫盖尼耶夫娜在半小时时间里为她的一生做了真诚勇敢的忏悔，她的上一次忏悔远在童年时期，她当时十岁，还在上小学。可她却表现出了惊人的记忆力，让我叹为观止。

待克拉夫季娅·叶夫盖尼耶夫娜忏悔完毕，我叫来玛莎和她的女友，当着她们的面庄重地为外婆诵读赦免祷告。她坐在床上，容光焕发。

最后，我们为她举行圣餐仪式。令人惊讶的是，当我在仪式开始前照例诵念祈祷词"主啊，我信仰，我忏悔……"时，克拉夫季娅·叶夫盖尼耶夫娜自己双手交叉，放在胸前，动作完全正确。或许，在遥远的童年参加圣餐仪式的场景返回了她的记忆中。

我们给外婆一块浸了圣水的圣饼，克拉夫季娅·叶夫盖尼耶夫娜躺在那里，平静安详，用没有牙齿的嘴巴津津有味地咀嚼圣饼。

我们开始给住宅祝圣。当我端着一杯圣水再次走进克拉夫季娅·叶夫盖尼耶夫娜的房间，她从嘴里取出圣饼，和蔼地冲我点点头。

仪式完毕后，我和玛丽娅·格奥尔基耶夫娜、她的儿子叶戈尔、她的女友一同坐下就餐。交谈之间，时间大约过去一个半小时。

离开时，我去与克拉夫季娅·叶夫盖尼耶夫娜道别。老太太还像先前那样躺在床上，可我却很快发现她的脸不对劲。脸的左半侧好像肿了起来，完全不能动弹。我喊来玛丽娅·格奥尔基耶夫娜。她扑向外婆，问她怎么回事，可克拉夫季娅·叶夫盖尼耶夫娜已无法回答。我们知道，这是面瘫。

果真如此。克拉夫季娅·叶夫盖尼耶夫娜的忏悔成为了她一生中最后的言语。她不久便过世了。经至圣牧首恩准，我们在奉献节修道院为她举行追荐礼拜。国防部专门派了一支仪仗队参加朱可夫元帅岳母的葬礼。

克拉夫季安大司祭

　　在旧鲁萨城有位上了年纪的神父，即克拉夫季安大司祭（莫杰诺夫）。他早已年过八旬，却记忆超群。他不仅认识俄国东正教会的所有主教和众多神父，尤其是那些年长神父，而且还能准确地说出谁在何年举行过按手印仪式，某位神父的母亲姓甚名谁，某位修士坐过几年牢，罪名是什么，关在哪里。总之，克拉夫季安神父如常言所说，是教会的活字典。

　　我曾与他去参加圣三一谢尔吉修道院的本堂节日。两位著名的都主教不慌不忙地走在我们前面。

　　"你看，这两个孩子走得多么端庄！"克拉夫季安神父说。

　　"什么'孩子'？"我很惊讶。

　　"就是前面这两位。"

　　"这两位可是主教啊！"

　　"在我看来他们就是孩子！"克拉夫季安神父开玩笑地说，"在他俩的按手印仪式上，是我领他俩绕神坛转圈的。"

　　这就是说，在这两位年轻的助祭、未来的主教举行按手印仪式时，克拉夫季安神父是首席神父。

　　我前面言及，我们这些见习修士对尼科季姆都主教（罗托夫）的教会再合一活动持批判态度。克拉夫季安神父一次无意间听到我们的谈话。听完我们的议论，他气愤地一跺脚，严厉地说：

　　"闭嘴！你们什么都不懂！你们怎能妄议这位主教呢？"

　　克拉夫季安神父死于圣母节。他在那天做了大礼拜，也就是说，接受了圣餐。然后，他做了忏悔，举行安魂仪式。

疲惫不堪的他回到住处，躺在床上，边数念珠边默念他漫长一生中结识的每个人，通常他仅凭记忆便能念出近两千人名，他为他们的亡灵祷告，这已成为他每日的祈祷程式。这一天，做完这一切后，他唤他的教子瓦西里·谢列达前来告别，但没等教子赶到他已死去，手里拿着念珠。

　　他被葬于普斯科夫洞穴修道院。他生前常来此修道院祈祷，并与约翰神父长谈。

"告密者"之死

　　死亡之前的时刻，是人一生中一段神秘奇特的时间。在有些人那里，如同在谢尔盖·费奥多罗维奇·邦达丘克处，此世和彼世的界限开始消弭。而那些过苦修生活的人，有时却能从上帝那里获得他们先前不曾获得的天启。

　　普斯科夫洞穴修道院里有一位年老的修士，基普里安神父，他似无任何出众之处，他剪发进入修道院时年岁已高，看来只能默默无闻地在修道院里度完余生。当然，也有一个令人不快的原因，即有人怀疑他是院长的耳目，负责报告教友们的情况。实情究竟如何，我不得而知。或许有人有理由如此推想，或许此传闻之流布，只因基普里安老是在修道院里四处走动，他驼背佝腰，磕磕碰碰，却能突如其来地出现在任何地方。有些人干脆叫他"告密者"。对于这一称呼，基普里安神父本人则宽宏大量。

　　在他去世前不久，我们才觉察出他的一些奇异之处。

　　一天，院长清早出门办事。我被安排在圣母安息节教堂广场值班。我的职责还包括给驶近的汽车及时打开不高的院门。能够驶入圣母安息节教堂广场的汽车通常仅有一辆，即院长的车。如若值班的人开门晚了，让院长久等，定会遭到责骂。

　　不过我得知院长此次前往普斯科夫城，一时半会儿回不来，便决定去牛棚看看，我的同学谢尔盖·格洛霍夫在那里干活。我俩坐在阳光下开心地闲聊，这时，基普里安神父拄着拐杖，颤颤巍巍地打一旁经过。走到我们身边时，他突然停下脚步，冲我喊道：

　　"喂，格奥尔基，快去开门！院长回来了，你会挨骂的！"

　　我和谢尔盖疑惑地交换一下眼色。他瞎说什么呀？院长的车刚开出去，他恐怕还没到普斯科夫呢。也没有任何迹象表明有汽车驶近。

"快去，快去，要不就来不及了！"基普里安神父再次喊道，甚至扬起拐杖。

尽管不信他的话，我仍赶紧告别我的朋友，跑向我位于圣母安息节教堂广场的岗位。

令我惊讶的是，我的身后突然响起一声熟悉的汽车喇叭声。毫无疑问，院长的汽车驶近修道院后门，再有片刻便会开到圣母安息节教堂广场。显然，院长因事急忙返了回来。我撒腿就跑，恰好在汽车开到门前时打开了由我负责把守的大门。

我们晚间在见习修士的宿舍里争论，基普里安究竟以何种方式得知院长的汽车开了回来，在他告诉我消息时，那辆汽车距修道院还有两公里路程。我的朋友们提醒到，他们也发觉基普里安神父具有此类特异功能。

基普里安神父不久病倒了，我们去拉扎尔病房看他。老实说，我们期待他预知未来，向我们道出某些特别智慧和重要的话来。可基普里安神父用一位濒死者那善良的目光看着我们，仅面带微笑地说道：

"我的孩子们，愿上帝保佑你们！"

这些事如今仍在莫斯科发生

奥列格·亚历山大罗维奇·尼基金并非地道的教会人士。此书前已言及为他的新居祝圣之事，言及那条黑毛犬，言及他在新居落成时收到的礼物——靡菲斯特雕像。

奥列格·亚历山大罗维奇多年间始终在热心操持一座被毁教堂的重建事宜，这座教堂即梁赞州的喀山圣母像教堂。他为何恰好相中这座教堂，我不便多言。但一年两次，每逢夏冬两季的喀山圣母像节，他一定亲往这座被毁的乡间教堂参加礼拜，我们奉献节修道院的修士也赶来做礼拜。奥列格·亚历山大罗维奇数次在此忏悔并接受圣餐。如此持续多年，但他一直没有正式入会。

在喀山圣母像节，上帝带奥列格·亚历山大罗维奇离开此世。2003 年 7 月 20 日，在夏季喀山圣母像节那天，他不知为何第一次没来教堂参加礼拜。他打来电话，说有急事。当天晚上有人通知我们，说奥列格·亚历山大罗维奇出车祸去世了，在莫斯科郊外的公路上，他的司机操作不当。

但我想讲的，是奥列格·亚历山大罗维奇那些如何在他死后仍使我们这些他的朋友深感惊奇的故事。

他在离世数月后现身于他女儿叶莲娜的梦境。这本无任何奇特之处，可这个梦却十分清晰，叶莲娜能记住所有细节。

奥列格·亚历山大罗维奇恳求女儿办一件事。"请你一定要转达我对杰米尔特疆的问候。今天是他的生日！"逝者奥列格·亚历山大罗维奇言辞恳切。他生前就很惦念朋友，每逢朋友生日定会打电话祝贺。

"哪个杰米尔特疆啊？"叶莲娜在梦里不解，醒来依然懵懂。尽管此事十分奇怪，她和妈妈加琳娜·德米特里耶夫娜以防万一，仍决定给奥列格·亚历山大罗维奇的好友和同事、动力部前副部长维克多·瓦西里耶维奇·库德利亚维伊打电话。后者轻而易举地回答了两位女性的问题，因为他此刻正要去参加一场庆祝活动，庆贺他和奥列格·亚历山大罗维奇的同事卡莫·谢罗波维奇·杰米尔特疆八十岁诞辰。

奥列格·亚历山大罗维奇的请求当然得到履行。维克多·瓦西里耶维奇·库德利亚维伊向客人们宣布，他肩负一项特殊的、非常重要的嘱托，他向吃惊的寿星转达了逝者奥列格·亚历山大罗维奇·尼基金的祝贺。

这些事如今仍在莫斯科发生。

柳鲍芙·季莫菲耶夫娜·切列多娃

在我们刚开始复兴奉献节修道院时，我们遭遇一个严重问题，即教民中几乎没有老太婆。所有教民要么是年轻人，要么是中年人。当教堂里终于出现第一批老太婆时，我们如此兴奋，甘愿围着她们转。这自不待言！她们的出现表明，老莫斯科人也开始认可我们的修道院。

柳鲍芙·季莫菲耶夫娜·切列多娃就是这些老太婆中的一员。1996 年，我们隆重庆贺她的生日——百岁诞辰！但这并非主题。柳鲍芙·季莫菲耶夫娜是我们奉献节修道院前院长伊拉里昂主教唯一健在的教女，伊拉里昂主教革命后担任修道院院长，是一位新受难者。院长被捕后，柳鲍芙·季莫菲耶夫娜勇敢地追随伊拉里昂主教前往流放地。但她未能闯进索洛维茨劳改营，主教的牢狱岁月大多在索洛维茨劳改营度过。1929 年，人们安葬了伊拉里昂主教这位勇敢不屈的苦修士，柳鲍芙·季莫菲耶夫娜当时也在场。她始终怀有对伊拉里昂主教的忠诚，至死都保持着与主教非同寻常的精神共鸣。

柳鲍芙·季莫菲耶夫娜一直未嫁人。她是否秘密修女，我不得而知，但她始终过着修女生活。很有可能，伊拉里昂主教在那个对教会而言十分恐怖的年代曾为她举行剪发仪式，并要求她永远不得告诉任何人。

柳鲍芙·季莫菲耶夫娜对其伟大导师的神圣性坚信不疑，她祈祷上帝，让她能活到她的教父被教会封圣的那一天。

柳鲍芙·季莫菲耶夫娜还能行动时，她常来修道院。我们派车去接她，在教堂里让她坐在一把小椅子上，她在礼拜时就坐着祷告。柳鲍芙·季莫菲耶夫娜清楚地记得伊拉里昂主教在这座教堂里所做的礼拜，她置身于我们复兴中的奉献节修道院，我们将此视为我们伟大院长送来的特殊祝福。

我们一连数年都在准备将伊拉里昂封为圣徒的材料，应该说，我们很担心柳鲍芙·季莫菲耶夫娜等不到那一天。又过了一段时间，她已无力再来修道院。我们就在她家中为她举行圣餐仪式。每一次她都满怀期望地问她教父的封圣之事进展如何。她已一百零二岁。

与此同时，我们在修道院教堂里修复一处很小的副祭坛，设置圣像壁。与其他圣像一同，我们也准备放置新受难者伊拉里昂的画像。当然，我们在他被封圣之前便已绘出他的圣像画，但按教会章程，圣像画仅在写上圣徒名字之后方为神圣。我们的圣像画尚未签名，还在等待教会高层作出为我们的院长、我们的天上护佑者封圣的决定。无论如何，待我们的圣像壁落成，我们的教堂将成为俄国唯一的教堂，其中悬挂这样一幅圣像画，画上的人物是一位暂时尚未被封圣、却深受教民爱戴的新受难者。

最终，在封圣委员会例行会议召开之前，委员会主席尤维纳里都主教告诉我，为伊拉里昂主教封圣之事实际上已经决定。次日，我前去见柳鲍芙·季莫菲耶夫娜，向她通报这一好消息。

"我知道，不等到这个消息我是死不了的！"她用我勉强能听见的声音说道。

这就像《福音书》中西面长老在等到与基督见面后所说的话："主啊，如今可以照你的话，释放仆人安然去世……"几天后，柳鲍芙·季莫菲耶夫娜离开人世走向上帝。

柳鲍芙·季莫菲耶夫娜·切列多娃的追荐仪式在奉献节修道院举行，就在那个不大的副祭坛，我们刚刚立起带有伊拉里昂主教画像的圣像壁。我们年纪最长的女教民躺在灵柩中，正对着她教父的肖像。如若说她曾在1929年参加主教的追荐仪式，那么此刻，主教则在以他的圣像送他的教女踏上"天国之路"。

1998年2月11日上午近十一时，在新处女修道院举行的封圣委员会会议上最终通过决定，要在最近一次俄国东正教会主教会议上为伊拉里昂封圣。当这个好消息通过电话传到奉献节修道院，人们在追荐仪式后正抬着柳鲍芙·季莫菲耶夫娜的灵柩环绕教堂，伴着教堂的钟声和《神圣的上帝》的歌声。

都主教之女

　　人犯下的罪孽可借助忏悔来洗涤。可有些罪孽很特别，譬如反教会，此等罪孽竭力使人脱离上帝，甚至不允许人忏悔。

　　我在顿河修道院侍奉时，一次在教堂旁边，一位高个中年妇人拦住我。

　　"神父，我可以为我死去的父亲祷告吗？"她问。

　　"当然可以！"我边走边回答。

　　可我后来还是停下脚步，以防万一地问道：

　　"对不起，请问您的父亲是谁啊？"

　　"我爸爸做过都主教。"妇人回答。

　　这还了得！

　　"怎么会是都主教？"我惊讶地反问，"他叫什么名字？"

　　"亚历山大·维坚斯基都主教。"妇人答道。

　　这愈加了得！教会人士均清楚地记得亚历山大·维坚斯基神父的大名。他是二三十年代俄国教会所谓革新派运动的发起人之一。维坚斯基及其追随者试图对俄国教会的基本法则和章程进行一次革命性变革。他们中的许多人热衷向内务人民委员会告密，参与对东正教徒、神父和主教的镇压。革新教派导致教会分裂，而分裂之罪，用圣徒金口约翰的话来说，即便用受难之血也难以洗涤。

　　与我攀谈的女人名叫塔玛拉·亚历山大罗夫娜。维坚斯基在成为革新派的"都主教"后第二次结婚，婚后育有一子一女。

　　"我该怎么对您说呢？"我最终对这位女士说道，"您是您父亲的女儿，您当然要为他祈祷。再说，这也是您的义务。但是，在做礼拜时不能提起您父亲。他有意与教会决裂，大家都知道，他没有任何悔过，也没做过任何与教会恢复关系的尝试。不过您可以、也应该在家里为他祷告，用个人祈祷的方式。"

这位妇人常来修道院。她是一位十分善良友爱的基督徒，为许多病人、无家可归者和老人提供大量无私帮助。我认为，这就是她为她父亲所做的最有效的祈祷。

一次，她来求我为她年迈的母亲、即亚历山大·维坚斯基的第二任妻子做圣餐仪式。我们商定，我次日在礼拜开始前一小时赶到教堂，以便留出更多时间让她母亲忏悔。如塔玛拉所言，她母亲从未在东正教堂参加圣餐仪式，仅在她丈夫领导革新教派运动那些年间参加过他主持的礼拜，在那些礼拜中不可能提及圣餐。

可次日早晨我却未能等到她们。垂头丧气的塔玛拉打来电话，说她和哥哥去接妈妈时，妈妈用被子蒙住脑袋，坚决拒绝出门，虽说头天晚上她似乎已做好准备前去忏悔和接受圣餐。我深知老人们往往反复无常，便说我可以带上圣杯，去她妈妈家里举行圣餐仪式。

塔玛拉颇为遗憾地加以拒绝。

"这不可能，神父，"她说，"您进不去她的屋子。"

"为什么进不去？"

"就是进不去。"

"为什么？"

塔玛拉解释说，她母亲的屋里养着猫。而且那里究竟有多少只猫，没人知道。老猫相继死去，新猫不断降生。很多年了，老太婆甚至不允许别人打扫房间。她只让儿子和女儿进门。

想象那个场景，我不禁心头一颤。此外还有一个原因，令我完全不愿踏入这家的门，因为我自幼就有严重的猫毛过敏症。

但塔玛拉想到了办法。她说，她次日便将母亲转至她哥哥家，在那里可以安静地为她母亲举行圣餐仪式。我们商定，我等她电话。可是当晚，塔玛拉打来电话，说她母亲数小时前去世了……

布拉特如何成为伊万

布拉特·奥库扎瓦的妻子奥尔迦常来普斯科夫洞穴修道院见约翰神父（克列斯奇扬金）。在与神父交谈时她抱怨，她的名人丈夫不曾受洗，甚至不愿受洗，他对信仰无动于衷。

约翰神父说：

"别伤心，他会受洗的。你自己给他施洗。"

奥尔迦大为吃惊，她问：

"我怎能给他施洗呢？"

"就那样给他施洗呗！"

"那给他起个什么名字呢？布拉特可不是正教徒的名字。"

"叫他伊万吧，和我名字的俄国叫法一样！"约翰神父说完，便忙他的事去了。

许多年后，布拉特·奥库扎瓦死于巴黎。在临死前几分钟，他对妻子说他想受洗。去找神父已为时太晚，但奥尔迦知道，此类情况下任何一位非神职人员均可为濒死者施洗。她只问了丈夫一句："给你起什么名？"他想了想，答道："伊万。"奥尔迦就用约翰之名为他施洗。

事后，站在死去丈夫的身边，她才想起，十五年前在普斯科夫洞穴修道院约翰大司祭正是这么对她说的。

251

尼古拉神父关于剪发做修士的预言

在受洗后的第一年，我前往我的新朋友拉法伊尔神父和尼基塔神父的教区做客。尽管我当时常去修道院，自己却从未想过要剪发当修士。相反，我认真地准备成家。我的未婚妻兴许是莫斯科最漂亮的姑娘——至少很多人这样认为，这自然也是对我的恭维。结婚之事提上日程。因此，我不仅享受着精神生活的发现所带来的新感受，而且也在憧憬未来的幸福。出门钓鱼，把钓到的鱼风干，躺在地上晒太阳，心里想着，新的家庭生活即将开始。此外，秋日在莫斯科河对岸坐一坐，与朋友们一起喝啤酒，就着自己亲手钓起、风干的小鱼，该是多么惬意啊。温暖的夏日在这样的幻想中一天天过去。

尼基塔神父和拉法伊尔神父决定造访住在扎里特岛上的尼古拉长老。长老已年近八十，他一生大部分时间都住在普斯科夫湖的渔人岛上。我决定与他俩同行，尽管我不无担心，因为据说长老能预知未来，能看透你的一切。

但自相识尼古拉神父的第一刻起，我的担心便烟消云散。神父是一位极其和善可亲的人。他在自己离教堂不远的寒酸小屋里殷勤招待我们。他斟上茶水，端上食物。与我同来的两位神父与他促膝谈心，交换意见，我却没什么问题求教于他。

道别时，我们走近长老接受他的祝福，他充满爱意地送别大家。轮到我时，尼古拉神父突然抓住我的额发，半开玩笑半当真地拨弄着，同时说道：

"别喝酒，别喝酒！你可不能喝酒！"

应该承认，我当年的酒量的确不差，尤其在与好友们一起喝的时候。不过，他应该绝不可能仅凭我的相貌就猜出我是酒鬼，因为我看上去比实际年龄年轻很多。可长老此时仍在继续。他突然揪着我的额发，让我稍稍抬起头来，然后专注地看了一下我的眼睛：

"你是剪发修士吗？还不是？你最好进修道院！"

进修道院？！我忍不住当着他的面哈哈大笑起来！他这位老人，说的什么话啊？我马上就要结婚了！我正打算向他说明这一点，可尼古拉神父却用手捂住我的嘴，似乎知道我要说出的每个词。

"别说，别说！你最好进修道院！"

我又笑起来。

"这可不行……"我开始说道。

可长老还是不让我说话。

"注意，格奥尔基，在你进修道院的时候会经受考验的。但你别灰心！"

他详尽地给我讲了那种考验，即与修道院主管的关系，某位修士的遭遇等。十年之后我才明白，那些话说的就是我。而当时，我仅迟钝地听着尼古拉神父的奇怪话语，我将其视作长老的怪癖行为。

最终，尼古拉神父为我祝福，客气地放开我。他送我们至码头。我们的小船已经划出很远，长老仍冲着我喊道：

"格奥尔基，做一个充满爱心的人！"

"充满爱心的"这个比较复杂、不太常用的形容词铭刻进我的记忆，一如长老站立湖岸的形象，肃穆的北方湖泊像大海一样宽广，长老花白的头发在风中飘动，他在不停地为我们画十字。

拉法伊尔神父劝我认真思考尼古拉神父的话，我仍以微笑作答。我很快便淡忘了这件我有些不明究竟的事。

然而回到莫斯科，我和未婚妻的关系却突然出现问题，并逐渐冷却，直至终结。我们两人均对这一结果感到庆幸。去修道院待一会，在那里祷告，或是住上一阵，我的这一需求愈来愈经常，愈来愈强烈。数月之后我已明白：我此生唯一感兴趣的就是修道院，就是侍奉上帝。我惊异地想起了尼古拉神父的话，上帝之后又让我与尼古拉神父多次谋面。

不熟悉正统神学的读者
或可不读的一章

苏维埃时代有过一些多么奇怪的老人啊！

我的一位旧礼仪派朋友曾说，他作为古东正教会中央管理局的工作人员，曾被派往一座省城——是古比雪夫还是斯维尔德洛夫斯克，这并不重要，——忙于他们那些鲜为人知的旧礼仪派事务。按惯例，我的朋友先去州执委，因为要拜访当地的宗教事务全权代表。

伊万·斯皮里多诺维奇·托尔斯托比亚托夫（全权代表的姓名）把莫斯科来客让进他的办公室，极为详尽地询问后者的此行目的，也问及旧礼仪派宗教社团的现状。他甚至刨根问底，对南美的宗教团体也很好奇。在了解到所有不可或缺的情况后，他才告诉对方如何前往克拉拉·蔡特金街，那里有一座没有神父的小教堂。

接受伊万·斯皮里多诺维奇·托尔斯托比亚托夫的问询后，我的朋友进城，很快找到了他要找的那条街巷，那儿的一座倾斜的木屋被改建成教堂，屋顶装有半圆穹顶和十字架。屋旁的土台上坐着一位年近九旬的老人，他浓密的胡须梳得整整齐齐，照规矩身穿短上衣。老爷爷在晒太阳，在祷告，他手里攥着一串旧礼仪派教徒使用的皮念珠。他看着走近的陌生人，目光虽然充满善意，却又无动于衷，因为这老人在这个世纪已见得太多。

"你好啊，神父！"我的朋友向老人问好。

"你好，如果你是当真的。"

"看来你就是这里的住持吧？"

"就算是吧。"老人并不表示反对。

"你们这里情况怎么样啊？人们来教堂吗？"

"老人来。"

"年轻人呢？"

"年轻人爱去跳舞，看电影。"

"是啊……除了您和教会主教，城里还有什么人啊？"

"现在什么都成双成对，"老人很有哲理地回答，"我们，尼康派，天主教，浸礼派，犹太教，穆斯林……总管我们大家的，唯一不分开的，就是伊万·斯皮里多诺维奇·托尔斯托比亚托夫！"

驱魔仪式

　　我仅有一次参加阿德里安神父的驱魔仪式的经历，但这已足够。挤满人的教堂里响起绝望的、非人的叫声。人们发出高低不等、声调各异的呼喊。他们的咒骂不堪入耳。有人像陀螺一样旋转，然后扑通一声倒在地上。但可以看出，此类场景完全出乎他们预料。一位知识分子模样的男人吓得脸色惨白，在教堂里乱跑，像一头野猪一样哼哼，直到他被人架到神父面前，被洒了圣水，他才无力地瘫倒在地。

　　驱魔仪式是一种特殊的祈祷方式，旨在驱除恶魔。驱魔仪式不堪描写，若亲临现场则更加恐惧。阿德里安神父为何竟能忍受，我想不明白。

　　阿德里安神父是在圣三一谢尔吉修道院剪发当修士的。他在这家修道院主持驱魔仪式，但并不公开，多在某座远离参观路线的小教堂举行。我听说，一批苏联高官一日来到修道院，算他们倒霉，他们想无一遗漏地游览所有名胜，其中就包括从中传出可怕叫声的这座小教堂。

　　毫无办法，修士们只好把他们领进教堂。此时，口齿不清、衣冠不整的阿德里安神父恰在念诵驱魔祈祷。看到人们四仰八叉躺在地上且不住惨叫，那些游客目瞪口呆。更让他们大惊失色的是，他们当中有位女干部突然张口，对着整个教堂的人发出猫叫声，就像三月里叫春的猫，她在地上乱滚，最终喊出的不雅之词就连那些见多识广的男人也闻所未闻！

　　几天后，这位女士再次来到修道院。但此行她孤身一人。她找到口齿不清的阿德里安神父，只问了他一个问题：她当时出了什么事？

　　阿德里安神父是个老实人，于是便老实地回答她：

　　"你有鬼附体！它带给你不幸。"

"为什么偏偏附在我身上呢？！"女士很愤怒。

"这你就不能来问我了，而要问它！"阿德里安神父指了指那幅描绘最后审判场景的圣像画，指了指那个令人厌恶的长角魔鬼。但是，见这位女访客脸色惨白，神父又赶忙安慰她道："你也别伤心！或许是上帝有意这样做的，让你通过疾病走向信仰。"

阿德里安神父一语成谶。那位女士开始常来修道院，忏悔自己的一生，接受圣餐，她的疯病也未再次发作。阿德里安神父不久告诉她，她不再需要参加驱魔仪式，因为，对上帝的信仰，遵循神的戒律生活，参加圣餐仪式，所有这些亦能驱除人灵魂中的一切不洁成分。

可在此事之后，阿德里安神父却遇到麻烦，因为那位女士并不隐瞒她对上帝的新态度，而闹出了一场风波，结果在当局的压力下，修道院院长将阿德里安神父遣至位于偏僻外省的洞穴修道院，以便那些身负重任的苏维埃同志可以心平气静地游览圣三一谢尔吉修道院，与管事神父喝着酒，严肃地展开探讨，感慨"这教会里什么都不缺"。

我插一段话。我记得，一位还很年轻的主教在布道中忆及往年时曾说，他那一代教会管理者们在维护教会利益时付出惨痛代价，肝肠寸断。说到此处，他潸然泪下！他或许是在可怜自己，或许的确患有肝炎。

可我永远不会向这些主教和神父扔石子。首先，因为我自己也有罪孽。其次，这些主教和神父要在教会宴饮时设法让那些重要的国家官员、宗教事务全权代表和慈善家们开心，他们恪尽职守，他们不仅殚精竭虑，为教会生活提供必不可少的经济和行政保障，而且还千方百计，让约翰、基里尔、纳乌姆、阿德里安这样的神父得以继续履行其职责，使数以百万计的教民和朝圣者得以进入教堂和修道院。请别向他们扔石子，他们履行了他们的职责，尽其所能。

圣三一谢尔吉修道院有位著名的饮食总管，是 N 神父。教友们至今仍心怀感激地回忆他。人们怀念他，不仅因为他的善良亲切，而且还因为他忍辱负重，揽下与外部世界交往的全部事务，使其他修士免遭此类纷扰。每逢修道院遇上例行

△ 降魔图（重彩油画　150X260cm　2017 年　周昌新作）

检查，或有任性的高官来访，或有复杂的经济问题呕待解决，大家都知道，N 神父准能搞定。

我们回过头来谈驱魔仪式。很多年后，有精神病医生告诉我革命前的俄国是如何区分精神病人和魔鬼附体者的。医生们当年使用的方法十分简单：在患者面前摆上几个一模一样的杯盏，一个杯子装有祝圣过的圣水，其余杯子装的是普通水。如若患者不动声色地喝了所有杯子里的水，他就被送进医院。如若患者拒绝喝下那杯圣水，开始发疯，陷入昏迷，便可证明他是魔鬼附体者。

驱魔仪式不会风平浪静，它相当危险。只要参加一次这种仪式，便能对此确信无疑。不过，这仅就真正的驱魔仪式而言。因为毫无疑问，此类仪式上也常遇见装腔作势、歇斯底里的人或真正的心理疾病患者。还有尤其令人反感的情况，即由"治愈者"在驱魔仪式中演戏。谢天谢地，此类场景不多。早在十九世纪，圣徒伊格纳吉（勃里扬恰尼诺夫）就曾写到此类情况："戕害灵魂的做戏，悲哀之极的喜剧，长老们把自己装扮成古代圣徒，却无古代圣徒的精神禀赋。"

魔鬼即人体内的寄生虫。你可以对它们一无所知，甚至不承认它们存在，可它们的的确确寄生在人的灵魂中，在其主人浑然不知的情况下左右他的思想和行为。被魔鬼寄生的人不可能知道他们为何会碰上那些莫名其妙的坏事，他们的一生于是便成为一连串的错误的叠加。教会有可能对这些命运加以修正。但问题在于，一个人只有在改变自己之后方能被治愈。神父的祷告很有效，但也仅为一种帮助。

当然，并非每个神父均有能力完成驱魔仪式。在八十年代，阿德里安神父几乎是唯一为人驱魔的神父。似乎还有一位，是爱沙尼亚境内瓦斯克纳尔沃的瓦西里神父。

约翰神父（克列斯奇扬金）对此类活动持否定看法。这并非因为他认为此类活动不对，而是由于他坚信，一个人只能通过自己的忏悔方能治愈精神世界遭受的致命伤害，还有教会的各种圣事，以及对基督戒律的坚守。他虽然不否认参加念咒仪式也有好处，但令他感觉伤心的是，驱魔仪式的参加者们大多希望不经自己努力便能获得治愈。这种情况在精神生活中十分罕见。

驱魔仪式不仅十分沉重，也相当危险。我在当见习修士时去过拉法伊尔神父（奥戈罗德尼科夫）的教区，赶上他那座乡村教堂的节日，即圣米特罗方·沃罗涅日斯基追悼日。临近教区的几位神父也赶来参加晚祷。其中一位神父令我深感惊讶。首先，他满口金牙。其次，我们躺下睡觉时，——我们都睡在唯一的房间里，有人睡床上，有人打地铺，——他却脱下教袍，换上一件专门带在身边的白色睡袍。我感到疑惑，神父回答我的提问，说我还是个孩子，可以穿裤衩背心睡觉，而他是个神父，必须着教袍入睡。耶稣基督若恰在今夜第二次降临了呢？他这位神的侍者，难道能穿着裤衩去迎接主吗？他的这一信念当时令我十分欣赏。

这位神父满口金牙的来历更为有趣。一般而言，神父们很少镶金牙。一两颗金牙也就罢了，可他却满口金牙……有人忍不住问他这口漂亮的金牙自何而来。身穿白色教袍的神父于是盘腿坐在床上，在夜灯的微光下向围在四周的人讲他的故事。

神父剪发当修士前曾主管全州的电影放映网。位高权重的他为寻开心，便给自己镶了一口金牙。他喜欢这样。但他虽然有权有势，却信仰上帝，他和妈妈同住，他俩有一位教父，是别尔哥罗德州一个教区的长老。过了一段时间，长老同意他准备接受神父职位。一年后，他获封神职，并被任命为区中心附近一座乡村教堂的住持。

就这样，他做了十年住持。他为母亲送终。他时常拜访他的教父以及普斯科夫洞穴修道院的其他长老。一次，有人从区中心带一位魔鬼附体的女孩来见他。神父起初不愿做任何驱魔仪式，称他并未做好住持此类伟大行为的准备。可最终，女孩的母亲和其他亲属说服了神父。神父深知此事重大，他斋戒、祷告整整一周，之后才做了他平生首次驱魔仪式。女孩康复了。

神父十分高兴，为女孩高兴，亦为自己高兴。为女孩高兴，因为孩子的确不再痛苦，不再因父母的罪孽而受苦。为自己高兴，则因为他感觉到自己也很不简单！

两周过去。一天午饭后，神父坐在靠窗的圈椅上，打开一份本州报纸看新闻。读完一篇有趣的文章，他放下报纸，然后……他恐惧地呆住了。神父面前就站着——它。就是被神父赶出女孩身体的魔鬼。它站在那里，直勾勾地盯着神父的眼睛。

看到这目光，神父慌不择路地跳出窗户，撒腿就跑。神父身材臃肿，绝非运动员，可他一连跑出数公里才缓过神来。他没有回家，赶往普斯科夫，在朋友处筹到钱，去见他的教父长老。

起初，教父自然责骂教子的擅自妄为。诸如驱魔仪式之类的法事，必得经过教父特别恩准和祈祷方能进行。我们这位神父过于自信和轻率，忽视了这一点。同样，在最初的成功之后也不能忘乎所以，这成功并非源自我们的长处，而是仰仗神的仁慈和教会的祈祷，因此不能放松下来，读读小报，尤其不能在内心深处沾沾自喜，沉湎于自己无与伦比的精神功绩。长老提及圣谢拉菲姆·萨罗夫斯基的话，即魔鬼如若被上帝放过，定会释放仇恨，在瞬间毁灭世界。在谈话的最终，长老警告他做好准备以面对新的考验，因为仅凭他曾目睹化为人形的魔鬼这一点而言，他的麻烦便远未结束。魔鬼定会找到机会残酷地报复擅自妄为、精神力量尚且薄弱、尚未做好与恶势力公开决斗的准备的神父。长老答应为他祷告，之后便让他返家。

一个半月过去。神父已开始淡忘此事，可一天半夜，突然有人敲他的门。神父一人独居。他问门外是何人，深更半夜找他何事，门外人回答，他们来唤神父去邻村给一位即将离世的人做圣餐仪式。神父打开门，几个人立即扑向他。他们残忍地殴打他。他们拷问他钱藏于何处。神父告诉他们所有地方，唯独没指明教堂钥匙藏在哪里。恶棍们抢走一切能抢走的东西，最后还用钳子拔下神父的金牙。

教民们发现神父时，神父已奄奄一息。由于口腔疼痛难忍，他甚至喊不出声来，只能呻吟。神父住院数月。等强盗被抓住，受害者被叫去指认罪犯，神父在看到那帮人后忍不住痛哭起来，像个孩子。

可是人们说得对，时间能治愈一切。神父恢复健康，便又在自己的教堂里主持圣事。教民们对神父充满感激，因为他当时坚持不交出教堂钥匙，英勇地使他们的教堂幸免于难，教民们捐钱为神父镶了一口新牙，依然是金牙。或许因为教民们愿意如此，或许由于神父觉得自己已离不开金牙。

我本人仅有一次举行此类仪式的经历。但自然并非为了驱魔，而只是为把一位男孩的受洗仪式做完，我不认识的一位神父先前曾为这男孩施洗，但环节有所省略。

我当时在顿河修道院侍奉。一位四十岁左右的男人来找我，他是少校警官瓦列里·伊万诺维奇·波斯托耶夫。他并不信教，甚至不曾受洗，但除教会之外他却无处求援。他十岁大的唯一儿子瓦列拉遇上不可思议之事。这孩子一出现，他周围的东西便会自动燃烧，冰箱，枕头，椅子，床铺，橱柜……。波斯托耶夫一家不敢再出门做客，因为火灾一准会在二十分钟内发生。由于同样原因，也不能让这孩子上学。

给瓦列拉做过检查的有医生和特异功能者，有国家安全局和其他一些秘密机构的工作人员，大家全都束手无策。几份报纸上刊载出轰动新闻，配有男孩和火灾场面的照片。可父母并未因此沾光。抱着侥幸心理，他们决定让儿子受洗。可是，这孩子周围的一切依然会燃烧起来。绝望的少校来到顿河修道院，有人建议他来此向刚刚被发现的圣徒吉洪的遗骨祈祷。我们就是在此相遇的。

我不明白，为何在受洗之后火灾仍未停止，直到我提出这一问题：孩子受洗持续了多长时间？少校回答说，不到半小时。一般的受洗时间要比这更长。我很快便弄清楚：为他举行圣事的神父漏掉了特殊的古老祈祷，教会中称此类祈祷为驱魔祈祷。它总共四段，有些祷告词还很长。遗憾的是，一些神父，尤其如今所谓现代派神父，往往放过这些祷告词，认为它们毫无必要。可正是在这些祈祷中，教会借助上帝赋予的权力，请求上帝逐出人的灵魂中根深蒂固的恶。可我们的现代派神父们却认为这一切陈旧可笑。他们害怕在教民们眼中显得不够现代，显得荒谬可笑。虽说我从未看到有人在施洗时因此发笑，即便是那些对教会知之不多的人。

我写信把瓦列拉·波斯托耶夫的事告诉约翰神父，他立时作答，说必须为男孩补做仪式，把漏掉的驱魔祈祷读完。我们便在顿河修道院教堂举办仪式。自当日起，火灾便不再发生。少校瓦列里·伊万诺维奇接受洗礼，他全家人均成为我们的教民。男孩早已长大，亦成为少校警官。他如今任教于莫斯科高等警官学校，家中影集里的住宅火灾照片能让他忆起往事。

在奉献节修道院剪发礼仪式上的讲话

（1997 年 12 月 19 日）

主在期待我们的忠诚，仅有忠诚，别无其他。忠诚于圣灵。忠诚于我们的信仰。忠诚于基督。

今天是我们修道院的一个特殊节日，一位新修士诞生在这个世界。今日的仪式上曾提及《福音书》中的这个故事，即主将一个孩子叫到自己面前，说道：你们若不回转，变成小孩子的样式，断不得进入天国。

每一个剪发后的修士，在上帝面前都像一个无罪的孩子，他的面前展开了新的生活。这位修士如今要做的，就是能否保持那颗纯洁的心，就像站在救主面前的那个小孩子。根据《圣传》我们得知，那个小孩子就是后来的圣徒安条克的依那爵，他为基督而经受千辛万苦，却始终忠诚于他，无论如何不改初衷。一个人也可能做出其他选择，他就将仅仅忠诚于自己的愿望，他就会将这些愿望当成他自己的法律，当成全世界的法律。他想欺骗所有人，最终他所骗倒的却只有他自己……

主在期待我们的忠诚。也在期待你的忠诚，我们的兄弟 N 修士！就是忠诚。忠诚于修士的誓言。忠诚于侍奉。忠诚于谦卑。这忠诚就在于，在这个世界上我们最爱我们的救主耶稣基督，在这个世界上没有任何人、任何东西能够胜过他。

如果你能履行你与上帝今天做出的这一约定，那么很多人都将通过你而获得救赎，走向永恒。假如人的心灵和修士的心灵只关注自我，假如我们不能保持对上帝的忠诚，那就会出现对我们而言最可怕的事情，也就是毫无意义的修士生活。没有什么比这更可怕！……可是，你已经拥有一切能够提供帮助和保障胜利的武器。

主已经用惊人的话语激励你，你在剪发时听到了这些话。我们都为你祈祷。在你面前敞开一条特殊的路，这条路上不乏战斗和诱惑，同时也充满无与伦比的特殊意义以及人间难以企及的欢乐和幸福。

上帝保佑我们大家，兄弟姐妹们，让我们保持对自己使命的忠诚。要知道，忠诚的诺言并非仅就修士而言。圣厄弗冷写到，上帝寻找的并非出家人或俗家人，学者或文盲，富人或穷人，而只是在寻找一颗渴望上帝的心，这颗心充满真诚的愿望，要成为一个忠于上帝和上帝戒律的人。上帝保佑我们能够理解这份忠诚。它使我们的生活具有意义。基督因为这份忠诚而赐予他的信徒们欢乐、力量和勇敢，以战胜我们生活道路上出现的种种诱惑。阿门。

附注：这位修士五年后离开了修道院。

教会里没有任何让人留在修道院的强迫机制。近二十年间，我们奉献节修道院有三位已剪发的修士先后因故离开。有人说，与其他修道院相比，这一比例相当低，可我们不愿相信。发生此事，对于修道院而言不啻一场悲剧。但这首先是那位背叛其诺言的修士本人的悲剧。

这些人十分可怜。教会章程规定他们死后不能葬入基督徒墓地，将他们等同于自杀者。他们的婚姻不被教会认可。我曾读到关于此类章程和法典的神学解释，可我总是觉得它们过于严厉。可有一次，我听到的不是神学解释，亦非古老法典的援引，而仅为一首四行短诗。于是我明白，教会的章程只是在挑明一位背叛自己所选道路的修士所落入的状态。当然，主是仁慈的，所有人都有忏悔的机会，包括那些背叛的修士。曾著有数部古希腊罗马哲学研究著作的莫斯科大学哲学系教授阿尔谢尼·恰内舍夫这样总结了自己的一生。他并非修士。他并无任何必要为他违背与上帝的约言而忏悔。可他是修士之子……

这便是那首四行诗：

我是修士的儿子，罪孽的果实。
我是对约言的违背。
我因此受到上帝诅咒：
我触到的一切都会腐烂成灰。

一位堕落主教的故事

（摘自《训诫集》）

拜占庭的一座城市里住着一位主教，他深受人们爱戴。可有一次发生了一件可怕的事情：由于其软弱，或由于其轻信，当然也由于魔鬼教唆，这主教有过堕落的行为。

礼拜天，全城的人聚集教堂做礼拜，主教出门来到众人面前，他摘下身上作为主教身份象征的披巾，说道：

"我不能再做你们的主教了，因为我有过堕落行为。"

起先一片沉默。之后整座教堂响起哭声。人们站在那里哭泣。主教也在哭泣，垂首立于教民面前。最后，人们稍稍平静下来，说道：

"现在怎么办呢？我们还是爱你！因此你戴上祭披吧，请你主持礼拜，你还是我们的主教和牧师。"

主教回答说：

"感谢你们的宽宏大量，可我的确不能再做你们的主教。根据古代教父们立下的规章，犯下此等罪孽的主教就不能再主持礼拜。"

人们回答他：

"我们不懂你们的规章。那些规章或许很正确，很重要。可是我们爱你，因为你在我们城里主持圣事这么多年。生活中什么事情都会发生。戴上你的祭披，主持礼拜吧。我们宽恕你。"

主教苦笑一下：

"你们宽恕了我……可我却永远不会宽恕我自己，教会也不会宽恕我。面对上帝我没有辩解的理由。因此请你们散开吧，我要到荒野去哭泣，忏悔我的

◁　忏悔的主教

　　（重彩油画　150X260cm

　　2017 年　周昌新作）

罪孽。"

可民众却把主教围得更紧，甚至不让他走下诵经台。

"不！"人们在央求，"你就是我们的主教，戴上祭披主持礼拜吧！"

僵持一直延续至深夜。民众坚持己见，不幸的主教不知如何是好。他最终意识到人们不可能放他走，于是说道：

"好吧，听你们的！但是我有一个条件。现在请你们全都走出教堂，我要躺在教堂的门槛旁。你们每个人返回教堂时，都要从我的身上踩过去，好让你们明白我的罪孽有多么深重。"

此时的主教已不听任何劝说。民众只得依他。众人离开教堂，主教躺在教堂门口，他的每一位教民，无论老少，均踩着他的身体走进教堂，他们怀着恐惧，许多人眼含热泪。

待最后一位教民走进教堂，众人听见天上传来一个声音："他的罪孽因为他的谦卑而被宽恕！"

助祭们为主教穿上圣服，主教为众人主持礼拜。

圣徒吉洪的圣髑

苏联时期教会生活的谜团之一，即圣徒吉洪牧首的圣髑的命运。吉洪牧首1925年葬于莫斯科顿河修道院小教堂，1946年，在他的陵墓旁举行的追荐仪式上，尼古拉都主教（亚鲁舍维奇）痛苦地说道："我们此刻在为这位圣徒的陵墓祈祷，可他的圣髑却不在此处。"

如此言之凿凿，自有充足理由。吉洪牧首的圣髑可能已被焚毁，此类猜度不会让任何人感觉惊讶，原因在于，如若说东正教徒视已故的俄国教会首领为圣徒，那么布尔什维克对他的仇恨，即便在甚嚣尘上的苏维埃渎神运动的背景下亦显得无以复加。《消息报》曾刊登一份苏维埃敌人的名单，这份名单上的头号敌人便是吉洪牧首。

据传闻，在顿河修道院被关闭后的1927年，当局担心牧首的圣髑成为崇拜对象，便将他的遗体从墓中挖出，送至火葬场焚毁。另有传闻说，至圣牧首的圣髑被修士们秘密移葬于列福尔托沃的德国墓地。第三种传闻的支持者们则断定，修士们料到当局会凌辱牧首的圣髑，因此在葬礼后不久便将圣髑转移，葬于顿河修道院墓地。

人们最终对这些传闻深信不疑，是因为1932年的一个事件，获得苏维埃政权支持的教会分裂派首领亚历山大·维坚斯基"主教"突然在其追随者面前现身，而莫斯科人发现，他身穿的那身贵重的主教教袍，正是由著名的奥洛维亚尼什尼科夫兄弟工厂专为吉洪牧首缝制的。吉洪牧首下葬时就身穿这套教袍。

不过人们仍心存希冀，但愿深受整个教会爱戴的牧首的圣髑有朝一日能被找到。

顿河修道院的修行生活恢复正常后，修道院教友们向牧首阿列克西二世提出的第一批请求之一，即寻找圣徒吉洪的圣髑。至圣牧首高兴地祝福我们展开工作。我们当时哪里知道，这项工作如此事关重大，其结局如此完美！

合适的机会很快出现。顿河修道院的小教堂开始修葺。教堂关闭数月，在这段时间里恰好可以开始寻找……可由于种种原因，搜寻工作被搁置，而修葺已完工。教堂重新开始做礼拜，机会已经错过。说实话，我们当时对主教的祝福并不在意，相当愚蠢地不当回事，并以各种"原因和情况"来搪塞。我们为此付出代价，而且来得很快。虽说主一如既往地矫正我们的错误，指引我们洞悟一切，最终迎回他忠诚的新受难者、圣徒吉洪牧首。

时在 1991 年 11 月。院长阿加福多尔大司祭忙完修葺事宜，前往外地做礼拜，让我留院担任住持。事务并不太多，仅与那些找上门来的怪人有些令人遗憾的冲突。这些人即俄国境外教会的神父和教民，尽管后来才弄清，这些人与俄国境外教会并无任何关系。他们兴风作浪，肆无忌惮，坚持要在没有牧首恩准的情况下在修道院举行他们的礼拜。我们反复劝说，竭尽所能，最终明白这一切均无济于事，于是我们果断地将这些不速之客赶出门外。这些人把怨恨埋藏在心。

11 月 18 日是个纪念日，1917 年的这一天，圣徒吉洪在大教区主教会议上当选全俄牧首（三位候选人抽签，他为中签者）。我身体不适，但仍在当日举行礼拜，后又主持一场追荐仪式，因为这天是拉法伊尔神父（奥戈罗德尼科夫）的忌日。总而言之，11 月 18 日于我而言是个非同寻常的日子。1988 年的这天，拉法伊尔神父离世；1993 年的此日，瓦莲金娜·帕夫洛夫娜·科诺瓦洛娃去世，这位"莫斯科女商人"是约翰神父的教女，我前文讲述的故事也发生于 11 月 18 日。但此为插笔。

在这次礼拜中，我在我的神父生涯中首次带上了一套为病人做圣餐仪式用的备用圣杯。尽管按照教会规章只能在复活节前的大周四方能这样做，可前天夜里有位朋友来找我，要我尽快去为他一位病重的熟人做涂圣油仪式和圣餐仪式，这位朋友名叫维亚切斯拉夫·米哈伊洛维奇·克雷科夫，是位雕塑家。可是我们发现，我们的教堂里并无备用圣杯，似乎也从未作此准备。

谢天谢地，克雷科夫那位朋友的事办得很顺利。我在夜间为他做了涂圣油仪式，另一座教堂的神父早晨为他举行过圣餐仪式。为防止此类情况再度出现，我在我们最年长修士达尼伊尔神父的指导下准备了一套备用圣杯，我将圣杯置于供桌上专用的圣杯盒中。

晚祷后，我的朋友祖拉勃·恰夫恰瓦泽来看我，他带来一罐马林果果酱，我们喝起茶来，此时值班员打来电话，惊慌失措地说，数辆消防车开到修道院门前，消防队指挥员说他们要赶紧进院来灭火。

"我们院里哪儿着火了？"我惊讶地问。

"当然没着火啊！"值班员安慰我说，"可能是他们那位指挥官肚子里头着火了……"

我全听明白了。离我们不远处驻扎着一支消防队，消防队领导与阿加福多尔神父关系很好。其中一位军官很喜欢来神父这里蹭饭，同时聊一聊生活的意义。一次，他又产生这一哲学加酒精的冲动，便在半夜冲向修道院。此刻，这幕闹剧看来又再度重演。

我挂上电话，可一分钟后电话再次响起。值班员说，消防队坚持要进院。这有些过份。我与祖拉勃只得穿上外衣，我吃了一口果酱，又多披一件衣服，然后前去探听究竟。

"出了什么事？"我高声喊道，好让门外的人也能听见。

"着火啦！你们院里着火啦！"门外有人说。

"你们能编出什么更开心的玩笑来吗？"我挖苦他们说。

"有人给我们报警了！"门外的人毫不让步。

"可能搞错了，你们自己来看看吧。"我回答，还是打开了门。

院墙外的确停着两辆装备齐全的消防车。几名头戴锃亮头盔的队员走进修道院。他们自己也感觉莫名其妙。

"一位女子打来电话，我们以为是你们的人。她说：顿河修道院着火了，你们赶紧过来。"

为让他们确信这是一场误会，我建议与他们一同查看修道院。我们走向中央广场。此时天色已暗，但尚能看清一切，一如既往的宁静和安详，没有任何理由惊慌。

"你们瞧。"我笑了笑，对消防队员们说。

可就在此时，顿河修道院小教堂的窗户突然闪出一道刺眼火光，窗玻璃哗啦一声被震碎，窗框里接着冒出桔黄色的火苗，浓烟滚滚。

消防队员们冲向他们的消防车。我和祖拉勃惊得目瞪口呆。随后，我们像疯子那样喊起来：

"着火啦！！！着火啦！！！"我们向教堂冲去。

消防车在我们身边呼啸而过。教堂完全烧着了。窗户里窜出熊熊火舌，黑色的烟柱升向莫斯科的夜空。

我不愿详细描述这可怕的夜晚。直到二点多钟，消防队员才允许我们进入教堂。我们眼前的一切惨不忍睹。乌黑的四壁和天花板，烧焦的神龛和圣像，一切都淹在水里，刺鼻的焦糊味……

一位消防员唤我随他走入教堂深处，同时向我谈起他关于起火原因的最初判断。他认为大火自牧首的陵墓处燃起。由于教堂的四壁均涂有油漆，火势蔓延得十分迅速。

"这个地方倒是很奇怪。"消防队员指着圣像壁说。

木质的神龛和圣像虽被浓烟熏黑，却未被烧焦。圣像壁得以完整保存。我紧张地走进祭坛，却见此处同样完好无损，只有烟熏火燎的痕迹。我回到消防军官身边后，他向我道出他的不解：

"圣像壁周围的一切全都烧光了，圣像壁却完好无损。它是木头的，还是金属的？"

"年代很久的木头。"

"它怎么没烧着呢？奇怪……"

我突然想起什么，便说：

"啊！……我们早晨把圣杯放在了供桌上！"

"放了什么？"

我试图解释。军官彬彬有礼地听着，他清清喉咙，问道：

"您真的认为这能保护木头不起火燃烧吗？"

"我不知道。我只是说，我们早晨把圣杯放在了供桌上。"

"嗯嗯……明白了。"军官不太信服地说，"不过这种情况也时常发生。四周的一切都着火了，有些东西却完好无损。我们什么情况都见过。"

调查当天展开。结果表明，起火点的确就在圣徒吉洪的陵墓旁。此处的窗户始终紧闭，调查人员推测，纵火者将一枚装有燃烧物的自制炸弹扔进了教堂，涂了油漆的墙壁很快燃烧起来。与此同时，罪犯却有足够时间随最后一批造访者离开修道院。

火灾被如此迅速发现的原因也弄清了。我们的一位女教民住在顿河修道院对面，她有在阳台上做晚祷的习惯。她看见了教堂窗口的火光，便赶紧打电话给消防队报警。

第二天，我们在烧毁的教堂做纪念天使长米哈伊尔的晚祷。我们合唱《颂扬我主》，我手提香炉做完仪式，人们站在他们钟爱的教堂里，眼见被熏黑的四壁和烧焦一半的神龛，不禁泪流满面。我们不愿在修道院里换一座教堂做礼拜，因为应该让人们意识到，这并非一场严峻考验和一次盲目游戏，上帝依然会把我们的慌乱和悲伤转化为欢乐，转化为信仰和希望的凯旋，我们仍有希望理解他普善的神意。这正是我当晚在布道中对我们的教民所说的话。

需要对教堂进行修复。我们于修复完成后在此侍奉近一周，上帝再赐我们以机会，让我们在上次坐失良机后重新开始寻找圣徒吉洪的圣髑。

我们再度奏请至圣牧首，他允许进行发掘，但指示一定要小心谨慎，仔细行事。我们理解他的担心。有人劝牧首禁止寻找圣髑，因为发现圣者圣髑的可能性极小。这些畏首畏尾的谋士们警告说，如若传出风声，称牧首的圣髑虽经搜寻却最终未能找到，那么问题就大了，分裂教派和对教会不怀好意的人便会放出口风，称圣徒吉洪本人不愿现身牧首教会。但谢天谢地，阿列克西牧首却坚定地说：如果我们找到圣髑，这将是一个伟大的节日；如果没找到，我们也丝毫不加掩饰。

纵火者最终未能被找到。修道院的兄弟和一些教民猜度此人是谁，可他们甚至有些怜悯纵火者，在内心将其交由上帝审判。如今，随着时间流逝，这一罪行甚至被视为天意。正是在顿河修道院小教堂持续很久的第二次修复期间，圣徒吉洪的圣髑终被发现。

奉献节的晚上，我们在吉洪牧首陵墓前做了祷告，随后开始发掘。知道此事的人并不多，仅至圣牧首阿列克西二世，几名修士，两位长老，即圣三一谢尔吉修道院大司祭基里尔和普斯科夫洞穴修道院大司祭约翰，还有我们请来帮忙的几位朋友，即维亚切斯拉夫·米哈伊罗维奇·克雷科夫、他的几位工友以及画家阿列克谢·瓦列里耶维奇·阿尔杰米耶夫。指导我们的是考古学家谢尔盖·阿列克谢耶维奇·别里亚耶夫，之前他曾参加发现圣徒阿姆夫罗西·奥普金斯基的圣髑，在基维耶沃和赫尔松涅斯做过考古发掘。

我们先揭开棺盖。大理石棺盖在火灾后变成了淡褐色。下挖三十公分后，我们发现一块厚重的大理石碑，上有铭文"莫斯科暨全俄至圣牧首吉洪之墓"。这正是二十世纪初俄国牧首的封号。这一发现令我们深受鼓舞。我们继续下挖，在一米深的地方发现墓室的石质顶盖。我们加紧工作，天快亮时，已清理出了墓室的完整轮廓。我们取下顶盖上的几块石头后，我将一支蜡烛塞进洞孔，朝里面看了一眼。墓室空空如也。烛光只映亮了几张落满尘土的蛛网。

当我将这一消息告诉朋友们，他们全都疲惫地瘫倒在地，垂头丧气，坐在那里沉默良久。后来他们又先后过去检查，怕我万一看错，牧首的陵墓在被破坏之后，宽大的墓室里或许留有少许圣髑或棺木碎片？可是，什么也没有……我们最担心的结果最终呈现于我们眼前。

稍稍缓过神来后，我们决定至少应记录好墓室的大小和状况。可当有人丈量墓室的长度时，却意外地发现两米长的探条居然前后探不到头，换成八米以上的探条依然如此。我们赶紧查看这个地下装置，很快发现这并非墓室，而是教堂采暖系统的一部分，即用以输送火炉热气的地下石头管道。在牧首陵墓下方，热风管道不知为何加宽很多，因此的确很像墓室。此外，与地下石头管道的其他部分相比，此处看上去像是后砌的。很有可能，此处的确是被毁的墓室。更有可能，墓室在更深处，我们看到的这部分是个假墓室，意在迷惑布尔什维克，让他们觉得装有牧首遗体的棺木已被移走，葬于别处。

达尼伊尔神父此时带来一位老人，老人说他似乎听闻过这一说法，即圣徒吉洪被葬在距他陵墓以东五米远的地方。大家对此意见不同，清晨我们去见至圣牧首，请他恩准我们继续寻找。弄清所有细节后，牧首准许我们继续在原地搜寻。

终于，临近午夜时分，我们眼前显露出了吉洪牧首的真正墓室。这是一个坚固构造，上面覆盖一块巨大石板，我们感到幸运的是，石板并非完整一块，而由若干小石板构成。我们搬起其中一块。我趴在地上，把蜡烛塞进石椁。我记得，一阵春天般清新的芬芳突然自石椁向我袭来。大家围在四周。我面前出现了一副精美的橡木雕花棺木，关于这副棺木的描述我早已熟知。棺木上有一块大理石板。借着烛光我看清了上面的字："莫斯科和全俄牧首吉洪之墓。"

我们不敢相信我们竟如此幸运。阿加福多尔神父赶紧去给阿列克西牧首打电话。时辰已晚，将近午夜，可在牧首府邸召开的主教公会会议刚刚结束。二十分钟后，至圣牧首赶到顿河修道院。在他到来之前，我们已搬起墓室上的其他石板，牧首到场时，修道院里响起节日的钟声。这夜半钟声，像复活节的钟声那般喜庆。

很难转述我们当夜站在被打开的圣徒吉洪陵墓前的感受。我们不敢相信一切均已结束，牧首的圣髑就在我们眼前。阿列克西牧首似乎也有这一感觉。于是他对我说：

"还是应该看看里面有没有圣髑。"

我穿上教袍，因为只有身着圣衣方能触碰圣体，之后我下到墓室。我撬起铁钉，抬起雕花棺盖，屏住呼吸把手伸进去。我的手起先感觉到衣物，接着摸到了肩膀……

"在这里！！！"我拼尽全力喊道。

"好了！退出来，退出来！快盖上！"我听到上方传来牧首激动的声音。

此事发生在 2 月 19 日，三天后，至圣牧首携两位正教公会委员、圣三一谢尔吉修道院神父基里尔大司祭和纳乌姆大司祭来到顿河修道院。我们打开已有腐烂的棺盖，其上的雕花纷纷脱落，可我们眼前覆盖着天鹅绒牧首教袍的圣徒吉洪的圣髑却未腐烂。

数日之后，我们按照古老仪式以圣水清洗圣徒圣髑，换上新圣衣，将圣髑放入专门制作的灵枢。给牧首换上的圣衣，仍为奥罗维亚尼什尼科夫兄弟工厂缝制的著名教袍。我们之后思索了很久，也不清楚这身圣服如何到了伪主教维坚斯基的身上。

尽管墓室中十分潮湿，牧首吉洪的遗体在地下躺了六十七年却几近完好无损。值得注意的是，作为主教权力象征被戴在牧首胸前的一枚圣像系用象骨雕成，它却已腐烂成灰，只留下银质边框。我们当时不禁忆起《诗篇》中的话："主护佑他们的骸骨。"得以保存的不仅是圣徒牧首的骸骨，还有他的躯体，还有牧首的方巾、念珠、出家头巾、贴身戴的十字架和一幅珍贵的金圣像，这是牧首在世时自雅罗斯拉夫主教和该区教民处获赠的礼物。我们还发现了一些柳枝（圣徒吉洪下葬于复活节前一周的柳枝节）和装有芳香玫瑰油的小瓶，下葬之前，玫瑰油被洒在牧首的遗体上。

一段时间之后，我们的考古学家谢尔盖·阿列克谢耶维奇·别里亚耶夫终于揭开谜团，弄清了牧首的教袍为何出现在伪主教亚历山大·维坚斯基的身上。原来，奥罗维亚尼什尼科夫兄弟工厂当时共缝制了两件牧首教袍。其中真正属于圣徒吉洪的那一件，目前陈列于莫斯科顿河修道院博物馆。

违反教规

（我与祖拉勃·恰夫恰瓦泽公爵违反大斋戒）

　　1998年，我们奉献节修道院所在的莫斯科中央区区长亚历山大·伊里奇·姆济康茨基向我谈起他的格罗兹尼之行，说当时人数已所剩无几的东正教会在当地的处境十分艰难。我和修道院弟兄们请求至圣牧首阿列克西恩准，为格罗兹尼教会开展求助募捐，三天之内便募得满满一卡车食品、药品和衣物。我们的教民还捐出不少现金，我们又从修道院的资金中拿出一些，筹得在当时看来不菲的一笔资金。看到人们捐出他们最为必需的钱财，将帮助同胞视为自己的欢乐，我们深受感动。

　　亚历山大·伊里奇·姆济康茨基通过莫斯科政府与当时的车臣首领马斯哈多夫的政府达成协议，对方同意我们前往车臣，在复活节前向格罗兹尼的基督徒分发救济。索夫雷诺教会作坊的经理叶夫盖尼·阿列克谢耶维奇·帕尔哈耶夫交给我一套齐全的礼拜用品，要我转交给遭到轰炸和抢劫的格罗兹尼教会。

　　出发日期定在复活节前一周的周一。临行前一天，我将我即将开始的行程告诉我的朋友祖拉勃·恰夫恰瓦泽，并求他在我万一遭遇不测的情况下照顾我妈妈。可祖拉勃却说，他一定要与我同行。不管我如何劝说，说他作为一位丈夫和儿子无论如何不能去冒险，可他仍坚持己见。他甚至举例为证，说他的高祖母尼诺·恰夫恰瓦泽公爵夫人在十九世纪末曾被切尔克斯人劫持，但很快获释。他说这是个好兆头，可保佑我们一路顺利。我最终只得同意。于是，在求得至圣牧首阿列克西、约翰神父（克列斯奇扬金）和洞穴修道院其他几位长老的祝福后，我和我的忠实朋友踏上了前往格罗兹尼的路程。

　　我们看到一幅恐怖的场景。遭到轰炸的格罗兹尼一片废墟，没有一幢完好无损的多层楼房。通过车臣海关时，我们费了很大劲儿才获准将用于教堂礼拜的几瓶红酒带入车臣，因为车臣境内禁酒。谢天谢地，带的钱也平安无事，我把那些钱偷偷藏在全身多个部位。这笔钱将首先分发给格罗兹尼的俄罗斯人，要知道他们已连续数年没有领到工资、津贴或退休金。部分现金拟给神父，另一部分捐给那些在车臣境内寻找她们被俘儿子的母亲。

我们落脚在俄联邦总统驻车臣官方代表驻地。这是位于"北方"机场的一小片区域，是两幢木头营房。第一幢营房为俄联邦总统驻车臣官方代表处。屋里住有数名将军和军官，我和祖拉勃也被安排在此。第二幢营房里住着六十名特战队员。我们听说，他们的任务就是在遭到攻击时坚守十五分钟，以便军官及时销毁密码机和文件。

我们受到热烈欢迎。一名军官负责陪同我们，可负责人警告我们，一旦遇到复杂情况，这名军官除了为我俩英勇献身之外，也帮不上大忙。根据马斯哈多夫的命令，四名车臣武装人员被派到我们身边。我们不安地问这些安保人员是否可靠，得到的回答是，只要他们没把我们在半路上卖掉，那么就万事大吉。我和祖拉勃为了不自寻烦恼，决定将此当作笑话。

我们分发食品和现金，忙到很晚。我们将部分食物和药品转交保育院。在被毁的天使长米哈伊尔教堂我们遇见叶夫费米神父，我们商定在两天后的大周四举办一场礼拜，要让留在格罗兹尼的数百名基督徒全都参加礼拜。国家抛弃了他们，让他们听任命运摆布。他们在这些年间的遭遇不堪描述。我们能或多或少能向他们提供一点帮助，这让我们感到幸运。

仇恨情绪在战后扩展开来，他们甚至不允许俄罗斯人开辟菜园以收获微薄的食物。我们在城中行走时，当地人朝我的教袍吐痰，但我和祖拉勃竭力熟视无睹，以免引起更糟后果。

为解决几个遗留问题，我和祖拉勃决定不回俄联邦总统代表处过夜，而留在城里，不让随行的军官陪同。军官自然坚决反对，可我和祖拉勃决定把自己托付给神的意志，托付给陪同我们的那位车臣政府代表的端庄品行。我们的军官警告说他对此事不负任何责任，然后只得离开。我们被领到格罗兹尼城郊的一处私人住宅。

我们当然很紧张。但一切都很顺利。我们在这个车臣人大家庭受到款待，这家主人在当地很有影响，他在俄国中部地区长大，在伊万诺沃成为工程师。我们和主人彻夜长谈，这使我们了解到这场波及许多车臣普通家庭的悲剧的另一面。我们的所有疑问几乎均得到解释。午夜过后，洗净我那件满是痰迹的教袍，真诚地作完祷告后，我和祖拉勃美美地睡了一觉。

这一天是大周三，即大斋节前一周的周三，我们与前一天护送我们的那几位车臣保安一同穿过被摧毁的城市，返回驻地。我们的几位保安今天看上去更为和善。显然，我们为办事不惧在陌生人家过夜的举动给他们留下了深刻印象。

很晚的时候，因一连串遭遇（遗憾的是，其中还包括一次汽车追逐，一伙连我们的保安也不认识的武装人员追逐我们的汽车达一小时之久）而筋疲力尽的我们回到了"北方"机场的军事基地。

走近营房时，我和祖拉勃预料到我们能喝上热茶，吃上面包，读一读从莫斯科带来的大周四祈文和圣餐仪式祷告，然后一觉睡到天亮。我们哪里知道兵营里等待我们的是什么样的场景啊！……

两名军官在门口等我们，神情有些迫不及待。他紧紧拥抱我们，然后说，军人们都以为再也见不到我俩活着回来，但听说我俩毫发无损之后，便为我们筹办了一场隆重的接风宴会。

走进兵营大门，我俩惊得目瞪口呆，因为营房中央巨大的桌子上堆满无比丰盛的美食。这里有热气腾腾的羊肉块、烤乳猪、冷餐鱼……一旁搁架上的显著位置上摆着一幅镶着镜框的纸质圣像画，圣像前燃着一支蜡烛，——主人为我们倾其所有，竭尽所能。我们呆呆地看着丰盛的美食，再看看因我们归来而兴高采烈的军官们，他们围住我们，争先恐后地邀请我们入席。

"我不能……我长这么大还从未违反大斋戒！"祖拉勃小声说道。

怎么办？解释说复活节前一周要斋戒？要给这些全心全意为我们接风庆贺的

人做一场讲座，说根据教会规章现在不仅不能吃肉，就连斋戒油都不能食用？老实说，我和祖拉勃即便在噩梦中也无法想象此事……但我俩感觉到，我们一切完全正确的解释此时在上帝面前都更为罪孽，远胜于我们无意之间违反斋戒。

这次持续很久、充满真正基督之爱的美好聚餐让我和祖拉勃铭记终生。

之后几年，我和修道院弟兄们不止一次前往车臣，到过部队驻地，如若行程恰在斋戒期间，我们总会事前真心请求接待者考虑我们的饮食限制。

侍奉约言和赚钱不可兼得

一次我和科里亚·布洛欣决定赚一笔钱，科里亚·布洛欣如今是一位著名东正教作家，但当时他只是一个刚走出劳改营的政治犯，根据刑法第 139 条，科里亚因非法印制和传播东正教出版物罪被判五年刑期。

时在 1988 年。科里亚建议翻印（当然是非法地）有古斯塔夫·多勒插图的《圣经》。此书在俄国数十年间从未再版，其需求量自然很大。就这一意义而言，此事开端正确无误。

但从另一方面看，上千册印数可带来就当时而言的一大笔钱，我和科里亚自然有利可图。对此我们心知肚明。就这一意义而言，我们的事与善举毫无关系，而属地道的市场营销行为。

带有多勒插图的《圣经》在任何一家图书馆均不出借。因此我觅得一个合适机会，私下里将我们的计划告知皮季里姆主教。主教作为一位出版家，立马因这个创意欢呼雀跃，尽管此类行为在当时十分危险。次日，他从他的家庭藏书中找出一本装帧精美的《圣经》交给我，并说此书他十分珍视，因为这是他曾为神父的已故父亲传给他的。我向主教起誓一定保管好此书，然后将书转交科里亚，给他一周翻拍时间。

一周后，我打电话给科里亚询问事情进展。他回答说他还需要三天时间。可三天之后，他难过地通知我，事情不太顺利，他仍需一周。一周过后还是此话，科里亚一直不还书。与此同时，皮季里姆主教却很关心他可否要回《圣经》，他何时能见翻印版。

我在电话里冲科里亚高喊了十分钟，可经历过监狱审讯、蹲过"小号"的他就像对一个孩子那样对我解释，他全都明白，可时间太紧，还需要一周，届时那本书将完璧归赵。

一周后，科里亚还是没还书。

我陷入绝望，不知该如何面对主教的目光。为弄清事情原委，我去见我和科里亚的共同朋友维克多·布尔丢克，他与科里亚是同案犯，一起坐过牢。

"他把书给卖了！"听完我的话，维克多语气肯定地说。

"怎么卖了？！这不可能！"

"太有可能了。把书卖了，然后立马喝光了书钱。我可见过他喝酒。一瓶又一瓶白兰地！……"

应该说，我们全都知道我们这位朋友有此缺点。他如若抓起一瓶酒，你便无论如何也无法让他停下。在劳改营坐牢五年后尤其如此。

维克多被我的担忧所感染，我俩一同去见科里亚。科里亚一直是个老实人，很快便全盘招认。从我这里拿到主教的《圣经》当日，他便将书卖掉了。更确切地说，是在四十分钟之后。四十分钟足够他前往铁匠桥，在"旧书店"旁的莫斯科著名"黑市"上用该书换得五百卢布。我绝望地问科里亚为何这样做，他醉醺醺地回答，他受到了魔鬼诱惑。维克多·布尔丢克则一句话也未问他。他比我更了解科里亚。

事情的确变成了一场灾难，因为这样一本书事实上难以买到。再说，哪里能有这笔购书款呢？即便有幸遇见这样一本书，据行家称，其价钱也不会低于一千五百卢布。我无论如何也难以筹到这笔钱。更不用说，皮季里姆主教立时便能看出这并非他父亲留下的那本书……不过我还是急忙去找放高利贷的莫斯科人，可是没用，因为我没有任何值钱物品能做抵押。

三天后的周一我就将面见主教，无法再做拖延。于是我买上一张火车票，去洞穴修道院见约翰神父，此时恰好是周末。

然而在洞穴修道院，我却惊闻一个消息，即约翰神父在修道小室闭门不出，已连续数日不见任何人。这个消息令我崩溃。在这艰难时刻，我竟然无法获得只言片语的指点？！

我绝望地去往拉法伊尔神父的教区，向他吐露我的不幸。

算我走运，因为拉法伊尔神父是个在任何情况下也从不气馁的人。他认为沮丧是七宗致命罪孽中最愚蠢的罪孽。他一开头便无情嘲笑我缺乏信仰，提醒我忘记了一种众所皆知、最为简单的方法，即念诵追回失物的祈祷文。

他的话令我大为震惊。我居然忘了此事？！众人皆知这一百试不爽、简单易行的方法，即念诵大卫王的第五十歌和信条，失物便能找回。

顺便说一句，这一方法不久前曾被使用。《俄罗斯之家》杂志主编亚历山大·克鲁托夫的妻子伊琳娜·弗拉基米罗夫娜·克鲁托娃新购一辆汽车，我为这辆车祝圣，第二天汽车遭窃。警察局的人说，此型号车最易被盗，伊琳娜的车恐怕已在某个车库被拆成了配件。但伊琳娜与我不同，她立时想起特别祷告。她对民警的话付之一笑，然后开始念诵那段古老的祷文。一天后，汽车顺利找回，只有点火开关被连根拔掉了。

我居然忘了这段祈祷！再说，拉法伊尔神父说得对，我由于绝望和信心不足而完全慌了手脚，我要找的不是维克多·布尔丢克，不是旧书商贩，不是放高利贷的莫斯科人，我应求助上帝本人，而非任何人！拉法伊尔神父及时提醒了我。晚间，在夜祷仪式上，在回莫斯科的火车上，我一遍又一遍念诵"主，宽恕我吧，以你伟大的仁慈"，念诵"我信奉唯一的圣父"，直到清晨在车轮的铿锵声中入睡。承蒙主的安排，包厢里仅我一人，因而可以静心祷告。

一大早，我直接自车站去主教出版部，维克多·布尔丢克在那里等我。他手上就拿着那本书！书用缎布包着，完好无损。就是主教父亲传给主教的那本《圣经》。维克多没说他如何找到此书。我看着他疲倦不堪的面孔，也没多问。后来我根据种种迹象判断，维克多请他先前坐牢时结交的一些朋友出手帮忙。

我将书交给皮季里姆主教。谢天谢地，他甚至没有责备我，这是真正的高贵、俯就和基督徒之爱！

我兴奋不已，立时给拉法伊尔打电话：

"您看，格奥尔基·亚历山大罗维奇，上帝离我们多近啊！"拉法伊尔神父充满激情地说。

我当然看到了！

科里亚·布洛欣舒舒服服地喝光了五百卢布，我们的关系恢复原样。只是我不再试图与他一起出书了。除了他在狱中写的那些小说，我们后在我们修道院出版社出版了他的小说。

自那时起我便牢记在心，无法同时侍奉上帝和财神。事实就是事实。如若不将这两者混为一谈，上帝便会在合适的时刻赐予我们必须的一切。这不仅是我一人的体验。我的一位朋友也曾有过相似经历。只是他付出的代价要大得多。因此，我有时会在电话中对他说："你想拯救灵魂，同时赚他一百万吗？"而他回答："好啊，好啊！"可我们两人均明白，这只是一句玩笑。

另一个违反教规的故事

(拉法伊尔神父如何成为天使)

据圣徒行为守则，打人的神父
将受教规惩罚，被禁止参加礼拜。

　　此事发生在 1977 年。拉法伊尔神父当时是位十分年轻的神父，刚在普斯科夫洞穴修道院获封神职。在一个阳光明媚的夏日早晨，他心情愉快地步入圣母安息节洞穴教堂，准备主持礼拜。可他在教堂里首先看见的人，却是三个醉醺醺的小流氓。其中一人在两位同伴的哄笑声中凑近圣母像前的长明灯点烟。

　　据拉法伊尔神父称，之后的事他记得不清。目睹这一场景的教民们后来说，年轻的神父一把抱住那个得意洋洋的烟鬼（拉法伊尔神父体力出众），把他拖到门外，拖到教堂门前的台阶上，给他重重一击，当时在场的人至今都记得那一拳……就在此时，拉法伊尔神父清醒过来。

　　就像电影中的慢镜头，他看见那个倒霉小流氓的脚离开地面，飞离台阶，然后落在地上，一动也不动……

　　两位同伙吓得要死，扑向倒地者，他俩看了看拉法伊尔神父，架起那位同伙，离开教堂向修道院大门逃去。拉法伊尔神父意识到此事无法挽回，他如今已无法再主持礼拜，于是便抱着脑袋，慌不择路地冲向他的教父约翰神父的修道小室。

　　约翰神父此时刚刚做完祈祷。拉法伊尔神父未经敲门便闯入修道小室，扑通一声跪在长老面前。他绝望地道出自己的罪行，请求宽恕他的这一罪孽，并请教如今该怎么办。

约翰神父认真听完他的讲述，然后厉声斥责道：

"你怎能头顶忏悔圣带跑到我这里来呢？那一拳不是你打的，是天使打的！"

但约翰神父还是为拉法伊尔神父念了赦免祷告，为他祝福，并让他去主持礼拜。

猫

据说，我们国家的人喜欢对神父品头论足、批评指责。因此，当我听到这位教民的话时便相当意外，当时我尚在顿河修道院，我们一位名叫尼古拉的教民一天跑来对我说：

"如今我明白了，世上最优秀、最伟大、最耐心、最好心的人就是神父！"

我感觉惊讶，便问他为何突然有了这一想法。

尼古拉回答：

"我养了一只猫。非常好的一只猫，聪明漂亮。可它有个奇怪的习惯，在我和妻子上班后，它就会跳到我们床上，对不起，在床上拉屎撒尿。我们千方百计让它改掉这个坏习惯，哄它，教训它，可是无济于事。后来我们就在床边垒起一道屏障。可等我回到家一看，猫又跳到床上，在那里干了坏事。我气坏了，就抓住它，把它狠狠揍了一顿！小猫很伤心，钻到椅子下面，趴在那里哭了。的确哭了！我头一回看到它的眼里流出泪水。这时我妻子来了，把我教训了一顿：'你真不害羞，还是个正教徒呢！你要到神父那里去忏悔，悔过你这种野蛮可恶的非基督徒行为，否则我就不跟你说话！'我没有法子，再说良心也在谴责我，我一早就来修道院忏悔。格列勃神父听了我的忏悔。我排队等到他的接待，把事情原原本本地告诉了他。"

格列勃神父十分善良，是圣三一谢尔吉修道院的一位中年神父，他此时在顿河修道院短暂修行。他通常倚着诵经台站在那里听人忏悔，用拳头支着大胡子腮帮。尼古拉详细坦诚地向神父诉说了自己这件不幸事情。他不想有任何隐瞒，因此说了很久。待他说完，格列勃神父稍作沉默，叹了一口气，然后才说：

"是啊……这事做得自然不好！……我只是不明白，这位'小毛'，他是在大学读书吗？他们学校没有宿舍吗？"

"什么'小毛'？"尼古拉问道。

"就是您刚才谈到的住在你们家的那个'小毛'啊。"

"我这才明白，"尼古拉结束了他的故事，"格列勃神父有点耳背，把'小猫'听成了'小毛'，可他一连十多分钟不动声色地听着我的胡言乱语，说'小毛'如何住到我家，如何在我们床上拉屎撒尿，我如何狠狠地揍了他，他如何钻到椅子地下，趴在那里哭……我这才明白，世上最优秀、最不可思议、最有耐心、最伟大的人，就是我们的神父！"

▽ 夏宫回春（重彩油画 100X120cm 2015 年 周昌新作）

安德烈·比托夫

一次我来主教府办事，顺便探望我的朋友、至圣牧首的秘书弗拉基米尔·维基里扬斯基大司祭。

我俩刚坐下喝茶，梁赞主教帕维尔也加入进来。他在等待牧首接见，需要打发这段空闲时间。不久，弗拉基米尔神父的手机响了，为了不干扰我们说话，他去走廊接听电话。待他返身进屋，他显得很兴奋，说打来电话的是他的朋友、作家安德列·比托夫。弗拉基米尔神父本人剪发做修士前亦为著名记者，系作家协会会员。

安德列·格奥尔基耶维奇·比托夫曾在格鲁吉亚受洗，为他施洗的格鲁吉亚神父名为托尔尼克，莫斯科知识分子常去拜访他。安德列·比托夫受洗后不常去教堂，可他已故的母亲生前却是一位虔诚教徒。她去世还不到一年。比托夫此时给弗拉基米尔神父打电话，就因为他母亲，因为他昨夜梦见了她。

比托夫一整天都在思索这个梦，他最终决定听听他这位神父朋友的建议。问题在于，他母亲在梦中十分严厉，她对儿子说：

"安德列，你一定要做我现在让你做的事。你要去忏悔，接受圣餐。"

"可我很难在我们的神父那里做忏悔，这对我来说一直是个问题。"儿子像往常一样敷衍道。

"俄国知识分子即便在梦中也本性不改！"我暗自感慨。弗拉基米尔神父继续他的故事。

梦中的比托夫妈妈却不依不饶。

"你要去梁赞州。那里有位老修士，大司祭，"她语气坚定，说出了一个很罕见的古老名字，安德列·格奥尔基耶维奇·比托夫梦还没做完便忘记了那个名字，"你一定要去他那儿做忏悔，领圣餐！"

梦到此结束。比托夫早晨醒来，梦中的一切他均记得清清楚楚，只是忘了他如今必须去见的那个人的名字，那名字十分罕见，好像源自《圣经》，十分古老。比托夫思索良久。这一切让他觉得奇怪荒谬。可是母亲却语气坚决……最终，他决定给他从前的熟人弗拉基米尔·维基里扬斯基神父打个电话。

听了安德列·格奥尔基耶维奇的故事后，弗拉基米尔神父说：

"你好好回忆一下这位大司祭的名字。"

"我无论如何也想不起来。我只记得他住在梁赞地区。好像是《旧约》中的名字。"

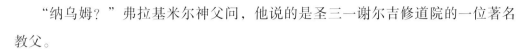

"纳乌姆？"弗拉基米尔神父问，他说的是圣三一谢尔吉修道院的一位著名教父。

"不，不叫纳乌姆……"

"那就是阿维尔！"弗拉基米尔神父说，"我们只有这两位长老用的是《旧约》里的名字。"

"不错，阿维尔！"比托夫兴高采烈，"你是怎么知道的？"

"很多人都认识阿维尔神父啊。"

"他在哪儿做住持？"比托夫问。

"在梁赞附近的约翰·博格斯洛夫斯基修道院。"

"太神奇了！……妈妈说我应该去见梁赞州的阿维尔神父！"

"而且我的办公室里现在就坐着两个人，"弗拉基米尔神父继续说，"一位是帕维尔大司祭，他恰好就主管梁赞教区，另一位是吉洪大司祭，他在梁赞附近有座隐修院。他刚才说他不久前拜访过阿维尔神父。总之，安德列，上帝吩咐你尽快前往梁赞，最终做出忏悔，接受圣餐。居然还要你妈妈托梦给你，你要相信，这可不是玩笑！"

"我知道，我知道……"比托夫回答，"只是这一切太奇怪了……"

弗拉基米尔神父此时继续说道：

"我请求帕维尔神父，让他们在修道院接待你，带你去见阿维尔神父。从莫斯科开车去那里不到三小时。咱们说定了？"

"一言为定！……"

比托夫为此行做了数月准备，半年之后，阿维尔神父便去了天国。

至尊修士

1999 年 9 月 17 日，俄国主教瓦西里（罗江科）在华盛顿去世。

事实上，瓦西里主教不过最终等到了他上路的时刻，他毕生均在勤勉地为这次旅程做准备。主教时常说起这一点，但几乎无人能懂。交谈者们更愿意充耳不闻，或道出一些冠冕堂皇的话，譬如："您说的什么话呀，主教，您会长命百岁的！上帝保佑……"可主教本人却迫不及待、饶有兴味地预见了此趟旅程。

他生前即为一位入迷的旅行家。我甚至要说，旅行就是他的真正使命，更是他的生活方式。

他的漫游，从一位婴儿于 1915 年在家族庄园"乐园"的出世开始，这个婴儿后成为瓦西里主教，但当时家人为他取名弗拉基米尔。新生婴儿的爷爷即俄罗斯帝国国家杜马主席米哈伊尔·弗拉基米罗维奇·罗江科。他妈妈出身古老的王公家族，即戈利岑家族和苏马罗科夫家族。这位新生的上帝奴仆与俄国许多名门望族均有或远或近的亲戚关系。

主教接下来的一次真正旅程始于 1920 年，当时他年仅五岁。路途十分遥远，先陆路后海路，经土耳其和希腊到达塞尔维亚。此为一趟被迫的旅程，因为俄国的新主人自然不愿让前国家杜马主席一家继续活下去。罗江科一家落户贝尔格莱德，他在此地长大成人。

他有幸遇上许多好老师。此外，在南斯拉夫聚集起俄国流亡界的精英，曾亲自为他授课的就有两位大师：一位是约翰神父（马克西莫维奇），三十年后他成为著名的旧金山大主教，又过了三十年，他在俄国侨民界被尊为圣徒；一位是俄国境外教会的伟大奠基者安东尼都主教（赫拉波维茨基）。这些精神巨人注定会对他产生最深远、最美好的影响。

但是此前，这位未来的主教还遇见一位同样重要的老师。这位老师他亦终生铭记。这名家庭教师曾为白军军官。除幼小的弗拉基米尔外无人知晓，这名家庭教师每日殴打、折磨小男孩，但他做得很巧妙，不留下丝毫伤痕。这个不幸的军官极端仇恨小男孩的爷爷米哈伊尔·弗拉基米罗维奇·罗江科，认为后者是俄国毁灭的罪人。家庭教师无法向爷爷复仇，只能找他的孙子算账。

　　主教在多年之后回忆道："我母亲在去世前不久说：'原谅我，我照看不周，让你还是个孩子时就吃了苦头。''妈妈，这都是神意，'我回答，'如果我童年没遇到那种事，也就不会成为今天的我……'"

　　当主教已步入暮年，上帝在一次旅行中将他带至皇村。主教获准在此地的费奥多罗夫圣母像教堂主持礼拜，此教堂为沙皇尼古拉二世所建，沙皇一家都很喜爱这座教堂。礼拜结束后，瓦西里主教出门走向众人，公开悔罪，他自童年起便觉得自己与这桩罪行有关，仅仅因为他是他爷爷的孙子。主教当时这样说道：

　　"我爷爷只想为俄国谋利益，可他能力有限，也经常犯错。他错就错在派杜马议员去求皇帝退位。他没想到皇帝退位后并未传位给皇子，当他了解到这一点，他痛哭着说：'现在无力回天了。现在俄国要亡国了。'沙皇一家后来在叶卡捷琳堡遇害，爷爷无意中成了这场叶卡捷琳堡悲剧的罪人。这是无意中犯下的罪过，但毕竟是罪过。此刻，在这神圣的地方，我请求俄罗斯、请求她的人民和沙皇一家原谅我爷爷，原谅我。我作为一名主教，要用上帝赋予我的权力宽恕他的灵魂，让他的灵魂摆脱这桩无意中犯下的罪孽。"

　　罗江科一家在南斯拉夫住了很久。弗拉基米尔长成一位身材高大、善良俊美的青年。他接受了很好的教育，爱上一位天仙般的姑娘，姑娘后来成为他的妻子，他二十五岁时在塞尔维亚教会获封神职。战争爆发后，弗拉基米尔·罗江科神父义无反顾地参加抵抗运动。在共产党政府当权后，他仍无所畏惧地留在南斯拉夫，虽说许多白军流亡者，首先是那些被苏维埃政权列入黑名单的人，纷纷离开了这个国家。但弗拉基米尔神父不在俄国人教区、而在塞尔维亚人教区做神父，他无法抛下他的教民，即便有坐牢和被枪毙的威胁。

他没被枪毙，但劳改营肯定会被关进去。他被关八年。铁托的劳改营极其恐怖，并不亚于苏联劳改营。幸运的是，铁托不久便与斯大林争吵起来，似乎为了让其旧主难堪，他有意释放了南斯拉夫劳改营中所有的俄国流亡者。因此，瓦西里主教在南斯拉夫监狱里被关仅仅两年（更确切的说法是整整两年）。走出劳改营大门后，他再度踏上流浪路程。

他起初到巴黎，住在其教父约翰主教（马克西莫维奇）处。他后至伦敦，在塞尔维亚东正教堂做神父。正是在此处，在伦敦的英国广播公司，弗拉基米尔神父开始主持对俄宗教节目，两三代苏联公民通过这些节目了解到上帝和东正教信仰，了解到教会和祖国的历史。

许多年过后，弗拉基米尔神父失去妻子。教会允许他剪发做修士，他获得新教名瓦西里，并获高级总领司祭。此时，已是主教的瓦西里再度踏上旅程，前往美国。在美国，他将成千上万的新教教徒、天主教徒和没有任何宗教信仰的人领入东正教。但如常见的那样，他并非投人所好，他不仅有激情四射的活动能力，而且还单枪匹马地对阵教会中最强大、最固执的集团，即所谓说客。最终，至尊的瓦西里主教清闲下来，他退休了，只能领到一笔无法保障生计的微薄退休金。

然而，这一令人不快的事件于主教而言却成为他心仪的浪游的继续，成为他去建立新功勋的缘由。当时恰好有了前往俄国旅行的可能性。这是主教由来已久的热切愿望，他于是兴致勃勃地回到了他神圣的祖国。

我恰好见证并参与了当时发生的几件事。

瓦西里主教出现在我和我的朋友、雕塑家维亚切斯拉夫·米哈伊洛维奇·克雷科夫的生活中，犹如一个突如其来的惊人喜讯。

这是 1987 年。沙皇一家的遇害纪念日，即 7 月 17 日，即将来临。我和维亚切斯拉夫·米哈伊洛维奇很想为皇上举办一场追荐仪式，但在当年这几乎无法做到。前往一家莫斯科教堂，求神父为尼古拉二世做亡灵祈祷仪式，这当然完全不可能。大家都知道，此事会立即走漏风声，神父会大难临头，最轻的处罚就是被赶出教堂。我们也不想在家中做礼拜，因为我们很多朋友都想参加追荐仪式。

恰好在这些天，维亚切斯拉夫·米哈伊洛维奇·克雷科夫完成一座纪念碑式的墓碑雕塑，这座雕塑是献给亚历山大·佩列斯维特和安德列·奥斯里亚比亚的，圣谢尔吉曾派这两位修士武士加入德米特里·顿斯科伊大军，奔向库利科沃战场。在遭到当局长期阻挠之后，这座墓碑终于树立在两位修士位于西蒙诺夫修道院的墓地上，苏联时期，这座修道院被迪纳摩工厂所占。

我突然产生了一个想法：既然为佩列斯维特和奥斯里亚比亚墓碑祝圣已获官方允许，我们也可在祝圣时为沙皇一家举行追荐仪式。当然，官方一定会派人监视我们。不过，盯梢的人未必能弄清教会仪式的细枝末节，对于他们而言，冗长费解的教会礼拜全都一个样。

维亚切斯拉夫·米哈伊洛维奇很喜欢这个主意。如今只剩一桩小事，即找一位愿意冒险的神父。因为风险无疑依然存在，即便不是太大。如若某个盯梢者一旦看出真相……老实说，我们竭力不去设想这种结果。可我们又完全不愿让熟悉的神父冒此风险。

一位熟人此时无意中提起，瓦西里主教（罗江科）近日自美国飞来莫斯科。我们很多人都曾耳闻这位主教，知道他用"敌对声音"主持的教会广播节目。我们经过一番商量得出结论，瓦西里主教是主持沙皇一家追荐仪式的最佳人选！首先，他是一位白军流亡者。其次，他是外国人，较之于我们的神父，他风险较小。"深层勘探办公厅"，即克格勃在当时的别称，对他亦无任何特别措施。很可能……至少，他更易脱身，他毕竟是个美国人，我们这样说服自己。再说，就像当年一首有些无耻但很流行的歪诗所写的："老头上了年纪，他什么都无所谓。"归根结底，我们也根本没有其他办法！……

总之，我和维亚切斯拉夫·米哈伊洛维奇当晚便前往宇宙宾馆，瓦西里主教和美国东正教徒朝圣团就下榻在那家酒店。

主教下到酒店大堂来见我们……我们惊得目瞪口呆！一位非同寻常的美男子出现在我们面前，这位老人面色极其和善，身材高大而又匀称。更确切地说，他不带任何嘲讽神情，亦无丝毫感伤之情，如旧时用语所称，是位端庄优雅的长

298

老。我们从未见过这样的主教。你能在他身上揣摩出另一个俄国，揣摩出那业已失却的文化。这完全是另一种主教，与我们所见的主教迥然不同。这并非说我们的主教不如他，不是的！可他完全是另一种主教，这也的确是事实。

我和维亚切斯拉夫·米哈伊洛维奇立时感觉羞愧，因为我们居然想让这样一个人，这样一位伟大善良、毫无防备、充满信赖的人去冒险。我们报上姓名，说了几句客套话，在尚未转入正题前，我俩在向他道歉之后躲到一旁，商定一条意见，即我们一定要让主教在接受我们的建议之前好好思量一番。

为谈话方便，我们三人走出酒店，以远离酒店里的窃听装置。主教刚一听闻我们此行的目的，便面带喜悦地停下脚步，站在人行道上，他紧紧握住我的手，仿佛我会逃走，他不仅表示同意，还情绪热烈地要我们相信，我们是上帝派来见他的使者。我揉揉肘部，猜想我的衣袖下是否会出现大块青斑，与此同时，事情全都水落石出。原来，自从成为神父以来，主教五十年如一日，始终坚持在这一天为沙皇一家举行追荐仪式。这一次他来到莫斯科，对于如何在苏联举行追荐仪式这件事已苦恼数日。突然之间我们到来，提出这一虔诚的冒险计划。主教视我俩为天使，为天国的使者！对于此事存在危险的警告，他仅遗憾地摆了摆手。

余下的几个问题也被瓦西里主教迎刃而解。依据古老教规，来到另一教区的主教若未获本地主教同意便不得主持礼拜。莫斯科教区的主教即牧首本人。可瓦西里主教说，至圣牧首皮缅昨晚恰好已同意他在莫斯科主持所谓私人礼拜，即祷告仪式和追荐仪式。这正是我们所需要的。仪式还需要一支合唱队。原来，随主教而来的朝圣者几乎均为教堂合唱队成员。

在沙皇一家遇害纪念日的清晨，我们在迪纳摩工厂门口会面。我和克雷科夫的朋友将近五十人，另有二十位美国人。美国人多为信奉东正教的盎格鲁撒克逊人，他们只会说英语和教会斯拉夫语。需要赶紧想个法子，如若负责监视我们的人发现有外国人进入工厂，定会招致额外的麻烦。因此为稳妥起见，只好用卢比扬卡的地牢来把我们的美国教友吓个半死，强令他们无论如何不能开口说话，除了唱安魂曲。顺便说一句，在主教做礼拜时，他们的合唱的确出色，歌声贯穿礼拜始终，他们几乎没有外国口音，歌词烂熟于胸。

　　厂长办公室的几位代表以及一些面色阴沉的人押送我们穿过长长的走廊和过道，来到佩列斯维特和奥斯里亚比亚的墓地。我的心提到嗓子眼儿，我发现那些身着制服的人正用怀疑的目光打量身材高大的主教和他的教民，那些教民吓得要死，他们虽然默不作声，可看上去依然不像是苏联人。不过，事情还算顺利。

　　克雷科夫塑造的佩列斯维特和奥斯里亚比亚的墓碑雕塑十分漂亮，风格简约而又崇高。我们开始举行祝圣仪式，之后按我们约定不露痕迹地过渡至追荐仪式，以免那些官方人士看出破绽。主教的主持如此动情，他的教民们唱得如此

忘我，让我们感觉追荐仪式似乎转瞬即逝。主教没有说出"皇帝"、"皇后"、"皇子"等词，而仅提及一些人名，起先是武士安德列·奥斯里亚比亚和亚历山大·佩列斯维特，随后是遇害的尼古拉、遇害的亚历山德拉、遇害的少年阿列克赛、遇害的少女奥尔迦、塔季扬娜、玛丽娅和阿纳斯塔西娅，还有主教本人逝去的亲人以及我们逝去的亲人。

或许，那些身着制服的人其实心知肚明。完全有此可能。可他们全都不露声色。分手时，他们向我们表示感谢。我和维亚切斯拉夫·米哈伊洛维奇觉得，他们的道谢十分真诚。

当我们步出工厂大门重新回到城里，瓦西里主教突然走到我身边，紧紧地拥抱我。他稍后说的一段话令我始终铭记。他说，他将终生感激我今天为他做的一切。虽说我完全不清楚我究竟有何特别建树，可主教的话却让我十分受用。

果然，主教此后对我始终仁慈至极，直到他去世，我将他的仁慈视为宝贵的、我不配享有的神的恩赐之一。

当时，受难国君及其全家的遇害真相刚刚为我们所知。自境外传入的图书和老一代东正教徒们的叙述，使我们了解到这些俄国的新受难者和忏悔者。

关于沙皇尼古拉二世和他全家，恰在当年出现激烈争论。对于将沙皇一家尊为圣徒，一些我十分敬重的人均持否定态度，其中就包括杰出的下诺夫哥罗德都主教尼古拉和莫斯科神学院教授阿列克赛·伊里奇·奥西波夫。我对这些智者的理由无法提出任何反驳意见，可我却始终认为，尼古拉皇帝和他全家均为圣徒。

这是在我认识主教两年之后，我正处于一生中最艰难的时刻之一。一天，还是一名见习修士的我心绪不宁，偶然走进顿河修道院，来到牧首吉洪墓前。这天是沙皇一家遇害纪念日。在那一年，沙皇一家的追荐仪式首度可以公开举行。我衷心地祈求沙皇一家受难者帮助我，如若他们已是侍奉上帝的圣徒。

追荐仪式结束了。我走出教堂，心情依然沉重。我在门口遇见一位多年不见的神父。不待我提出任何问题，他径自与我交谈，竟突然解开了我的所有心结。他清晰准确地指出我该如何去做。毫不夸张地说，这在很大程度上决定着我的命运。我心里再未出现与尊奉沙皇一家相关的问题，无论我听闻过多少关于俄国末代皇帝之弱点、错误和罪责的议论。

诚然，若难以获得教会的确认，我们的个体宗教体验便微不足道。但让我深感荣幸的是，教会最终将殉教者沙皇及其全家封为圣徒，这使我有权认定，自己这一渺小的、个人的、心无旁骛的体验并非虚妄。

我身边的人均认为，对于俄国而言，君主制是最自然、最必然的国家管理方式。但与此同时，我们亦对当时各种各样活跃的君主制运动持否定态度。

一日，在皮季里姆都主教处做见习修士的我，看到几位身着革命前军官服装的人来到出版部。在他们的军装上，沙皇时期颁发的各种奖章和勋章闪闪发光，其中包括圣乔治十字勋章。我惊讶地问道：

"你们怎么能戴这些勋章呢？它们奖励的只是战场上的个人勇敢行为啊。"

几位来客让我放心，说他们佩戴这些勋章完全无碍，他们想立时拜见都主教。令我惊讶的是，主教全神贯注地、不无好奇地听客人说话，持续达一个半小时。此次拜访的目的很简单，客人请求主教向他们提供各种帮助，帮助他们立即恢复君主制。皮季里姆主教在送别他们时若有所思地说道：

"现在给你们一个沙皇，你们一个礼拜后又会把他给枪毙了……"

自那之后，瓦西里神父每次来俄前均会打电话给我，我也很高兴地与他一同开始饶有兴味的漫游。主教有很多前去漫游的理由。虽说奇怪的是，没有一次旅行是出于主教本人的意愿。

他给我讲过这样一个很特别的故事。

1978年，他的夫人玛丽娅·瓦西里耶夫娜去世。妻子的去世对于弗拉基米尔神父而言是一场可怕事件。他无限地爱她。后来发生了真诚的俄国人在这种情况下时常会发生的事情：弗拉基米尔神父开始酗酒。

主教开诚布公地谈起他生活中的这一片段，将其当做他必须经受的沉重体验。

他成为一个地道的酒鬼。虽说仰仗他出众的健康状况、高大的身材和体力，酒瘾在很长时间里均未对他的神父活动和广播节目产生影响。弗拉基米尔神父依照其塞尔维亚习惯，用一种巴尔干烈性酒自慰。教父、亲人和好友均对弗拉基米尔神父束手无策，真不知这一切最终如何收场，若非修女玛丽娅·瓦西里耶夫娜自彼世现身、亲自出面训导丈夫，众所周知，玛丽娅·瓦西里耶夫娜生前是一位伟大的修女和虔诚的信徒。

妻子的现身，尤其是她的严厉责备，令弗拉基米尔神父大为震惊，他迅速恢复理智，戒掉了酗酒这一毛病。

他不再喝酒，但还得继续活下去。孩子们当时也已长大成人。教会法规禁止神父再婚，丧妻神父如若再度结婚，将永久失去主持礼拜的权利。除此之外，弗拉基米尔神父如此思念他的修女妻子，他心中的尘世之爱已永远交给玛丽娅·瓦西里耶夫娜。弗拉基米尔神父开始真诚祷告。主回应了他的期望。

弗拉基米尔神父的教父约翰大司祭（马克西莫维奇）去世后，罗江科一家的故友、伦敦都主教阿纳托利·苏罗日斯基成为他新的精神导师。阿纳托利都主教告诉弗拉基米尔神父，美国东正教会的主教们谨慎但执着地多方斡旋，试图说服丧妻的白品大司祭弗拉基米尔剪发做修士，成为黑品大司祭，然后派他前往美利坚合众国担任首都华盛顿城的主教！

弗拉基米尔神父深知，真正的大司祭职位不仅是荣誉和权威，而且也意味着无休止的每日操劳，完全无暇顾及自己，承受常人难以想象的重负。俄国侨民界的主教还收入微薄，时常沦为赤贫。再说，这位候选者的年龄对于出任主教而言已不年轻，他已六十六岁，他任神父已长达四十年。

然而，弗拉基米尔神父却将要他剪发做修士、担任主教的建议视为神的意志，视为神对他的祈祷作出的回答。他表示同意。美国和英国的主教们立即击掌为定，弗拉基米尔神父的命运就此决定。

但在剪发之前，他突然向他的教父安东尼·苏罗日斯基都主教提出这样一个心直口快的问题：

"主教，我现在接受你的剪发。我要向上帝和他的神圣教会发出庄严的修士誓言。对于纯洁的誓言，我完全明白。关于无私的誓言，我也都清楚。关于祈祷的誓言，我也清楚。可与服从相关的誓言，我却弄不明白！"

"怎么可能呢？"安东尼都主教感到很奇怪。

"是这样的，"弗拉基米尔神父有理有据地说道，"我剪发后不是做修士，而是立即做主教。也就是说，我要担负安排和指导的职责。那么我该服从谁呢？你让我去侍奉谁呢？"

都主教想了想，然后说道：

"你就去服从和侍奉你在生活道路上遇见的每一个人。只要他的请求没有超出你力所能及的范围，也不违背《福音书》。"

这句训诫让弗拉基米尔神父很是受用。由于他时刻准备义无反顾地履行他剪发时立下的这一诺言，这位主教身边的人可没少吃苦头。其中也包括我自己。主教的神圣侍奉不止一次变成我的苦役！

比如，我俩一日走在莫斯科街头，这是个糟糕的雨天，我们正疾步赶往某处，一位手提网袋的老妇人突然拦住主教。

"神父－父啊！……"她用苍老、颤抖的声音说道，她自然不知道，她眼前的人根本不是一名普通神父，而是一位主教，还是美国主教，"神父，请帮帮我，请给我的房间祝圣！我求我们的伊万神父都求了三年，他一直没给我做。你能不能开开恩，去给我的房间祝圣呢？"

我未及开口，主教已显出最热情的态度，打算前去履行请求，仿佛他终生都在期待这个为老妇人房间祝圣的良机。

"主教！……"我绝望地说道，"您还不知道这房间在哪儿呢！老婆婆，路远吗？"

"不远啊，奥列霍沃－鲍里索沃方向！下了地铁后再坐四十分钟公交车！……不远啊！"老妇人开心地说道。

于是，主教丢下我们的要紧事（在此情况下违背他的意志毫无意义），去给老妇人的房间祝圣，起先他还得赶往莫斯科另一端的一座教堂，去一位熟悉神父处取祝圣必需的圣器。（我自然要与他同行。）老妇人（她哪来的力气啊！）高兴得不知所措，她迈着碎步跟在我们身后，一刻不停地向主教絮叨她心爱的儿孙们，那些儿孙已很久不来看她。

从那座教堂出来，我们在高峰时分走进地铁，多次换乘后到达莫斯科郊区。然后我们挤进人满为患的公交车，颠簸四十分钟。最终，主教为这间莫斯科九层板楼上的八平米小房间祝圣，他庄严郑重地祈祷，一如他的每次礼拜。之后，他与兴高采烈的老妇人并肩坐在餐桌旁（他俩均对对方感觉十分满意），老妇人端上茶、面包圈和放了很久、已结出糖霜的樱桃果酱，主教对女主人的款待大加夸赞。最后，老妇人在道别时偷偷塞给"神父"一个卢布，主教没有拒绝，充满感激地收下。

"上帝保佑你！"老妇人对主教说，"如今我就是死在这间房里也感到甜蜜。"

一次又一次，我看到瓦西里主教真正意义上地侍奉向他求助的每一个人。而且显而易见，除了侍奉他人的真诚愿望之外，此处还隐藏着某种只有他才明白的特殊因素。

想到这里，我突然意识到，"侍奉"一词就源于动词"听从"。我逐渐参透，借助这一谦卑的侍奉，主教学会了敏锐地听从并认知上帝的意志。如此一来，他的一生便不折不扣地成为对神意的不断认知，成为与救主之间一场隐秘却实在的交谈，主与人交谈的手段并非语言，而是生活处境，他赐予交谈者的最高奖赏，就是让对方成为他在此世的工具。

1990年夏天，主教再次来到莫斯科，一位身材魁梧的年轻神父来见主教。他邀请主教去他的教区主持礼拜。主教一如既往，不会让对方发出第二次请求。我知道我们照例又遇到了麻烦。

"你的教区在哪里？"我面色不悦地盯着年轻神父，问道。

根据我的语气，大个子年轻神父便能明白我并非他的同盟者。

"不远！"他颇为冷淡地对我说。

这是一个很平常的回答，可在这个回答背后却时常隐藏着我们无边无际祖国

△　红火家园（重彩油画　150X260cm　2015 年　周昌新作）

的广阔空间。

"你瞧，格奥尔基，不远！"主教试图安慰我。

"不是很远……"大个子又说。

"你说到底是哪儿？"我阴沉着脸问道。

那神父有些踌躇不安。

"一座十八世纪的教堂，这样的教堂你在俄国根本找不见！格列列茨村……科斯特罗马附近……"

我的预感开始兑现。

"明白了！"我说，"从科斯特罗马到你的格列列茨还有多远？"

"一百五十公里左右……更确切地说，两百公里……"神父诚实地说，"刚好在楚赫洛马和科洛格里沃之间。"

我浑身一抖。我开始数落：

"到科斯特罗马四百公里，然后又是两百公里……顺便说一句，主教，您知道在楚赫洛马和科洛格里沃之间是什么样的路吗？听着，神父，你邀请主教去做礼拜，可你征得科斯特罗马主教许可了吗？"我抓住最后一线希望，"没有准许，主教是不能在其他教区做礼拜的！"

"没有准许我是不敢来这里的，"大个子无情地告诉我，"我们事先已经获得了我们主教的祝福。"

就这样，瓦西里主教踏上了荒蛮之路，前往科斯特罗马密林中的偏僻小村。大个子名叫安德列·沃罗宁，实为一位勤勉的神父，当时有很多这样的人进入教会。他是莫斯科大学毕业生，他重建这座被毁教堂，创立了教区、学校和一座出色的儿童营。通往他的村庄的道路的确很远，楚赫洛马和科洛格里沃之间的路果然如我所料，同行的人很快便疲惫不堪。

汽车突然停下。几分钟前路上发生一起交通事故，一辆卡车迎面撞上一辆摩托车。一名死去的男人躺在路面的尘土中。一位青年六神无主地站在死者旁边。垂头丧气的卡车司机在附近抽烟。

主教和随行的人赶紧下车。可灾难已无法挽回。一瞬之间，残酷的荒诞感得意洋洋地闯入我们的世界，难以弥补的人类痛苦笼罩着此时站在路上的每个人。

骑摩托车的年轻人手里抱着头盔，不住哭泣，死者是他父亲。主教拥抱年轻人。

"我是神父。您父亲如果是信徒，我现在可以为他做必要的祷告。"

"好的，好的！……"年轻人开始缓过神来，急忙说道，"请您照规矩做吧！父亲是东正教徒。不错，他从来没去过教堂，附近的教堂全都被毁了……可他一直说他有一个教父！请您照规矩做吧！"

随行的人从汽车里拿出圣服。主教忍不住小心翼翼地问年轻人：

"您父亲没去过教堂，却有一位教父，怎么会这样呢？"

"是这样的……父亲很多年一直在听伦敦的宗教广播。主持人是位名叫罗江科的神父。爸爸就把这位神父当做自己的教父。虽然他一辈子从未见过那位神父。"

主教哭了，他跪倒在他死去的教子身旁。

漫游……或远或近的漫游，对于基督的门徒而言，漫游的确是被祝福的，因为上帝即漫游者。他的一生即漫游。他自天国下至罪孽的俗世，然后在加利利的山冈和谷底漫游，在暑热的荒漠和人声鼎沸的城镇漫游。在人类灵魂的黑暗中漫游。在他创造的世界漫游，这世间的人已经忘记，他们是他的孩子和继承人。

主教如此热衷漫游的原因或许还在于，在诸多意外以及时常会有的诸多危险之中，他感受到神的特殊存在。教会在每次礼拜中均为"海上和陆地的漫游者"祈祷，这并非偶然。我们这本小书中的许多故事，因此亦与道路相关。我们在漫游中遇见多少出人意料、亦为千载难逢的事件啊！

说实话，我们也曾利用主教谦卑的绝对服从。1992 年，我、维亚切斯拉夫·米哈伊洛维奇·克雷科夫与我们的老朋友、国际斯拉夫语言基金会主席尼基塔·伊里奇·托尔斯泰院士组织一个庞大的代表团去圣城朝圣，以便首度将圣火自圣城带回俄国。在耶路撒冷度过复活节之夜后，朝圣者将乘大巴返回俄国，带着圣火穿过途中的斯拉夫诸国，如塞浦路斯、希腊、南斯拉夫、罗马尼亚、保加利亚、乌克兰和白俄罗斯，最终回到莫斯科。

如今，圣火每年均由飞机运往许多城市，直接送至复活节礼拜现场。而当年那次旅程因属首次而耗费大量精力，经过多方斡旋。旅程预计历时整整一月。至圣牧首阿列克西派遣两位大司祭率团：一位是潘克拉吉大司祭，他现任瓦拉阿姆修道院主教兼修道院院长；一位是谢尔吉大司祭，他之后不久被任命为新西伯利亚教区主教。

朱可夫元帅的女儿玛丽娅·格奥尔基耶夫娜原为朝圣团的成员。可在临行前，她却突然病倒。需要赶紧找人替补她。问题在于，不可能在如此短时间里办理签证，而且是很多国家的签证。于是我们再次想到瓦西里主教，他恰好在这一天来到莫斯科。

令我们羞愧的是，我们竟然没有考虑到主教已七十七岁高龄，让他整整一月乘坐大巴绝非易事，他来莫斯科或许有其他公干。我们的首要考虑是：首先，主教能一如既往地赞同；其次，签证问题能迎刃而解，因为主教是美国公民，他的护照在沿途各国均不会遇到问题。

再说，瓦西里主教的参与也能使朝圣团获得一位精神领袖，这是大家梦寐以求的结果。我们甚至因先前没想起他而感觉遗憾。此外，与朝圣团的其他成员不同，主教精通英语，也精通德语、法语、塞尔维亚语、希腊语和保加利亚语，还懂一点罗马尼亚语。至圣牧首阿列克西同意瓦西里主教任朝圣团团长，这使主教心中充满着喜悦和强烈的责任感。

顺便说一句，谢天谢地，主教的健康状况始终很好。一位名叫亚历山大·尼古拉耶维奇·克鲁托夫的团员每日为主教包裹病腿，监督他按时服药。用瓦西里主教本人的话来说，克鲁托夫像亲娘一样照看他。

我记得，我们在临行之前迅速请到主教，然后如释重负地踏上遥远的旅程。我们的所有问题全都迎刃而解！

然而，在朝圣者们跨越各国国境时，各种问题再度出现。我们代表团在通过各国边检站时所出示的是事先办理的团体签证。这份签证上写有玛丽娅·格奥尔基耶夫娜·朱可娃的名字，却无瓦西里主教（罗江科）的姓氏。

问题出现在以色列，该国以边检和海关的严查死守而著称。机场的以色列特勤人员立即将非同寻常的俄国代表团拦在一旁，按照名单点名。点到潘克拉吉大司祭、谢尔吉大司祭、亚历山大·尼古拉耶维奇·克鲁托夫和其他人的名字时，一切正常。可在点到玛丽娅·格奥尔基耶夫娜·朱可娃的名字时，站起身来的却是瓦西里神父。他客气地冲那位以色列边检官笑了笑，鞠躬示意。

"怎么回事？"边检官不明就里，"我叫的是玛丽娅·格奥尔基耶夫娜·朱可娃。"

"玛丽娅·格奥尔基耶夫娜·朱可娃就是我。"主教忠厚地回答。

"怎么可能是您？"边检官傻了，"您是什么人？"

"我？……我是俄国主教瓦西里啊！"

"玛丽娅·格奥尔基耶夫娜·朱可娃是俄国主教？！这里可不是开玩笑的地方！您叫什么名字？"

"是护照上的名字，还是……"

"当然是护照上的！"边检官气呼呼地说。

"护照上的名字是弗拉基米尔·罗江科。"

"玛丽娅·朱可娃，瓦西里主教，弗拉基米尔·罗江科？……您到底是哪儿来的？"

"我常住美国……"主教说道。

"我们来给您解释一下！"代表团的其他成员试图介入谈话。

可边检官厉声打断其他人的话：

"请其他人保持沉默！"

然后他再度严肃地对主教说：

"这就是说，您说您是俄国主教，但住在美国？有意思！……请出示您的护照。"

"我的护照是英国护照，"主教递过护照，赶紧说了一句。

"什么－么？"边检官火冒三丈，在主教眼前摇晃着那份团体签证，"您在这份文件上到底用的是哪个姓名？！"

"怎么对您说呢？"主教说道，自己也觉得有些奇怪，"我在这份文件上的名字就是玛丽娅·格奥尔基耶夫娜·朱可娃。"

"够啦！"边检官喊道，"马上回答这个问题：您是什么人？"

主教感到很伤心，因为他惹这个年轻人生气了。然而，他尽管一向谦卑，却不喜欢别人冲他叫喊。

"我是一位俄国神父，是瓦西里主教！"他威严地说道。

"瓦西里主教？那谁又是弗拉基米尔·罗江科？"

"也是我。"

"那玛丽娅·格奥尔基耶夫娜·朱可娃呢？"

"玛丽娅·格奥尔基耶夫娜也是我。"主教摊开双手。

"是这样！……您的居住地？……"

"美国。"

"护照呢？"

"我持有英国护照。"

"您在这里是？……"

"我在这里是玛丽娅·格奥尔基耶夫娜·朱可娃……"

这一幕在每个国家的边境反复重演。

然而，尽管有这些麻烦，瓦西里主教仍感觉十分幸福。因为他实现了自己的理想，即复活节时在主的灵柩前祈祷。因为他在离别多年后重回他心爱的南斯拉夫，尽管只是路过。还因为他出色完成托付给他的重任，率领朝圣团前往圣城，在莫斯科，在圣徒基里尔和梅福季纪念日，他又与阿列克西牧首并肩参加十字架游行，自克里姆林宫圣母安息节大教堂至斯拉夫广场，他庄严地手捧圣火盅，取自圣城的圣火在其中燃烧。

　　尽管主教从未明说，但在俄国和俄国教堂主持礼拜是他的夙愿。此为他幼年即有的追求。一日，我们与中央电视台第一频道达成协议，拍摄一组访谈节目，内容涉及上帝和教会、古代圣徒、新受难者、俄国和俄国侨民界。瓦西里主教身体不适，却仍旧来到莫斯科，付出他最后的心血夜以继日地录制这组节目。这是苏联电视台最早播出的此类访谈。这些节目激起，观众非同寻常的兴趣，后来多次重播。后来，无论主教现身何处，均有人向他表示感激，因为他们在观看主教的访谈节目后获得了信仰。这些见证是对主教的最高奖赏。

　　主教的话让我们重新看待二十世纪教会历史中的许多现象。一次，有人当着他的面争论当时流行的一个话题，即如何评价苏联时期的那些主教。一些人的评价不仅是谴责，甚至充满敌意和仇恨。主教默默听着争论。当那些无情抨击俄国主教的法官们转向主教，希望获得他们认为必然会得到的支持时，主教却讲述了这样一个久远的故事。

　　六十年代初，他当时还是一名神父，俄国教会对外关系部主席尼科季姆都主教一次曾造访他在伦敦的居所。他俩只能躺在地板上交谈，以防寸步不离紧盯尼科季姆都主教的密探们根据窗户玻璃的震动来监听录音。

　　尼科季姆主教小声告诉弗拉基米尔神父，苏维埃政权日复一日地试图关闭波恰耶沃修道院，为阻止此事国内的主教们已竭尽所能。尼科季姆主教请求弗拉基米尔神父在英国广播公司和美国之音组织一些专题节目，以使苏联领导层不敢对波恰耶沃修道院下手。都主教和弗拉基米尔神父两人均心知肚明，尼科季姆主教向其交谈者提出此类请求，他承担着多大的风险。

　　次日，波恰耶沃问题便成为英国广播公司和美国之音宗教节目中的中心话题。成千上万封抗议信从世界各地飞向联合国和苏联政府。这对苏联当局产生很大影响，甚至是决定性影响，当局被迫重新准许波恰耶沃修道院开展宗教活动。

　　1990 年，我有幸与瓦西里主教一同前往波恰耶沃。他首次来到此地。他主持一场礼拜，见到许多和他一样曾参与三十年前那些戏剧化事件的人。

　　关于瓦西里主教还记得什么呢？反正他的每次来访均与某一特殊事件不谋而

合。罗斯受洗千年纪念日，圣火首度传入，为沙皇一家举行的追荐仪式，中央电视台最先播出的宗教节目。正像主教本人常说的那样："当我停止祈祷，这些巧合才会终止。"

主教 1991 年夏的莫斯科之行亦不例外。他作为庞大的美国代表团之一员，前来参加首届全球俄罗斯同胞大会。世界许多国家的俄国侨民界代表，不论其政治立场，均首次正式获邀来到莫斯科。政府首脑们试图让这次大会成为后共产主义俄国新生活的一座里程碑。

有很多很多人回国。甚至那些先前从未让苏联抓住尾巴的流亡者也冒险现身。"残存的白卫军"也赶回来，他们终生绝对不相信苏维埃政权。甚至有弗拉索夫俄奸部队的成员。如何能说服这些人回国，我至今不得其解。或许，大家都很想看一眼祖国。

国际旅行者酒店人满为患。俄国侨民和他们的后代在莫斯科城四处溜达，打量着城市和市民们的脸。令他们震惊的是，莫斯科人对他们也很感兴趣。莫斯科人在接待他们时表现出了过高的期望，这些期望有时是近乎不可遏制的幻想，这更令他们错愕。当时确有许多心地善良的人坚信"国外的人会帮我们"。顺便说一句，在俄国侨民界如若有谁曾对俄国的精神复兴作出不是口头上、而是实际上的贡献，他们便是谦逊的编外主教瓦西里以及其他修士侨民，那些主教、神父和教民。

同胞大会的主要事项即在莫斯科克里姆林宫圣母安息节大教堂举行的礼拜。不准在克里姆林宫教堂举行圣事的禁令已持续达数十年之久，如今至圣牧首阿列克西在此主持礼拜。瓦西里主教协助牧首主持仪式。不幸的是，在飞来莫斯科的前一周，瓦西里主教在他华盛顿的家中摔断了腿。但主教不愿错过这一重要事件，于是便腿缠绷带返回祖国，他有些滑稽地拄着拐杖，勉强能跟上那群吵吵嚷嚷的俄国侨民。

8月19日清晨，在主变容节，数十辆大巴满载来自各大洲的俄国侨民，驶出国际旅游者酒店。他们被拉到克里姆林宫前的库塔法塔入口。他们恍恍惚惚、眼含热泪地迈入克里姆林宫大门，走向圣母升天节大教堂，在这里，至圣牧首阿列克西在身边众主教（其中就有挂着拐杖的瓦西里主教）的陪伴下开始了礼拜。

但众所周知，正是在这一天，1991 年 8 月 19 日早晨，发生了一件后被史学家们冠以四个大写字母 "ГКЧП" 的历史事件，即国家紧急状态委员会的成立。是的，恰于至圣牧首在圣母升天节大教堂祈祷的时分，我们国家又发生了一次政变。

礼拜结束后，当心怀感动、充盈幸福的侨民们走出克里姆林宫，他们却大惊失色地看到，出现在他们面前的并非旅游大巴，而是由手持冲锋枪的士兵组成的密实人墙，在他们身后停着一长列坦克和装甲车。

起初大家均不明就里。可后来，有人恐惧地喊了起来：

"我就料到会这样！！！布尔什维克又把我们给骗了！这是陷阱！"

包围队列中莫名其妙的士兵们慌张地相互张望。侨民人群中传出绝望的呼喊：

"我早就警告过！！！不能回来！他们骗我们回来！陷阱，陷阱！！！这都是精心策划好的！"

此时，一位军官迅速来到惊慌失措的侨民面前，他负责处理与同胞大会代表们相关的事宜。必须立即将他们转运至卢比扬卡广场，代表们的大巴车在士兵们来到克里姆林宫之后已被转移到了卢比扬卡广场，现停在那里等候代表们，然后会尽快将这些外国人送回国际旅行者酒店。

"同志们，不要慌乱！"军官用命令的口吻宣布，"我建议大家有组织地前往卢比扬卡！这些人送你们过去！"

军官指了指一个排的士兵。

"不，不，我们不想去卢比扬卡！！！"侨民们争先恐后地喊道。

"有人在那边等你们呢！"军官说道，他真心感到惊讶。

这句话让侨民们更加恐惧。

"啊，不要！！！绝对不去卢比扬卡！无论如何也不去！"众人高喊。

军官数次试图让这些怪人恢复理性，可时间有限，他最终只好给士兵们下达命令，让士兵们用胳膊或枪口驱赶侨民，把他们赶往卢比扬卡广场。

众人全都惊慌失措，完全把瓦西里主教抛在了脑后。拄着拐杖的他落在库塔法塔旁，处在士兵和装甲车的包围中。当时尚无人知晓国家紧急状态委员会。站在克里姆林宫附近的人百般猜测，却一无所获。许多人认出了瓦西里主教，便请他作出解释。在不知所措的主教身边很快围起一群人，就像在开群众大会，高出众人一头的主教鹤立鸡群。

与此同时，侨民们来到卢比扬卡广场，方知的确是让他们上大巴车，他们要去的地方是酒店而非克格勃的地下牢房。此时他们终于想起他们的主教。主教的秘书玛丽莲·斯威齐跳下大巴，勇敢地跑回克里姆林宫，跑向那些坦克和装甲车，在这个谜一般的国度，奔向她可爱的瓦西里主教。

她立马看到了他。主教犹如一名白发苍苍的领袖，置身狂热群众大会的中央，耸立于众人之上。玛丽莲挤到他身边，简短坚决地向他指明获救之路，即必须前往卢比扬卡。可拄着拐杖的主教却无法走完这段路程。他让玛丽莲另寻交通工具。玛丽莲挤出人群，四处张望。附近除了马达轰鸣的装甲车，再无任何交通工具。玛丽莲走近一位年轻军官，用蹩脚的俄语对他说，这里有位年长的美国神父，需要立即拉他去卢比扬卡广场。军官摊开双手："我怎么帮您呢？只有坦克！要不就是自行火炮。"

玛丽莲突然发现，不远处停着一辆十分合适的小型汽车。

"这辆吉普怎么样？！"

"怎么，用这种'囚车'？"军官兴高采烈，"请吧。我们现在就去和警察谈一谈。"

他表现出了对外国人命运的真正同情，很快，"囚车"便开近人群，主教正置身人群中央。玛丽莲跟在那位军官和两名警察身后，向主教挤去。玛丽莲高声喊道，想盖过人群的喧哗和坦克的轰鸣声，她告诉主教，有一辆出色的吉普车等在外面，要送他们去卢比扬卡。

两位民警、那名军官和玛丽莲，三人合力扶住主教，领他穿过人群。见此情景，民众激动起来。

"怎么回事？要把神父带到哪里去？"人们表现出愤怒。

当他们发现，一位腿缠石膏绷带的年老神父正被塞进一辆黑色"囚车"，狂暴的民众便扑过来保卫主教：

"又来了！！！又要逮捕神父啦！我们不放神父走！我们组成人墙来保护他！"

"不要，不要！"主教绝望地高喊，推开身边的救命恩人，"请放开我！我想去卢比扬卡！"

拖着伤腿、带着拐杖的主教被勉强扶进汽车，汽车穿过激愤的人群。

主教透过"囚车"车窗朝外看，眼含感激的泪水一遍又一遍地说：

"多好的人啊！多好的人啊！"

很快，主教在卢比扬卡受到对他充满爱戴的教民们的迎接。

即便疾病缠身，在生命的最后几年，他依然想来俄国，希望对俄国再做奉献。

瓦西里主教最后一次来莫斯科时已病入膏肓。他卧床数周。他住在娜塔莉娅·瓦里西叶夫娜·涅斯捷罗娃家，女主人对他关照有加。可我明白这或许是主教最后一次来俄国，便请求让我们奉献节修道院的修士和见习修士在主教榻前轮流值班，照看主教。年轻修士们得以与主教交往，并提出问题，征求建议，只有一位饱经风霜、精神体验十分丰富的神父方能对这些问题作出回答。

我的修士们或许并非最好的护工。他们或许向病中的主教提出太多问题，索取太多回报。但是，与年迈主教共同度过的日日夜夜对他们而言无疑十分有益，同样，与自己在教会中的继承人交往，这对主教来说也很重要。令他感到幸福的是，他强撑病体，尚能对各种问题作出回答，传授自己的经验和知识，仍可履行侍奉，他生活的意义正在于这一侍奉，他无法想象侍奉以外的生活。

瓦西里主教完全孤身一人踏上他的最后一趟旅程，即自尘世国度步入期待已久的天国。一天早晨，人们在他华盛顿房间的地板上发现了已无气息的他。主教在这个房间居住多年。这套住宅仅有一个房间，房间极小，可它不仅是主教的卧室，而且还是一座家庭教堂，一间播音室，是保存他数十年间广播节目的档案室，是他款待客人的餐厅，也是他的书房，而且居然还有地方接待房客，一些俄国来客常落脚主教处，或待一两夜，或住上一周。

甚至在死后，主教仍乐于再度稍作旅行。亲人们久久难以确定他的长眠之地。有人建议葬他于俄国，俄国毕竟是他的祖国；有人主张葬于英国，与他妻子葬在一起；有人提出葬于塞尔维亚，他十分喜爱的国度。我能想象，主教的灵魂定能欣悦地升入天国，因此这里的每一处安葬之地均很诱人。然而，逝者最终仍被自华盛顿运至纽约，他的一位亲人坚持葬他于离纽约城不远的新基维耶沃修道院。可此事没能办成，主教于是又被运回华盛顿。他尘世的旅程最终在此画上句号，主教长眠于石溪墓地（Rock Creek）的东正教徒墓区。

瓦西里主教生前常戏谑地自称"已故"主教。就神职而言他仅为大司祭，可美国自主教会废止了这一称号。他名为主教，其实却不负担任何职责，在正式教会生活中也毫无发言权。瓦西里主教因此时常如此自我介绍："已故主教瓦西里。"然而，他却是一位真正的主教！他广阔地主宰着人类的灵魂。他令人难忘的、世所罕见的善良、信仰和爱构成了一种坚不可摧的力量，有幸结识瓦西里主教的人直到如今仍被这种力量的惊人威力所笼罩着。

愚蠢的城里人

（摘自《训诫集》）

在一座拜占庭城市，饱食终日、懒惰成性的居民们恬不知耻，甚至不愿听从他们那位善良的老主教，无论后者如何请求他们悔过自新。城里人只是嘲笑年迈的长老，挥手赶走他，像赶走一只讨厌的苍蝇。

老主教后来死去。一位年轻主教取代他，他的所作所为甚至让该城见多识广的人也谈虎色变。此时，他们方忆起那位善良谦卑的主教长老。

最终，城里人难以忍受新主教持续不断的苛捐杂税、羞辱打骂和最离奇的胡作非为，便异口同声地祈祷：

"主啊，你为何给我们派来这样一个怪物？"

他们的祈祷不得要领，但在听到他们长时间的哭号后，主仍然对其中一位市民显容，并回答："我本想给你们找一位更坏的人，可未能找到！"

同一祭坛一日内仅做一次大祭礼仪

主保佑我们这些神父修正各类错误，摆脱心不在焉，甚或愚不可及！

教会有一项严格规定，即在教堂的同一祭坛上一日之内仅能做一次礼拜。我们奉献节修道院修士喜欢做夜祷，因为夜间可以独处一隅，专心致志地祷告。百姓一般不参加夜间祈祷，除了我们有时特意邀请教民。

在一个大斋期，我决定做一次夜间预祭事奉圣礼。在做这一礼拜前需整日严格斋戒，几乎昼夜不吃不喝，我们邀请了几位老教民参加此次夜间圣餐仪式。

我在梁赞教区忙碌一日，很晚回到修道院，之后立即前往教堂。主祭坛此日早晨已照例做过一次礼拜，因此我只能在很少做礼拜的施洗圣徒约翰像前的副祭坛上举行仪式。

礼拜前的准备工作一切就绪。四名神学院一年级新生站在唱诗席上唱歌。五六位前来参加这次夜间圣餐仪式的我的友人，在小祭坛前祷告。

然而，在礼拜开始的最初时刻突然有非同寻常的事情发生。我心生一种难以遏制的慌乱感。我无法控制自己，我说错祷告词，早已烂熟于胸的《祈祷书》竟也读得磕磕巴巴，且完全不解其意。合唱队的歌声同样不协调，学生们的表现与我一样糟糕，数次停下来重新开始，却依旧唱不整齐。最后，应当拉开祭坛正门的幕帘，当我刚刚碰到幕帘，它就连着帘架哗啦一声掉在地上。

我一生中从未遇见这种事！礼拜被迫中断。我大惑不解地走下祭台。在场者的困惑不亚于我。我不解其故，便试着询问那些新生歌手，圣约翰祭台今天是否已举办过礼拜。

"是啊！"新生们回答，"下午四点我们在这里已唱过一次。是司库神父做的礼拜。"

我双手抱住脑袋，因为再有片刻，我便要在同一座祭坛上完成第二次礼拜！

"你们为什么不告诉我呢？！"我冲那些学生说。

"我们不知道不能做第二次啊，"新生们慌张地相互张望，"我们没见过……"

瞧，是我自己不对，却冲孩子们叫喊。我是主事者啊！应事先向我们的监事（他负责协调礼拜日程）通报的人正是我而非他人。我不该轻率地断定，在我们举行圣杯礼拜之前先知约翰祭坛上不曾做过礼拜。

幸运的是，礼拜的主要仪式尚未进行。于是，我将供桌移至相邻的祭坛，在那里做完礼拜。

后来我们聚在一起吃夜宵，我们一次次地回味刚刚发生的事，震惊于上帝的旨意，主护佑他的教堂免遭我们亵渎，让我们不至于无意间犯下重罪。在这之后怎能不感谢主的忍耐和关照呢？

此事之后我们决定，如今修道院中的一切礼拜仪式均由司库神父严厉管控，为使帘幕架不再垮塌，或是让它砸上脑袋，我们要好好想一想……

人们常说，不应用自己的义务和生活琐事去惊扰上帝，即所谓指望上帝，自己也要努力。虽然实话说，我们总是暗中指望他别扔下我们，期待他保护我们……

我们如何购得康拜因

2001 年夏，一位名叫雅罗斯拉夫·N 的青年向我们奉献节修道院神学班递交入学申请。他生于俄罗斯化的德国人家庭。他在阿尔泰出生、长大，后随父母迁居德国。他在那里获得德国国籍。如此一来，他同时拥有俄国和德国两本护照，这令我们感到惊奇。距入学考试尚一月有余，这位青年请求允许他这段时间住进修道院。我问他有何特长。原来，雅罗斯拉夫在德国是会计专业的毕业生。

"这么说，你会用会计软件？"我感到很兴奋。

"当然了，神父！计算机软件是我的专业。"

这正是我们当时的急需！我们在会计室为雅罗斯拉夫挤出一个办公角落，他迅速进入角色，令我们欣喜不已。

说实话，我们那一年决定将修道院的全部收入，即我们出版社出版图书的所得，用于购买农用机械。我们在梁赞州有一片隐修处。隐修处的附近地区，即我们习惯称之为集体农庄的区域，近十年来逐渐荒芜，一座座颓败的村庄让人不忍目睹。

一个冬日傍晚，临近村庄的农民来到我们教区。这些人已极度绝望。他们告诉我们，他们已三年未领到任何工资。农庄的机械只剩得一台即将散架的拖拉机和农庄主席乘坐的嘎斯牌吉普车。农庄的牲口无人喂养，一周后将十分廉价地卖给肉联厂，有些人家把饲料蒸熟喂给孩子吃……听到这些话，我们不寒而栗。当他们请求我们收留他们崩溃的农庄和他们自己，我们自然无法拒绝。让我们恐惧的是，他们竟然说出这样的话："哪怕给你们当农奴……"显而易见，他们已走投无路，再无他人可以求助。

我们收留了他们，可对农庄的经济状况稍作调查后，我们便明白，这里的一切均将从零开始。我们付了工资，给牲口买了饲料，可在此之后仍需一笔多达二十万美元的巨款，以购买必不可少的机械。我们开始积攒这笔钱，为此暂停了修葺修道院，并中断某些出版项目。

我们的积蓄不存入银行。大家均清晰地记得 1998 年的经济危机和大破产。我们那些熟悉金融的教民，建议我们把积攒的卢布换成美元。这笔钱没存入银行账户，而被保管在一个可靠的密室。

我和司库神父创建了这间不错的密室。我们在会计室一间房的墙壁上凿出一个洞，把保险柜塞入洞中，保险柜钥匙藏在原地，藏入放着一大摞《莫斯科主教区杂志》的写字台的最下面一个抽屉，又把抽屉钥匙塞在地板下面！我们十分满意，相信这笔钱比存在储蓄银行更为安全。

秋季将至，我们积攒下整整十八万美元。再攒上一些，便可订购一台联合收割机、一辆拖拉机和若干播种机。我们已开始查阅农业机械目录，讨论将来的秋收方式，突然有一天，时在 2001 年 9 月 14 日，我在前往农场途中接到了修道院司库的电话，他用变了调的慌乱声音说道：

"神父，您可别激动！……保险柜里的钱不见了……雅罗斯拉夫也不见了！您赶紧回来吧！"

当我冲回修道院，见事情果然如此：保险柜里的钱没了，雅罗斯拉夫也不见人影。可两把钥匙还好端端地摆在原处，一把在地板下面，一把在写字台抽屉里。

无论这打击有多可怕，还是必须振作起来做点什么。我打电话给我们的教民弗拉基米尔·瓦西里耶维奇·乌斯季诺夫，他时任俄罗斯联邦总检察长。弗拉基米尔·瓦西里耶维奇赶来修道院，叫上几位证人。警察开始他们的工作，即询问、提取指纹和勘查犯罪现场，我和司库神父垂头丧气，在修道院里走来走去，等待结果。

最终，弗拉基米尔·瓦西里耶维奇请我去司库的办公室。刚走进屋，我根据在场者的脸色便已明白，他们道不出任何好消息。弗拉基米尔·瓦西里耶维奇让

我在椅子上坐下，然后对我说道：

"神父，您坐下来就对了。您就能稍稍放松一些，对我们的话有所准备。您这名学生雅罗斯拉夫·N已经离开俄国。几乎可以断定钱被他偷走了。如果这样的话，很遗憾，我们就无法追回赃款了。"

"为什么？"我轻声问道。

"因为窃贼是德国公民，"乌斯季诺夫耐心地解释，"德国从来不会交出自己的公民。顺便说一句，我们也从未将我们的公民交给他们。"

"可他是名罪犯！"我惊讶地说。

"即使这样，"乌斯季诺夫叹了一口气，"可有些事情我们也无法左右，无法废止。在俄国的司法史上，在此前的苏联司法史上，还从未有过德国政府将德国公民送交我们审判的先例。"

"雅罗斯拉夫现在在哪儿？"

"很可能在他德国的家中。他持有德国护照。他可以带着您的钱平安无事地从绿色通道穿越国境。谁也不会盘查一位德国公民。您当然很清楚这一点，您经常出国。当然，我们会展开刑事调查，通报国际刑警组织。可是，亲爱的神父，您最好别再为此耗费时间和精力，您最好忘掉这笔钱，重新攒钱去满足您的农业爱好。"总检察长总结道。

听罢此言，我差点丧失语言能力！

"怎么能忘得掉呢？！这可是十八万美元啊！这就是我们的康拜因啊！……不，弗拉基米尔·瓦西里耶维奇，我们忘不掉！"

"请您相信，这毫无办法。"

"好吧，如果你们毫无办法，我们……我们就祷告！如果国家和警察都帮不了我们，就让圣母来保护我们！"

我的内心汹涌澎湃。

的确，除祈祷外别无指望。我把事情原原本本地告诉教友，然后我们开始祷告。我们首先向我们修道院的镇院之宝弗拉基米尔圣母像祈祷。

两周过后，各报头条均登出一条爆炸新闻，称奉献节修道院院长失窃百万美元。在一个天气的确很好的日子里，弗拉基米尔·瓦西里耶维奇·乌斯季诺夫突然来到修道院。他的神情令人诧异，我甚至要说，是让人震惊。

"您想想，神父，"他刚进门便说道，"偷您康拜因的那个贼还真被找到了！"

"怎么找到的？！"由于消息突然，我甚至不敢相信。

"是啊，您想想！国际刑警组织今天传来消息，这不可思议，但那个恶棍在奥得河畔法兰克福边检站被抓了。"

据乌斯季诺夫讲，雅罗斯拉夫搭乘顺路车自俄国经乌克兰至波兰，从波兰再去德国。奥得河畔法兰克福边检站他之前不止一次出入。他持有德国护照，因此从未遇到任何问题。他的此次旅程如若不是在 2001 年 9 月 14 日、亦即 9 月 11 日纽约那场著名大爆炸之后的第三天进行，一切本会平安无事。被搜寻恐怖分子的任务弄得惶恐不安的德国边防人员从头到脚仔细搜查每个人，无论外国人还是自己人。这么一来，他们便从雅罗斯拉夫身上搜出了未经申报的十八万美元，他自然无法说明这笔钱的来源。于是他的这笔钱被没收，记录在案，并送交奥得河畔法兰克福检察院保管。

"什么时候把钱还给我们呢？"弗拉基米尔·瓦西里耶维奇刚说完，我便喊起来，"我们马上去法兰克福！"

"我不想让您扫兴，神父，可问题在于，这笔钱是不会还给您的。"乌斯季诺夫叹了一口气。

"怎么会呢？"

"我对您解释过了，首先，我们无法证明这笔钱就是您的。"

"怎么无法证明？奉献节修道院被偷走十八万，那边也是十八万。这边有个雅罗斯拉夫，那边也有个雅罗斯拉夫！都能合得上！"

"在您这里是能合得上，"检察长同情地说道，"可只有法院才能查明事实。但是法庭永远无法组成。"

"为什么无法组成？"

"就因为德国人会无止境地拖延下去。这位雅罗斯拉夫也会无止境地解释这笔钱的来源，一会儿说东，一会儿说西。最主要的是，审判要在被告在场的情况下进行。可是他，自然别指望他能出场。"

"怎么会呢？！他不是在边境被抓住了吗？"

"当然不是！钱被没收了，人却被放走了。神父，别再幻想了。那个恶棍无法花您的钱了，您就因此感到安慰吧。"

"多好的安慰啊！那我们呢？我们不同样也无法花这笔钱了吗？我们需要康拜因！"

"吉洪神父，这就不是我能管的事情了。"

"没什么！"我叹口气，"我们来祈祷！"

"你们随便祈祷好了，"乌斯季诺夫生气了，"不过您要知道，无论德国人还是法国人，英国人还是美国人，历史上还从未向我们引渡罪犯。他们也不对犯罪行为进行审判。我们也从来不把我们的恶棍交给他们！"

"那我们就祈祷！"我又重复了一遍。

又过去近一年。

恰好在此时，我们与俄国境外教会建立起了十分特别、颇为复杂却又十分重要的关系。一次，柏林和不列颠主教马克邀我前往慕尼黑，我们在为阿列克西牧首和俄国境外教会首席主教拉夫尔的会面做准备。

获得至圣牧首的恩准后，我飞往巴伐利亚。

马克主教最亲近的助手尼古拉·阿尔捷莫夫神父在机场接我，用他自己的汽车将我送至主教住地，即慕尼黑郊外规模很小的圣约伯·波恰耶夫斯基修道院。

德国的人口似乎是八千万。

可我钻出汽车见到的第一个人，却是雅罗斯拉夫·N！

我立马冲过去扭住他。

我得承认，在我的记忆中，之后发生的一切有些好像在梦中。雅罗斯拉夫见到我后如此惊讶，甚至未作抵抗。当着目瞪口呆的尼古拉神父的面，当着同样不知所措的修士们和马克主教本人的面，我将雅罗斯拉夫拖进修道院。我把他塞进一个房间，锁上门，这才缓过神来。

"您这是干嘛呀？……"马克主教吃惊地看着我，说道。

"这个人偷了我们一大笔钱！"

"这可能是误会！他是我们修道院的会计。"

许多修士围到我们身边。

我能想象马克神父的惊讶：从俄国，也就是昨日的苏联，跑来一位神父，他抓住一位德国公民，并把后者关进别人的修道院。

我对主教和他的修士们讲了雅罗斯拉夫的故事，但是显然，他们并不相信我的话。于是我请求往莫斯科打个电话，我拨通了总检察长的号码。

"弗拉基米尔·瓦西里耶维奇，我抓住他了！"我冲着话筒喊道。

"谁？您抓住谁了？"电话里响起乌斯季诺夫不知所措的声音。

"还能是谁？就是偷我们钱的那个强盗。"

"等等……您说您抓住了？在哪儿？"

"在慕尼黑啊！"

"在德国？！您是在开玩笑？您怎能抓住他呢？"

"是这样……我刚走出汽车……我一看——是他。我就抓住他，把他拖进修道院关了起来！关在修道小室里！"

没了声音。我担心乌斯季诺夫认为我在要他。可片刻之后我便明白，事情并非如此，因为电话另一端响起了真正的吼叫。

"您赶紧放了他！！！"

我惊呆了。

"怎么能——放了他？……"

"立即放了他！！！"乌斯季诺夫的嗓音仿佛响彻整座莫斯科城，"您知道您闯了什么祸吗？！"

"弗拉基米尔·瓦西里耶维奇！……我怎么能把他……"

检察长已不再听我解释：

"您刚刚剥夺了一位德国公民的自由！您因此会坐两年牢！我们之后还要费神把您从大牢里弄出来！马上放了他，让他想去哪儿去哪儿！"

我想了想，说道：

"不！是上帝把他交到我手上的，我怎能放了他呢？……弗拉基米尔·瓦西里耶维奇，随您的便好了，可我要把他关在这里，直到警察赶来。"

无论乌斯季诺夫如何喊叫，如何发脾气，我仍坚持己见。他也无法把我弄进他在莫斯科的总检察长办公室。最终，弗拉基米尔·瓦西里耶维奇只得让步。

"好吧，我马上联系德国国际刑警组织。但如果他们把您关进大牢，您要自己负责！"

一段时间过后，巴伐利亚国际刑警组织的代表来到修道院。可他并未逮捕雅罗斯拉夫，却审问起我来。我们的谈话是这样进行的。

"您在德国领土上展开了刑事调查？"

"什么刑事调查？"

"您是怎么找到这个人的？"

"我走下汽车，一看——是雅罗斯拉夫！我就抓了他。"

"您专门跟踪了他？您盯他的梢？您确定了地点？"

"当然没有！是上帝把他交到我手上的。"

"抱歉，是谁把他交给您的？"

"是上帝！"

"抱歉，我再问一句，是谁？"

"是上帝把他交到我手上的！"

"明白了。"这位巴伐利亚人说道，疑虑重重地看着我。

他再次询问所有细节。之后又问了一遍。他脸上的不信任为愈来愈多的惊讶所取代。最后他问道：

"您知道吗？如果您说的都是事实，我就打算提议由您来担任巴伐利亚刑警组织的长官。"

对此我回答道：

"谢谢您，不过我已经有了一份公民职业。我是集体农庄主席。因此我无论如何不能接受您的建议。"

雅罗斯拉夫身上相继发生的这些事件，这些难以逆转的命运安排，亦对雅罗斯拉夫本人产生了强烈影响。那笔钱意外地恰恰在德国被没收，他当时觉得一切危险均已过去，他暗中窃喜，觉得自己已万事大吉。此事恰恰发生在奥得河畔法兰克福海关，雅罗斯拉夫特意选择在此过关，因为此前他曾多次在此出入境。还有我们在慕尼黑修道院的碰面，他几乎已在这里当上会计……最后，他不是被关在别处，而恰恰被关进修道院的修道小室，与他一年前狼狈逃离的修道小室一模一样。

此外，我想，在奉献节修道院做出如此悲哀、如此轻率的举动之后，雅罗斯拉夫也不可能不感到良心的谴责。他清楚地知道他偷走的钱是积攒起来做什么用的，我敢肯定，无论他如何辩解，他一准有过真正的痛心和羞愧。

但最主要的是，他也感觉到无处不在的隐秘神意在世界和教会的显现，感觉到这一神意对他自己的作用。这让雅罗斯拉夫大为震惊。这迫使他深入思考。最终，他如实招供了一切。

他被看管起来。过了一段时间，他对进行审判，被判坐牢四年，他在巴伐利亚服满刑期。在此期间，慕尼黑圣约伯·波恰耶夫斯基修道院的修士和见习修士们常去看他，竭尽所能地帮助他。

俄国总检察院和司法部以合适方式与德国司法部取得联系，根据法院判决，存放于奥得河畔法兰克福检察院的十八万美元被交与我们司法部专门前往法兰克福的工作人员。

2003年7月6日早晨，装钱的箱子被送至奉献节修道院，交由司库神父签收。这一天是我们修道院的节日，即弗拉基米尔圣母像节，我们曾在这尊圣像前祈祷，求圣母帮助我们消除我们遭遇的灾难。

在这一天的节日礼拜上，我需要一个布道主题。我将我们的这个故事告诉教友们，并得意地向教堂里所有的人展示了早晨运到的钱箱。

我们很快便购置了必需的农业机械。

奥利洪岛夕照 ▷

（重彩油画　100X120cm

2015 年　周昌新作）

瓦西里与瓦西里·瓦西里耶维奇

九十年代初，一位教民时常现身顿河修道院。我们叫他瓦西里。他十分壮实，膀大腰圆，是个成功的个体商人，也是一位信徒。但他有个特性。他一生百折不挠，仅遵循几位特定神父和长老的祈祷和祝福行事。他是在书中读到此种方式的。

人们会问，这样做有何不妥呢？会有不妥。如若一位神父提出的建议不合瓦西里口味，他便立时去寻找其他神父，直到最终觅得他需要的"祝福"。如此瓦西里便心安理得，立即认定此位神父言之有理，祈祷灵验。

我们因此多次责备瓦西里。可瓦西里自以为是，对我们的责备仅报以狡猾的微笑。不过得承认，他相信这些死乞白赖得来的（有时是罪过地用礼物换得的）祝福，也的确真心实意！

瓦西里家有三个女儿，可他早就想有一个男性继承人。他甚至连儿子的名字都已起好，即瓦西里，小名瓦先卡。自然是为了纪念圣徒大瓦西里！而不像一些热衷谴责他的罪人们所认为的那样，是为了纪念父亲本人。

瓦西里恭恭敬敬地先后拜访修道院的每位神父，请求他们给予特殊祝福，以使他妻子最终能生下一个男孩。我们均通情达理地回答，此类祝福无法给出，瓦西里应衷心祷告，让上帝在合适时候应验他的请求。可此类建议完全不合瓦西里的心意。他要的是担保。他将神父领到一旁，求他们给予"正确的"祝福，并小声许诺，只要家里生出男孩，他愿意付出任何价钱。他在我们这里一无所获，便前往洞穴修道院，可在那里仍未能获得他所需的回答。

众人以为，他应该会就此作罢。然而，我们对他的了解显然不够。瓦西里开始寻找"真正的"修士、神父和长老。他很快找到了这样的人。

一位智者曾十分准确地指出："只要愿意，成为一名长老并不困难。"就是说，皱起眉头，摆出一副庄重神态，以毫不妥协、善于抨击著称，稍稍做点预言，给出些左右逢源的祝福，——如此便能招来趋之若鹜的崇拜者。可是，这样的人自然并非长老，而只是善于逢迎的人。

长话短说，瓦西里得意洋洋地回到莫斯科，收获一大堆能生男孩的祝福和预言。他妻子也的确很快怀孕。

妻子分娩前不久，瓦西里想前往圣城朝圣。自然要三人同行！他本人、他怀孕八个多月的妻子，还有他期待已久的那位还在娘胎里的男性继承人瓦西里·瓦西里耶维奇。

正值盛夏。正常人此时前往圣城也会暑热难耐，更遑论一位不到一个月即将分娩的孕妇！可虔敬的瓦西里固执己见。他决定带他那位尚未出生的继承人走遍圣地。

他们来到主的灵柩前。他们带领小儿子来到各各他。瓦西里此时已习惯与其继承人亲切交谈，他用手掌拍拍妻子的肚子，俯下身来说道：

"瓦西里·瓦西里耶维奇！我们就在各各他，你感觉到了吗？"

然后他们前往犹太荒原。沿着晒得滚烫的山间小径，他们不停地跋涉。他们登上诱惑山。瓦西里在此又对儿子说道：

"瓦西里·瓦西里耶维奇！我们到了诱惑山！"

在离开圣城前，他们甚至登上塔博尔山。瓦西里作为一名真正的朝圣者，自然蔑视供旅游者们使用的阿拉伯人出租车，而与瓦西里·瓦西里耶维奇徒步登上塔博尔山顶。在这里，他俯瞰脚下壮丽的景色，高声喊道：

"瓦西里·瓦西里耶维奇！我们到了塔博尔山顶！"

到了本·古里安机场，瓦西里的妻子已明显感到腹痛。不过，孩子当然只能在莫斯科出生。更为复杂的是，以色列海关居然不让他上飞机。他在圣城每个地方都要采集圣物。这位正教徒朝圣者采集了哪些圣物呢？诱惑山上的石头，加利利湖的水，约旦河的水，犹太荒原的沙土，拿撒勒的石头，伯利恒的土，等等等等。其他朝圣者通常只带少许东西，比如加利的一朵花或耶路撒冷的一颗石子，可瓦西里却带着三十公斤圣物。

但是，这些东西对于瓦西里而言是圣物，对于大惊失色的以色列边防官员而言却是采自以色列国土的土壤样本和水样本。此类情形他们首次遇见，于是断然拒绝瓦西里将这些东西带回俄国。然而，瓦西里却坚决不肯放弃圣物自旧约的耶路撒冷返回自己的"第三罗马"莫斯科城。

海关官员们最终明白，他们遇上的这个人，委婉地说，只是个大怪人，他的行为不会对以色列的国家安全造成无法挽回的危害。他们放行瓦西里，在莫斯科，他不幸的妻子被从机场直接送进产房，并顺利产下了一名女婴。

我们这位男主人公的惊讶之状难于言表。

"掉包了！"他喊道，"坏蛋医生们！我的瓦西里·瓦西里耶维奇哪儿去了？！我得到过祝福！长老说是男孩！把我的瓦西里·瓦西里耶维奇还给我！"

这个故事结局如此。瓦西里很快淡出我们的视野。我不知他的现状。我希望他清醒过来，也有了继承人。我也希望他最终谦卑地接受上帝旨意，让他家中只降生漂亮的女孩。

△ **吉洪都主教**（重彩油画　160X220cm　2018 年　周昌新作）

"叫石"拉法伊尔修士的生活、奇遇和死亡

我们这位主人公 1951 年出生于卡玛河畔小城奇斯托波尔。他父亲是一家苏联企业的经理，母亲是家庭妇女，哥哥是共青团领袖，是正义美好未来的幻想者。

没有任何征兆显示，鲍里斯·奥戈罗德尼科夫的生活中将发生与当时苏维埃生活大相径庭的特殊事件。他是高年级首屈一指的运动员，他性格开朗，人见人爱，是年级所有女生的爱慕对象。鲍里斯中学毕业后参军入伍，在与中国的武装冲突最为激烈的时期，他作为边防军人在达曼岛英勇地服完三年军役。他毫发未损地回到奇斯托波尔，获得部队首长的多次嘉奖，并获中士军衔。他即将步入大学。鲍里斯决定报考公路学院，以便设计出漂亮的新汽车，然后亲自驾驶，兴高采烈地一路狂奔，把世上的一切抛在脑后。

可有一天，在自己的故乡小城，退役的边防军人偶然得到一本书，此书无论是他还是他的同龄人，均无论如何不该读到。专制严厉的国家体制曾处心积虑地如此行事。但显而易见，他们那里出了某种差错。于是，我们这位偏居河畔的主人公怀着好奇和疑惑看到了此书。他打开此书，他读到最初几行：

"起初，神创造天地！"

世界转眼之间倾塌！片刻之前，我们眼前还是一位模范的苏联青年，他的过去正确无误，他的未来本来也同样正确无误，充满光明。可突然之间，过去和未来均不再存在。开始的是——现在。

"看哪，我将一切都更新了！"他不仅许诺，还严肃地发出警告，鲍里

斯·奥戈罗德尼科夫、即未来的拉法伊尔神父在卡玛河畔一句一句阅读的那本书，就是一本关于他的书。

但当时他尚不明白自己身心发生的变化。鲍里斯突然产生了很多问题，他尝试向当地神父提出这些问题。可那些神父却恐惧地躲避这位青年。那个时代很不一般，神父仅被允许接触那些将不久于人世的老太婆。

鲍里斯来到莫斯科上大学，可他对大学已无兴趣。他在都城四处走访教堂，提出他脑中突然出现的许多问题，他曾枉然地在奇斯托波尔的神父处寻求这些问题的答案。但无论何处，他遇见的仍是同样的警觉和疑惑，直到他找到莫斯科南岸区一座僻静的教堂。这里的神父与他交谈了整整两个小时。于是，鲍里斯留在这座教堂，以当这座教堂的守门人为生，将教堂的领地当作他一生中最重要的疆界来守护。

令教堂神父们颇为惊讶的是，鲍里斯在不长时间里居然通读了两遍那部彻底改变他生活的书。住持神父甚至让他的同事们以这位青年为榜样。

"我们这些人肩负研习和传播神言的使命，可我们却敷衍了事，胆怯地一言不发！"住持神父悲伤地对他那些神父说，"可这个小伙子，他并未接受基督教教育，本可以对上帝一无所知，直到死去，可他却体现出如此伟大的热忱和信仰……这样的年轻人令我们这些神的仆人感到羞愧，因为我们的胆怯和懒惰，因为我们只字不提基督。神父们，我们该如何作答？牧师们如此，教会将如何？但上帝永在！救主的话终将应验：'如若我的门徒沉默不语，石头便将开口喊叫！'这位普普通通的青年，他就是一块叫石！我们何须到别处寻找奇迹呢！……"

鲍里斯对父母守口如瓶，但他准备从大学转入神学院。他在扎戈尔斯克通过神学院考试，成绩优异。不过，他当然未被录取。凭借他英勇的从军经历，他的共青团员身份，他光明的苏维埃未来，他在当年不可能进入神学院。

当年被派来监督神学教育的负责同志立马召见报考者奥戈罗德尼科夫。他们已自觉犯下错误，因为他们监管不严，以至于这位有如此经历的人参加了神学院入学考试。几位同志让这位年轻人远离宗教麻醉剂，回归正常生活。

他们向这位青年许以各种最甜蜜的诱惑，他们也以各种最恐怖的惩罚相威胁。作为回答，鲍里斯仅仅凝视着某个只有他才能看见的远方，最终，在两天的规劝之后，鲍里斯交给劝说者一个封好的信封。劝说者贪婪地打开信封，却见其中仅有鲍里斯·奥戈罗德尼科夫的一份声明，请求"由于宗教原因"将他开除出共青团。

劝说者恼羞成怒，威胁说鲍里斯将遭遇各种可能和不可能的麻烦，无论工作还是学习，无论自由还是不自由的时候，甚至被终生关进疯人院……总之，各种最可怕的结果，此生有，甚至来生还会有……这些被分配至宗教战线的劝说者，也不由自主地沾染上了神秘主义气息。

不过对于鲍里斯而言，所有这些恐吓中只有一点确定无疑，即他不可能进入神学院。因此，根据教堂住持的建议，他前往普斯科夫洞穴修道院，尽管他完全不知道自己在那里会遇见什么事和什么人。

然而，将鲍里斯·奥戈罗德尼科夫的生活和命运掌控在手的上帝，却知道鲍里斯迈出的每一步，知道他派去迎接鲍里斯的那些人迈出的每一步。

在修道院，大院长阿里皮大司祭立即从大群朝圣者中看出了鲍里斯的出众之处。被派来监督普斯科夫洞穴修道院的负责同志曾事先警告阿里皮神父，要他无论如何不能收留这位当过边防军的英雄。当时已病入膏肓的阿里皮大司祭仔细听完那些人的话，次日便下令将鲍里斯·奥戈罗德尼科夫录为修道院的见习修士。这几乎是阿里皮大司祭签署的最后一道院令。他不久离世，主持仪式让见习修士鲍里斯剪发做修士的已是新任院长加夫里尔。

几位负责同志又立马警告加夫里尔大司祭，要他在近期想尽办法让鲍里斯·奥戈罗德尼科夫离开洞穴修道院。院长说他十分理解目前状况的艰难，并保证解决这个青年的一切问题。他的确竭尽所能地解决了一切问题。因为数日之后，他便给鲍里斯完成了剪发仪式，于是世界上出现一位新人，即年轻的修士拉法伊尔。

几位负责同志暴跳如雷，院长神父的回答却通情达理：他为国家的福祉着想，为平静安祥的生活着想，他让这位青年剪发做修士，因为这对各方来说均为最佳方案。为什么呢？非常简单。因为新近剪发的修士拉法伊尔的哥哥亚历山大此时是一位著名异见人士。国外的广播电台昼夜不停地报道他，他的名字传遍苏联。如果他的弟弟再被赶出修道院，与哥哥汇合（事情的确可能如此），这对各方只会更糟。

的确，亚历山大·奥戈罗德尼科夫与他弟弟一样，在那些年间大胆地踏上了最为欣悦、也是我们这个世界上最为危险的旅程，即对崇高意义和崇高目的的追寻。不过，他走的是另一条路。院长神父提及亚历山大持不同政见立场，这确为事实，几位负责同志对此也心知肚明。

亚历山大的心灵渴望正义很快获得胜利，经过起伏跌宕的精神求索，这位热情的前共青团负责人又转而置身为光明未来而斗争的另一类热烈战士之行列。但如今他转向街垒的另一侧，在莫斯科创办了持不同政见的基督教神学班。此后不久，同样专门负责寻找光明正义未来的几位负责同志前去见他。亚历山大被捕。他们使出各种手段，其中包括严刑拷打，迫使他改变信念。可他们一无所获，只好送他去做为期十年的继续探索和思考，他所在的专门关押政治犯的集中营名为"彼尔姆6号"，是当年羁押条件最为残酷的劳改营。

院长神父有理有据的说法最终对几位负责同志产生影响，年轻的修士于是被留在修道院，他很快成为修士辅祭，之后成为修士司祭。拉法伊尔神父于是成了世上最幸运的人。

鲍里斯·奥戈罗德尼科夫是加夫里尔大司祭成为院长后主持剪发的第一人。甚至连拉法伊尔这一教名亦为院长所赐，意在纪念天使长阿尔汉格尔，为天使长名字之别称。院长本人的名字加夫里尔也是天使长名字的另一称谓。在修士中间，此类现象十分罕见。显然，院长十分看重这位热情真诚、充满信仰的年轻修士。至少，在他三十年的院长任期内，他再未用阿尔汉格尔之名为他人命名。

剪发做修士时，每位新修士均要侍奉一位有经验的教父。拉法伊尔神父的第一位长老是阿菲诺根大司祭，这位年迈的修士历经迫害、战争、监狱和流放。九十八岁高龄的阿菲诺根神父依然保持着新人般的崇高和力量，他因信仰而永葆青春，与自己的上帝和救主——基督永远在一起。拉法伊尔神父与其第一位神父的交往为时很短，因为阿菲诺根大司祭不久便离世。关于自己的教父，拉法伊尔神父只向我们讲述过如下两个他铭记于心的故事。

在阿菲诺根神父的命名日，修道院教友们聚在大餐厅，瘦小驼背的阿菲诺根神父听完众人表达敬意和谢意的话，久久地站在那里，沉默不语。众人均屏住呼吸，等待他的答词。

长老环顾站在他面前的修士，说道：

"兄弟们，我还有什么可说的呢？我爱你们大家！"

此时，置身餐厅的神父，即便那些最为严厉的神父，全都站在那里哭了起来。

第二个故事说的是，阿菲诺根大司祭临终之前还做了一次民间所谓的"驱魔仪式"，即从魔鬼附体者的体内驱除魔鬼。有时魔鬼附体者会被强行拖进阿菲诺根神父的修道小室，以便将魔鬼隔离在门外。病人缓过神来，自己都不敢相信自己已摆脱缠身多年的疾病。但在多数情况下，仍需阿菲诺根神父付出持久的努力，通过特殊的教堂祈祷，方能治愈病人。此事相当艰难，由于种种原因，这项危险的仪式亦会使长老本人受到重大伤害。

一次在洗澡日，拉法伊尔神父在修道院澡堂帮他教父洗澡。此类照顾年老修士的工作多由年轻的见习修士承担。拉法伊尔神父转身片刻，给澡巾打上肥皂，等他回转身来，却恐惧地看见他的长老悬垂在澡堂长椅上方的半空中。年轻的修士手持澡巾，僵在原地。当着他的面，阿菲诺根神父缓慢平稳地降落到长椅上，不满地问他：

"怎么，你都看见了？别说，傻瓜，别对任何人说！这是魔鬼！他们想把我扔到石头上去。可圣母不让。别说，在我死之前你谁也别告诉！"

"看哪，我将一切都更新了！"这句话在拉法伊尔神父的生活中不折不扣地应验了。像大多数新修士一样，他逐渐看到了一个无限神秘却无与伦比的新世界，这个世界首次在卡玛河畔呈现在他眼前，当他开始阅读他感到陌生的那本圣书。

这个世界充满欢乐和光明，它有其独特的存在规律。在这里，神的帮助会在真正需要的时刻降临。在这里，财富虚妄可笑，谦卑才是美好的。在这里，伟大的信徒们真诚地认为自己比所有人都更低贱、更恶劣。在这里，最受敬重的是那些摆脱了人类荣誉的人，最为有力的是那些真心意识到自己软弱无力的人。在这里，力量隐藏于羸弱长老的身心，年迈和疾病往往甚于青春和健康。在这里，年轻人会义无反顾地抛弃他们的同龄人通常热衷的享乐，只求不离开这个世界，离开这个世界他们便无法生存。在这里，每个人的死亡均会成为其他所有人的一堂课，尘世生活的终结只是一个开端。

当拉法伊尔神父毅然决然地步出他先前的生活，他便满心喜悦地向上帝交出一切，如普通的人类幸福，生活的欢乐，仕途，甚至还有他暴躁的性格。但有一项他始终难以放下……是的，有个情况我们无论如何也难以隐瞒。这说来可笑，就是拉法伊尔神父无法克服的唯一爱好，即对速度的热衷！是的，是的……仅有这一点！

不过首先需要指出，在修道院生活了六年之后，拉法伊尔神父被赶出了修道院，流放至一个偏僻的乡间教区。他被逐的原因依然是他哥哥。

当时，亚历山大是一位举世闻名的异见人士。他被关押数年，且多数时间被关在单人囚室。亚历山大受到如此严厉惩罚的原因，是因为他向监狱管理者提出了一些十分大胆、在当局看来简直不可思议的要求。亚历山大坚持要求准许他在囚室持有《圣经》，准许他有权会见神父，以便进行忏悔，接受圣餐。监狱管理者自然加以拒绝，作为回应，亚历山大决定也不遵从监狱的规章。他们命令他起床，他就躺下。他们命令他回答问题，他就顽强地保持沉默。显然，这些乖张举动均需付出惊人的勇气。在九年监禁时期，他共有两年时间在绝食中度过，三分之一的刑期蹲在单人囚室。（应附带指出，亚历山大最终成为了这场战斗的胜利者，他在苏联囚犯中第一个被正式允许在狱中拥有《圣经》，被允许邀请神父进囚室。）

亚历山大受审后，院长让拉法伊尔神父去听审判，并偷偷交给他们家一笔钱。但此后，当局立马要求将他赶出了修道院。

归根结底，或许因为院长决定不再强化与当局的冲突，或许由于加夫里尔神父本人与这位年轻修士关系不佳（更可能是两种原因相互叠加），拉法伊尔神父被逐出了修道院，遣至一处连长途汽车也不通的偏僻乡间教区，自邻近的村庄徒步数公里方能抵达。后来，他被转至另一处同样遥远、但稍有人气的地方，即洛西奇村的圣徒米特罗方教堂，每逢礼拜天，聚集在教堂的人不会超出十位。

除一尊圣像、两三本书和一身修士服装外，拉法伊尔神父的唯一财产即一台录音机。可这是一台怎样的录音机啊！是外国产品，很大的一台晶体管录音机。它当时在莫斯科的寄售商店价格不菲，值一千卢布。这件贵重物品是拉法伊尔神父在离开修道院前往教区的前夜得到的礼物，狱中的亚历山大托朋友将他的录音机转交弟弟，以便多少给弟弟一点物质支持。

如此一来，拉法伊尔由来已久的汽车梦最终得以实现。录音机很快被卖掉，拉法伊尔神父在普斯科夫汽车市场上购得一辆扎波罗热人牌旧车。这辆车的颜色令人不悦，是刺眼的橙黄色。

拉法伊尔神父着手修理这辆快要散架的老爷车。他钻进扎波罗热人牌轿车内部，一个月后才重新露面。这辆车果真变得独一无二。我不知他究竟有何能耐，可这辆车却能跑到一百五十公里的时速。余下的事就是更换恐怖的车身颜色。拉法伊尔神父驾着这个桔黄色的丑陋怪物前往普斯科夫，待他返回村子，却开回了一辆准豪华轿车，像是政府用车，黑色的车身，后座车窗还挂着白色小窗帘。人们问拉法伊尔神父为何选择黑色，他回答说，汽车修理厂仅有两种颜色，即黑色和红色。他自然选择黑色，这是出家人的色调，因为他不可能开着一辆涂有共产主义旗帜颜色的汽车上路。

我想，这或许是苏联境内唯一涂有政府代表色调的扎波罗热人牌轿车。谁也不会想到将这样一辆快要散架的破车漆成黑色，并且在后排车窗挂上白色窗帘，这在当时可是官员用车的标配。说来忧伤，但自拉法伊尔修士这一角度看，所有这一切恰为一场公然的、蓄意的恶作剧。

拉法伊尔神父非常喜欢招惹州里的高官。他会开车跟上一辆黑色伏尔加轿车，长时间尾随，之后，当那辆车试图摆脱时，他就猛地加速他那辆似乎装有喷气式发动机的扎波罗热人牌车，转眼之间便完成超车。这辆伏尔加如若恰是普斯科夫州委宗教事务全权代表尤金的车，这一天则被认为没有白白度过。

洛西奇村的教区小屋及其居民

拉法伊尔神父位于洛西奇村的教区小屋，是一幢仅有一个房间的普通小木屋。可除此之外，这里的一切却非同寻常。

炉炕上躺着曾被病魔附体的伊里亚·达尼洛维奇，这位魁梧的老人很少下地。无论此前还是之后，我从未遇见任何一位像伊里亚·达尼洛维奇一样的人。当他开始叙述，无论讲的是早已逝去的往昔还是刚刚发生的事件，大家都会听得如醉似痴，明白他们遇见的人独一无二。伊里亚·达尼洛维奇具有真正的史诗叙事天赋。或许，在整个世界历史中能够如此叙事的人，仅有荷马、托尔斯泰和曾被病魔附体的伊里亚·达尼洛维奇。

他的记忆力让人难以置信。比如，当他忆起他早年从军时的往事，他能一一道出军官和士兵们的姓氏，他们的军衔，他们的生卒年代，他们妻子和女友的姓氏以及他们出生的城镇和乡村的名称。而他们在战斗中使用过的武器，无论是三分口径步枪还是榴弹炮，伊里亚·达尼洛维奇的描绘均活灵活现，不亚于荷马在《伊里亚特》中对阿喀琉斯盾牌的吟颂。

伊里亚·达尼洛维奇走向信仰的路非同寻常，正是由于病魔附体。因为，如拉法伊尔神父所言，若非病魔附体，伊里亚·达尼洛维奇就是一位美男子，一名壮士，他在这个世界无所畏惧，他的生活准则即肉体原则，他或许永远不会走近上帝。他的肉体需求，据伊里亚·达尼洛维奇本人称，十分强烈，且不论爱情方面的经历，更包括饥饿感。1941年的一天夜里，在前线作战的他饥饿难耐，便像梦游者一样顺着牛肉罐头的香味走向敌方战壕。德国人起先警觉起来，但并未冲他开枪。他们决定再等一等，直到他跳进了他们的战壕。他们弄清原委后，便给了他一碗焖肉粥。后来，伊里亚不仅自己填饱了肚子，还把头盔和口袋都盛满肉粥，带给饥饿的战友。

自前线归来，这位孔武有力的士兵未多做耽搁，便为自己挑选了一位相貌出众的未婚妻。可他很快发现，年轻的妻子性格糟糕，岳母的脾气尤其恶劣。伊里亚心生忧伤，但在那个年代不时兴离婚，何况是在工人村。当然，他很快找到了慰藉。伊里亚是长途车司机，谈及往事时，伊里亚忏悔地回忆道，不仅在本村，而且在他开车经常路过的每个城市，他都有"女友"。妻子很快获悉真相。然而，既未闹出丑闻，亦不见各方规劝，不见工会组织和同事们对伊里亚的谴责。于是，深受伤害的妻子决定采取极端措施。她找来一位巫婆，这位巫婆如民间所言，要设法"害死"伊里亚。

我记得，听伊里亚·达尼洛维奇讲到此处时，我颇为怀疑。而他却不屑一顾，继续说下去。

一天，他跑完例行线路，很晚才返回家中，走近院门，他见院子里有位陌生女人。这本无任何惊人之处，如若这女人并无将近五米的身高，她的脑袋与屋顶齐平！她年过中年，没戴头巾，梳着花白的长辫子，身穿旧式长筒裙。这位女巨人对伊里亚熟视无睹，她绕房子走了一圈，嘴里嘟嚷着什么，然后轻而易举地迈过栅栏，消失在黑暗中。

伊里亚作为一名普普通通的苏联人，生来就不相信神秘的事情。再说，他也没喝醉酒。最初一阵慌乱过后，他认定，这是他长途奔波后的疲劳所导致的幻觉。

走进屋里，他见妻子和岳母正在忙碌，做出了一桌丰盛的饭菜。这令他感觉奇怪，因为伊里亚早已不曾得到这对恶毒母女的关照。此时，她俩客气地招呼他坐下，岳母给他斟上伏特加酒，异乎寻常地款待他。想起院子里的奇怪所见，伊里亚问道，在他回家之前是否发生过什么特别事情。两个女人不约而同地摆摆手，齐称不曾有过任何事，也不会发生任何事。酒斟得更满了，伊里亚很快便不省人事。

次日醒来，他躺在妻子的床上。妻子不在身边。伊里亚决定起床，可令他感

350

到惊讶的是，他居然无法起身，手脚均不听使唤。出于恐惧他想开口喊叫，可嘴里发出的只是微弱的呻吟。一个小时过去，伊里亚觉得这一小时就是可怕的永恒，妻子和岳母回来，还带来一位女人，这个女人与他昨日在花园见到的女人如出一辙，只是此时她的身高已与常人无异。三个女人并不在意伊里亚的呻吟，她们恬不知耻地察看他，小声议论着什么。随后她们离去，留下伊里亚一人。

直到傍晚，妻子方再度现身，但此时她领来了当地的医生。伊里亚听见她抽泣着说，丈夫昨日跑长途回来，喝了很多酒，躺下睡觉，可早晨就起不来了。次日，他被送进区医院。他在那里住院了一个多月。医生始终无法弄清这个奇怪疾病的病因，于是便让瘦得像片刨花的他出院，回家等死。

他在家中遭遇了真正的噩梦，妻子和岳母毫不掩饰地欢庆胜利，迫不及待地等待这位负心汉死去。当伊里亚病情恶化，妻子甚至把棺材匠请到家中，帮着棺材匠丈量她那位尚且活着、却不能言语的丈夫的身长。

就这样，伊里亚不清楚自己身上发生的事，他意识到自己即将死去，在毫无怨言地等待结局。可是有一天，伊里亚在前线时的一位战友瞅准时机，趁两位女人不在家，来到完全无法动弹、无法说话的伊里亚身边，他还领来了一位身着百姓服装的神父。神父劝告濒死的人在病榻上接受洗礼，请求上帝帮助。病人尽管不解其中含义，仍以他唯一能做的动作即点头表示同意。

受洗之后并未出现奇迹，如若不算伊里亚并未立即死去这一事实。妻子和岳母气得发疯。又过了一月，伊里亚居然可以稍稍抬起身，勉强说出话，尽管异常吃力。他其他方面的状况依然很糟。一次，他的前线战友再次到来，他带伊里亚乘坐火车，穿越整个国家，经多次换乘来到普斯科夫洞穴修道院，来到大司祭阿菲诺根长老身边，后者当时成为拉法伊尔神父的第一位教父。

伊里亚来到这个他感觉陌生的奇异世界。他与阿菲诺根神父交谈，随后又做了首次忏悔，首度接受圣餐，在这之后，他如常言所说那样复活了。又过了一周，伊里亚已能站立，体力也逐日恢复。他很快与长老找到共同语言，因为他俩均为出身农民的老实人。因此，当阿菲诺根神父告诉伊里亚，是妻子让他染上邪病，他若没有任何精神防护便会死去，伊里亚便立时深信不疑。在这个仅有长老神父能够拯救他的世界，他又能相信谁呢？

伊里亚·达尼洛维奇再也没有返回家庭。他成为一位朝圣者，时而在修道院小住，帮忙干些活计，时而在俄国各地漫游，从一座教堂走向另一座教堂。他早已失去护照。他渐渐步入老年，可他的身体却依然壮硕健康。我在拉法伊尔神父的教区见到的伊里亚，正是这个模样。

洛西奇村的教区小屋里还有一位居民，是亚历山大修士。他是布良斯克师范学院的学生，数年前走向信仰，抛却一切，成为一位朝圣者，在俄国各处漫游。虽说谢天谢地，他不曾有伊里亚·达尼洛维奇那样的遭遇。亚历山大来到普斯科夫洞穴修道院，可两年后他曾加入反对院长的修士团体，后再度离院流浪。最后，他落脚于拉法伊尔神父的教区。

当时亚历山大二十八岁。他的双手骨骼突出，布满老茧，这是多年练习空手道的结果。我们喜欢在田野和森林散步，我们用核桃树做成散步时挂的轻便拐杖。我们大家的拐杖曲里拐弯，只有亚历山大的拐杖是笔直的，漆成黑色。一次途中休息时，我决定好好打量一下这根漂亮的拐杖，可令我惊奇的是，我几乎拿不动它。这根拐杖原来是一根沉重的铁棍。我问亚历山大为何要携带这件可怕的武器，他回答说，这根拐杖使他有可能多少保持一下体力。

亚历山大神父沉默寡言，他的空余时间全用来阅读古代教父的著作。他睡在一间用薄板隔开的小房间里。他给自己的小房间上锁，这有些奇怪，因为拉法伊尔神父的木屋只有一把象征性的锁，即一个门闩。一次，我在屋里擦洗地板，亚历山大出门了，他房间的门却敞开着。我忍不住好奇心，朝他屋里看了一眼。小房间的地板上放着一口用粗糙木板钉成的棺材。由于意外我大惊失色，慌不择路地逃出他的住处。

缓过神来之后，我问伊里亚·达尼洛维奇这是怎么回事。伊里亚躺在炉炕上回答，亚历山大修士就在这口棺材里睡觉，因为他要时刻想到死亡。原来，许多苦修士均如此行事。

尽管生活方式如此严谨，亚历山大却写出了许多真正天才的诗作，并为自己的诗谱曲。一些歌曲如今广为传唱，被制成录音带和光盘，刊载于多种由我们最著名作家撰写序言的歌曲集中。亚历山大修士早已剪发，名罗曼，系为纪念古代拜占庭圣徒诗人罗曼·斯拉德科佩维茨而取。

在洛西奇村，他创作歌曲，并在傍晚弹奏吉他演唱自己的歌。当然，是在拉法伊尔神父允许的情况下，拉法伊尔神父虽然认为唱歌完全不是修士该做的事，可他有时还是爱听亚历山大的歌声。

下面便是其中一首歌。

已是傍晚，朋友们，已是傍晚，
月亮点燃它的灯盏。
我们停下节日的话语，
我们暂时离开写字台。

窗外没有一丝雨水，
落叶没在此时絮语，
大自然向我们敞开怀抱，
敞开它秋天的灵魂。

我或许不会预测，
旅人艰难跋涉至何处，
但伴着夜的明朗忏悔，
他仍希望走到终点。

简陋的住所充满恩赐，
荒芜的池塘腾起轻雾，

"祝你平安，独行者，

祝留宿你的人一生平安。"

你这陌生的路人是谁，

你的路途依旧遥远？

你那幸福沉思的模样，

为何让我如此地慌乱？

你心中神圣的祈祷，

驱散了灵魂深处的黑暗。

我或许也将抛弃一切，

祈祷着，挂起拐杖。

我要挂上十字架，

走向未知的远方，

我要走进附近的小屋，

绕过城市的灯光。

　　我们用录音机录下这些歌曲，然后我将它们带至莫斯科。多年后，我有一次受托前往皮缅牧首位于奇斯托伊胡同的住所。在客厅等待接见时，我惊讶地听见牧首居室里传出罗曼神父的歌曲录音。皮缅牧首本人是一位出色的歌手，因此他善于品辨真正的教会创作。

　　洛西奇教区的常客还有两位，即拉法伊尔神父最亲近的朋友尼基塔修士，还有助祭维克多。

　　尼基塔神父同样在普斯科夫洞穴修道院剪发当修士。十三岁时，当时还是一名列宁格勒少先队员的他离家出走，家里谁都不需要他。尼基塔神父常说："当时我就明白了，一个人在这个世界上是无人需要的，除了他自己和上帝。"一位少先队员如何能有如此深刻的思想，不得而知，但无论如何，小男孩很快来到杰出苦修士多西菲伊的教区，即距普斯科夫六十公里的小村波罗维克。在那里，他在长老的关照下长大成人，终日苦读《诗篇》和古代教父著作，根据写于五世纪的《阶梯》和《多罗费神父》等禁欲主义书籍识文断字。他对世俗生活几乎一无所知。

男孩再未上学，可他却成长为一位聪明善良、很有教养的青年。而且，他身材高大匀称，仪表堂堂。在快到服兵役的年龄时，多西菲伊神父送他进普斯科夫洞穴修道院暂避一年，在二十世纪的生活中这并不多见。在修道院，他与拉法伊尔神父成为挚友。自军中退伍后，他立即请求剪发当修士。在拉法伊尔神父被逐出修道院那年，尼基塔神父的长老多西菲伊修士请求普斯科夫都主教约翰准许他离院隐修，去往离波罗维克村两公里的一间河畔小屋，置身普斯科夫的森林和沼泽。都主教理解这位苦修士的崇高生活，祝福后者的隐居，并任命尼基塔神父接替多西菲伊神父留下的神职，因为尼基塔比所有人都更了解波罗维克的教堂和居民。

如此一来，两位年轻修士的教区相隔两百公里，他俩一有机会就相互探访对方的教堂，一同祈祷、做礼拜，经济上相互帮衬。

最后，洛西奇村的另一位常客即刚刚获封的助祭维克多，他被派至尼基塔神父的教区从事助祭工作。维克多神父刚刚出狱，他作为政治犯坐牢了七年。他很想剪发当修士，可是约翰都主教，这位智慧善良的年迈长老，在普斯科夫州委宗教事务全权代表处所能获得的许可，只能让这名获释政治犯当助祭，而且还要派往最偏僻的教区，无论如何不能留在人多势众的修道院。虽说在当时，一位获释政治犯获封成为助祭，这已是一件超出常规的事件。

走出监狱的维克多神父对上帝充满坚定不移的信仰，他性格开朗，蔑视一切困难，他那些取之不竭的故事的确能让我们捧腹大笑，不能自持。这种反应与修士身份不符，我们竭力忍住不笑。可我们只能在维克多神父讲述一般故事时保持克制。他还将监狱黑话带入我们虔诚的生活，无论我们如何指责，他仍旧无法改口。

因为这一语文问题而受害最深的，是心地淳朴的尼基塔神父。维克多助祭突然现身于尼基塔神父的僻静角落，带来他的笑声、超越常规的乐观主义以及那些可怕的囚犯行话，可令我们惊讶的是，尼基塔神父很快便处之泰然。

维克多神父突然得到一个绰号，叫"小老头"。这很出奇，因为我们从不给任何人起外号。可这个伙计的绰号却似乎是自然而然出现的。

我记得，初秋的一天，我去波罗维克见尼基塔神父。我自莫斯科带来的食物和钱很快耗尽，因为做客此处的不只我一人。聚在这里的是一群在圣母安息节斋期后饥饿难耐的年轻人，有拉法伊尔神父、亚历山大修士、维克多助祭和曾被病魔附体的伊里亚·达尼洛维奇。当然，后者比我们年长三十岁，可他的胃口却大得可怕，不亚于年轻人。

于是，将从莫斯科带来的食物消耗殆尽，又吃够了新采摘的苹果后，我们终于愁眉不展。我们决定迈出此种情况下的最后一步，即前往普斯科夫，找我们的都主教约翰要钱。

这位主教大约是当时俄国东正教会中最为年长的主教。他在其一生中有什么事情不曾经历啊！他身高体壮，满头白发，他十分善良，对待修士更是和蔼。因此我们相信，他会埋怨上几句，但最终是不会拒绝我们的。主教在这一教区寸步不离地主事四十年，辛苦地操持教会事务。他是全俄教会中的唯一主教，从不去莫斯科参加主教会议，甚至不出席教区会议。看来，那边的人对他也早已无计可施。都主教很了解、也很喜爱尼基塔神父，因为他曾参与对尼基塔的教养，当尼基塔还是一个中学生时离家来到多西菲伊长老的教区的时候。

主教当然清楚地知道，他那几位修士在偏远教区的生活是多么清苦。他知道，可他依然派他们去那里修行。因为只有让教堂继续做礼拜，当局才无法做出关闭或捣毁教堂的决定。因此，在普斯科夫教区几乎所有偏远教区，均有修士或单身神职人员坚持做礼拜。已婚神职人员拖家带口，在这些地方便会生活艰难。

尼基塔神父说，他一个月辛辛苦苦只能攒出二十五卢布。这并不奇怪，因为此类教堂的教民多为老年村妇，她们并不比她们的神父更富裕。她们通常被她们的儿孙所抛弃，神父们常帮她们劈木柴、修屋顶。有时，神父们会把最后几分钱用来为她们购买食品和药品。通常，在那些几乎不信神的村民们前来接受洗礼或将死者抬到教堂做追荐仪式时，神父方能得到一些钱财。不过，修士们并不在意钱财。或者诚实地说，钱财是他们的最后考虑。

于是，我们筹借了一点路费，为了更好地诉苦，我们一起去见主教，只留伊里亚·达尼洛维奇一人在家看守教堂。在普斯科夫，流窜的窃贼时常打劫教堂。

长途车上乘客不多，我们四人，即拉法伊尔神父、尼基塔神父、维克多神父和我，均舒舒服服地落座。乘客们好奇地打量我们，某些人面带诧异，因为在当年很少有机会看见年轻修士，看见他们像这样身穿教袍、手拄拐杖、安安静静地在苏联各地漫游。

我们顺利抵达主教所在的城市。是的，我们一路聊得热乎，在普斯科夫差点坐过站。维克多神父在最后时刻发现到站，便冲整个车厢高声喊道：

"神父们！赶紧撒丫子颠呀！"

我们慌不择路地逃下汽车，看到了乘客们大惊失色的脸庞……可我们已顾不得他们。眼前就是我们向往的街道，虽然它名为布尔什维克杨·法布里奇乌斯街，可这里坐落着教区管理处和主教居所。（苏维埃政权总喜欢给主教们提供此类住处，或在第二共产主义死胡同，或在卡尔·李卜克内西大街。）

主教在他的书房接见我们，他坐在沙发扶手椅里。我们轮流走到他身前接受祝福，并怨诉我们不幸的命运。主教听着，却并不起身。这让我们很快警觉起来。或许，他想更为详尽地了解我们的贫困生活状况；或许，他手头的钱此时也不富裕。不管如何，我们激动起来。拉法伊尔神父甚至把我推到前面，因为我年纪最小，又很瘦小。可这不起作用。这时，尼基塔神父走到主教面前。他从来不是演说家，而且还有些口吃，可是此刻，显然是由于饥饿，他突然产生出灵感：

"主－主教圣人！"他绝望地开口道，"真的，过得什么日子啊？！我们扛

357

不住啦！饿得瘪肚皮啦！钱没有！吃的没有！牙齿搁架子上啦！死－死人也没有！"

主教顿时放松下来，靠在扶椅里。

我们也爱听这话，便一起点头称是。虽说尼基塔神父由于激动有些考虑不周，使用了他从维克多神父那里学来的用语。他提到死人，自然是指教堂做追荐礼拜时所获得的收入。可这一切连在一起，对于年迈的主教而言还是很有冲击力的。

"亲爱的神父！……你在哪儿学来的这些话儿？"深感震惊的主教对尼基塔神父说。

主教已六十余年不曾听到此类措辞，自他二十年代服完刑期以来。

此刻，"小老头"维克多走上前去，承认错误。

"主教圣人，是我这个老傻帽儿当着他的面乱嚼舌头，我怎么也改不了。您别生尼基塔的气。全都是我的错。"他粗着嗓门忏悔地说道，甚至当胸给了自己一拳。

但是显然，尼基塔神父的话给主教留下了深刻印象。他忧伤地从扶手椅里站起身，走到书桌边，叹息几声，从抽屉里取出一百卢布。我们做梦也没想到能有这么大一笔钱！

主教手里捏着钞票，在思忖是否太多，可他没再计较，把钱递给了年纪最长的拉法伊尔神父。

他祝福我们上路，然后还是说道：

"小尼基塔啊，你最好……还是多读些教会斯拉夫语！"

尼基塔神父热情保证改正缺点，满脸幸福的我们随后离开主教居所。

生活仍在继续！不错，这天是斋日，是礼拜三，我们不能立时就吃冰激凌，但我们准备忍到次日。我们给自己买了食物，给村里老太婆们买了礼物，然后踏上归途。

次日早晨，我们接到教区管理局发来的电报，电文系约翰都主教的一道指令，将维克多助祭自波罗维克村圣母帡幪节教堂调至托尔比奇村的天使长米哈伊尔教堂。这家教堂的住持是深受众人爱戴的年老修士鲍里斯神父。主教的意图十分简单，即助祭的黑话很难对鲍里斯神父产生影响。这位很有修养的知识分子神父在劳改营里被关押了约二十年，可是，从来没有任何人听他说过"小老头"维克多助祭犒劳给其听众的那些用语。

途中事故

一个冬日夜晚，我们坐在尼基塔神父位于波罗维克教区那间被积雪掩埋的小木屋里喝茶。窗外是零下三十度的严寒。时间已近十一点，可我们毫无睡意。

"我们去托尔比奇村看'小老头'维克多吧？"拉法伊尔神父提议道。

我当然很高兴接受这个建议，去看望我们的"小老头"维克多——这个世界上最开心的人！尼基塔神父不愿与我们同行，他想赶在第二天之前把亚历山大修士的歌曲全都用录音机翻录下来，好让我带往莫斯科。亚历山大要帮他，也不随我们上路。曾被病魔附体的伊里亚·达尼洛维奇在读《诗篇》，对我们的提议根本没做反应。

拉法伊尔神父出门预热发动机，他接通扎波罗热人牌汽车上一个与马达不连在一起的电炉。待一切准备妥当，我们身穿单衣（因为拉法伊尔神父把汽车弄得像一个真正的蒸气浴室）坐进黑色的扎波罗热人牌车，驶向"小老头"。我们要行驶六十公里路。

这是一个寒冷的夜晚，星空璀璨。我们行驶在路上，车灯照亮白雪，车在拐弯处不时侧滑，因为这辆扎波罗热人牌车的轮胎在夏天就已磨损。尽管已是深夜，"小老头"出门迎接我们，仍与平常一样满心欢喜。我们坐下来喝茶，就着白面包和果酱，一直聊到两点钟。我们次日均无礼拜要主持，因此不怕起得比平常晚。

最后我们准备返回。走到门外，身着单衣的我转眼便冻僵了，严寒可不是开玩笑的。趁汽车里还有点余温，我们决定立即出发，与"小老头"道别后，我们飞快地驶回波罗维克。

可是，电炉此次不知为何未能接通。严寒穿透我们全身。拉法伊尔神父两三次停下车来，试图搞定该死的电炉，但均未成功。他此前就开车疯狂，此时受寒冷驱使，更把油门踩到极限。

我们坐在冰冷的黑色轿车里沿着旷野的道路飞奔，冻得浑身发抖、牙齿打颤。

突然，扎波罗热人牌车猛地滑向一旁。浑身冻僵的拉法伊尔神父无法精准操控汽车，我们冲出路肩，激起一阵雪雾。

车倒是没翻，可它深深地撞入雪堆。我们费了很大劲儿才打开车门爬出来，扎波罗热人牌车陷在离公路两米远的雪堆里，连车窗都看不见。我们很快明白，仅凭我们两人无法把车拖出雪堆。

情况到了绝望的境地。穿着单衣，零下三十度，半夜三点，我们呆在人迹罕至的公路上。离最近的村庄尚有十五公里。在最理想的情况下，也要等到早晨六点才有汽车经过。

意识到这些，我吓傻了，真的吓傻了。

"神父！"我说道，由于恐惧和严寒我浑身颤抖，"怎么办？我们要死在这里了！我们也许应该祷告？……可是祈求什么呢？上帝啊，请把我们的车从雪堆里拉出来吗？可这怎么可能……"

拉法伊尔神父突然严厉地看了我一眼，使我顿时忘记了寒冷。

"您真不害羞，格奥尔基·亚历山大罗维奇！"他愤怒地说（拉法伊尔神父对我始终以"格奥尔基·亚历山大罗维奇"相称），"您怎么能怀疑上帝在这种时刻帮不了我们呢？赶紧祷告！"

他的话说得如此坚定，甚至如此愤怒，他还跺了一下脚，我赶紧恭敬地画了一个十字，含混不清地说道：

"主啊，帮帮我们！……无论怎么都行！要不我们就要冻僵了，就会死在这里！……"

拉法伊尔神父也画了十字，真诚持久地祷告。

突然……马达的野性歌唱传来，起先很远，然后越来越近。由于意外和惊讶，我呆若木鸡。我再重复一遍：无论在前往维克多神父住处的途中，还是在返回的路上，我们均不曾遇见一辆汽车。我和拉法伊尔神父对视一下，我明白，他的惊讶并不亚于我。

马达声越来越大，拐弯处最终冲出了一辆莫斯科人牌轿车。我俩像疯子一样拼命摆手，那辆车停下来。

为拯救我们，上帝派来了四位天使——四位喝得醉醺醺的军官，他们闲逛完了正往回赶。我们六人围住扎波罗热人牌车，吃力地将它推回公路。拉法伊尔神父用油桶给军官们灌了些汽油，原来他们的油箱几乎空了。衷心感谢几位军人后（他们也衷心感谢我们），我们小心翼翼地重新开车赶往波罗维克。

途中，我俩因这场事故而震惊，久久沉默不语。最终，拉法伊尔神父说道：

"您瞧，格奥尔基·亚历山大罗维奇，上帝多么快就听见了您的祷告！"

他是说，上帝拯救我们是由于我的祷告。的确，这位修士总是趁一切机会放低自我。他正是这样一个人。或许，他只是十分深刻地预感到，谦卑是精神生活的唯一可靠的支撑。

此次行程之后，我被冻病，在尼基塔神父的炉炕上一连躺了三天。拉法伊尔神父却毫发无损，甚至连声喷嚏也没打。

△ 蓝冰之梦（重彩油画　80X120cm　2015 年　周昌新作）

论谦卑

拉法伊尔神父总是趁一切机会在每个人、甚至首次遇见的人面前表达谦卑。他做得轻而易举，仿佛自然而然，从不让人感觉有意为之。他随时随地寻求谦卑的由头，甚至可说是在贪婪地寻求。这是因为，拉法伊尔神父凭借其敏锐的灵魂猜透了一个惊人的秘密，即谦卑甚至能使一位普普通通的有罪之人走近上帝，而且是迅速走近。因此，即便细枝末节，拉法伊尔神父亦努力在其中寻觅放低自我的理由。

譬如，当我们坐到桌旁，拉法伊尔神父会迅速拿起那枚最难看的烂苹果，而把好苹果留给我们。再譬如，当我去他的教区做客，他总是毫不迟疑地把他的床铺让给我，而他自己则不顾我的反对执意睡在地板上。他这样做，并非因为我是一位首都来客。在他的教区木屋里，他同样如此接待一位年长的朝圣者或邻近教区的某位教堂工友。

我与拉法伊尔神父有一次同乘火车去普斯科夫。北方的天空飘着冷雨。我们刚下到月台，一位茨冈人便来到我们面前：

"神父，神父，帮帮忙！哪怕给三卢布！"

人们以为神父身上总带着钱。可是我俩如往常一样，身无分文。我如实对那个茨冈人说了。可他却不依不饶：

"怎会没有呢？随便给点吧？神父，神父，随便给一点吧！"

拉法伊尔神父停下脚步，仔细打量乞讨者。茨冈人脚上那双破烂不堪的皮鞋很是显眼。拉法伊尔神父叹了一口气，然后开始脱自己那双漂亮的鞣皮靴子。这双靴子是一名军人一月前送给拉法伊尔神父的，神父很喜欢这双鞋子。

"神父，你怎么啦？你病了？"茨冈人害怕了。

可拉法伊尔神父已脱下那双轻便靴子，把它摆在不知所措的茨冈人面前，还将法兰绒裹脚布整整齐齐地放在靴筒上，然后若无其事地赤脚蹚过水洼。

"好人！好人！多好的人啊！"激动的茨冈人的喊声响彻整座车站。

不过，拉法伊尔神父的谦卑也有一定限度。这一界限十分明确：他可以忍耐对他本人的肆意妄为，却无法忍受对上帝及其教会的任何侮辱。

一个夜晚，拉法伊尔神父、维克多助祭、亚历山大修士和我，还有我们的朋友、眼睛近视的谢拉菲姆修士，我们五人在普斯科夫城散步。我们的修士服装引来了一伙醉鬼的关注。他们起初嘲弄我们，随后便开始侮辱恐吓我们。拉法伊尔神父体力过人，但他有些笨手笨脚，就像一头成年的熊。维克多神父也不软弱，多年的牢狱生活更教会他如何回应此类挑衅。谢拉菲姆更是一位巨人，虽说有点近视。最后，若论搏击，亚历山大修士是我们中最为杰出的一位，他拥有空手道的高级段位。曾在青少年拳击赛中获得可怜第三名的我，在我们这些人中简直不算数。

但我们并未回应那些小流氓，继续静静地走我们的路。甚至当对方砸来土块、石子和树棍，我们也竭力不加理会。每当我们被砸中，身后便传来放肆的笑声和最难听的辱骂。亚历山大修士气得发抖。他终于难以忍受，用颤抖的声音怯怯地请求拉法伊尔神父允许他停下来，与那几个放荡青年谈一谈。

可拉法伊尔神父却不管不顾地走着，就像没发生任何事。

最终，那几个胡作非为的人彻底走火入魔。他们眼见凌辱和土块均无法对我们产生效果，便辱骂起上帝和圣母来。

拉法伊尔神父停下脚步。

"我不能过去，"他叹了一口气，"我是神父。维克多神父是助祭，也不能过去。谢拉菲姆神父和格奥尔基·亚历山大罗维奇处在考察阶段。没法子，亚历山大神父，只能由你上了！"

亚历山大修士用不着第二次请求。他扯下自己的修士腰带，脱下教袍，只穿长衫、灯笼裤和靴子，转身走向那几个流氓。那几位也惊讶地止住脚步。在接下来的一瞬之间，亚历山大修士道出一声吓人的喊叫，腾空而起，飞脚踹向那帮醉鬼。残酷的鏖战就此展开。那几个倒霉的流氓满地乱爬，擦着脸上的血迹，吐出被打掉的牙齿。我们冲过去拉开亚历山大，连我们也挨了几下。我们好不容易才让我们的英雄安静下来，他就像一头刚结束战斗的斗牛犬，我们让他相信，不需要给那几位恶棍叫救护车，我们重新为亚历山大修士套上教袍，便继续散步。

这个故事自然并非谦卑的最佳范例，但在拉法伊尔神父的修士生活中，真正的谦卑的活生生的样板不胜枚举。约翰大司祭（克列斯奇扬金）即为一例，在阿菲诺根神父去世后，他成为拉法伊尔神父的教父。还有其他榜样，譬如几乎无人知晓的苦修士、尼基塔神父的教父多西菲伊神父（帕什科夫）。

他亦为普斯科夫洞穴修道院的门徒。多西菲伊神父与普斯科夫洞穴修道院许多与他同龄的修士一样，也自始至终经历过战争。这些还很年轻的军人在解放自己的国家、征服半个欧洲之后，在履行他们所有的尘世义务之后，开始侍奉全能的上帝。他们清楚地知道，他们为何来到修道院，为何在此投入决死的精神战争，为了自己，也为了那些健在的和逝去的同时代人，那些同时代人未能投入这场至关重要、不为世人所知的战争。

多西菲伊神父是真正伟大的修士，他在修道院几乎不为人所知。顺便说一句，这正是真正伟大的苦修士最确凿的标志。他在教区里侍奉主教。一次，主教派多西菲伊修士前往偏远的波罗维克村圣母帡幪节教堂，之后又多次派他前往该地，最后让他担任该教区神父。

当多西菲伊神父开始隐修，他安家于沿河两公里处的一座小岛，住进一间被抛弃的小屋，周围全是沼泽，每逢礼拜天，他划着用杉木树干凿成的独木舟来教堂参加圣餐仪式。（除长老外，谁也无法将这只独木舟划出十米远，一准很快便会翻船。）其余日子，多西菲伊神父均一人独处。

多西菲伊神父将一根橡树树干拖进自己位于人迹罕至之处的小屋，这树干上有个大树洞。长老会钻进这树洞，一连数小时向耶稣祷告，他甚至想完全摆脱自己本已卑微的隐修生活。

然而，这位完全脱离尘世的神秘独居修士，却以自己充满爱心的灵魂义无反顾地关注这个世界，用他热情的祈祷，用他的写作，但在他死后我们才发现了他的著作。我和尼基塔神父在整理多西菲伊神父的遗物时发现了一台打字机，以及长老亲手用复写纸抄写四份的书，即《新约》、古代苦修士的著作《阶梯》和《以撒·西林著作选》，还有五卷伊格纳吉主教（勃里扬恰尼诺夫）的著作。在当年，所有宗教文献几乎均被焚毁，这些书构成了一座真正的宝库。

多西菲伊神父有先见之明，在十位修士离开普斯科夫洞穴修道院之前很久，他便多次暗示会发生此事。他并不赞同这些修士的举动，但他怜惜他们，料到他们会有难处，甚至开始为他们储备食物，如面粉、罐头和其他东西。多西菲伊神父是参加过战争的退伍老兵，因而退休金不菲。在他去世之后，当那十位修士真的如他所料离开修道院，这些食物果然帮了他们中间一些人的大忙。

当地乡间酒鬼听说神父的退休金很高，便四处散布消息。一次，三个壮小伙子，区中心的著名窃贼，划船来到神父的隐修处，意在抢劫。他们闯进长老的修道小室，威胁要钱，有什么要什么。

多西菲伊神父平静地对他们说：

"你们想要什么就拿什么。但先让我为你们祝福。"

于是，他给他们做了祝福。

就在此刻，窃贼们惊恐不安，赶紧夺门而出，慌不择路地逃跑。

长老的身材高大矍铄，甚至在暮年依然具有非凡力量。在自己的隐修处，他多年间完全自理。但在他生命的最后几年，由尼基塔神父和拉法伊尔神父帮忙照顾他。一天，他们三人一起准备过冬的木柴。两位年轻修士扛来原木，多西菲伊神父用一把旧油锯将原木锯开。两位年轻修士累了，长老也同意休息。拉法伊尔神父想拿起那把老掉牙的油锯，却发现它十分沉重，可多西菲伊神父竟手持这把油锯马不停蹄地干了这么久，拉法伊尔神父震惊不已。当日，拉法伊尔神父和长老一起去草房取工具，他突然在自己的赤脚旁看到了一条沼泽蝰蛇。他吓傻了，可他却立刻听到了长老平静的声音：

"别怕，它不会碰你的。你拿上凿子我们就走。"

我问过尼基塔神父，他的苦修士长老是否性格十分严厉。尼基塔神父回答说，他可以告诉我这样一个故事。他当时只是一个十六岁的男孩，不知为何突然生了多西菲伊神父的气，甚至冲他喊叫起来。长老却冲到他面前跪下，含着眼泪请求他原谅，因为是长老惹得他发怒。

多西菲伊神父在复活节前的礼拜四去世。这天早晨，他划着他的独木舟顺着冰冷的春水来到教堂，参加完圣餐礼拜后返回隐修处。第二天，人们在河中发现了他的遗体，旁边是那只倒扣的独木舟。医生在太平间解剖遗体，惊讶地发现死者肠胃里没有任何食物残渣。尼基塔神父向他们解释，长老在整个大斋期除圣餐和水之外不曾进食任何东西。在民警的调查笔录上如此写明他的死亡原因："体力完全衰竭后溺河而亡。"

多西菲伊神父在复活节周被葬于修道院的洞穴。当约翰神父走近灵枢，他看了一眼死者便两手一拍，喊道：

"你是被害死的啊，多西菲伊！"

果然，邻近地区很快便有传闻，称来自区中心的几位猎人喝醉酒后吹牛，说他们在河上开摩托艇，为寻开心把一位划独木舟的老年神父撞落水中。

多西菲伊神父终生追求在我们这个世界上只有少数被上帝选中的人才能看见的目标，追求他自己的各各他。我们这些寻常人难以理解他的追求。后来，我们在长老的遗稿中发现他写给自己的这首诗：

想象中站立各各他，
时时刻刻地思索
基督带给你的
崇高神圣的救赎。

他的一生有许多难解的谜。但有一点我们毫不怀疑，即上帝在最后时刻赐予他机会，以履行圣子耶稣基督的各各他祈祷，圣子为那些将他钉上十字架的人、为整个人类祈祷道："父啊，赦免他们！因为他们所作的，他们不晓得。"

约翰大司祭（克列斯奇扬金）称多西菲伊神父为俄国最后一位伟大的隐修者。

拉法伊尔神父如何喝茶

人们对拉法伊尔神父的态度有所不同。一些人完全无法忍受他。更多人则断言，是拉法伊尔神父改变了他们的一生。譬如，1993年复活节在奥普吉纳隐修院遇害的三名年轻修士之一瓦西里修士（罗斯里亚科夫）常说："我剪发做修士归功于拉法伊尔神父，我获封神职归功于他，我的一切都归功于他！"

拉法伊尔神父能对人的灵魂产生如此非同寻常的作用，其秘密何在？除了一位乡村神父在节日和礼拜天通常要做的教堂礼拜，他还做了什么？回答这些问题并不困难。熟悉他的人会说，拉法伊尔神父基本上只做一件事，即喝茶。他请来他这里的每个人喝茶。就这些。还有，他有时也修理好他那辆黑色的扎波罗热人牌小汽车，以便找个借口到别人家做客——喝茶。这一次真的就这些了！

以外部世界人士的眼光看，这是最典型的无所事事。有些人就这么看他。但是其实，拉法伊尔神父与上帝似乎有某种特殊约定。因为，与他喝过茶的人全都成了东正教徒。无一例外！从疯狂的无神论者或对教会生活完全绝望的知识分子，到不可救药的刑事犯。我见过的每一个人，在结识拉法伊尔神父并与他一起喝过茶之后均毅然决然地走向了宗教生活。

不过说实话，拉法伊尔神父甚至不善于得体地布道。他最好的表现就是："嗯……唔……兄弟姐妹们，这个……过节好，东正教徒们！"

一次，我们的确为他感到害羞，便劝说他在本堂节日做一次布道。他情绪高昂地出面布道，结果却令人十分沮丧，大家均羞愧难当，尽管他本人相当满意。

然而，一坐到蒙着油布的木桌前喝茶，他就像完全换了一个人。经常有一些饱经痛苦、疲惫不堪的人自世间来到他这里。一个寻常人根本无法忍受这些无休无止的来访者，其中时有任性倔强的人，遭受欺辱的人，他们带来大堆无法解决的难题和没完没了的疑问。但拉法伊尔神父却能忍受这一切，忍受这些人。甚至不是忍受，这一用词并不准确。无论与谁在一起，他从不感到难受。无论与谁喝茶，他都觉得时光美好，回忆普斯科夫洞穴修道院生活中的有趣往事，谈谈古代的苦修士和洞穴修道院的长老。因此，大家不可能放过与他一起饮茶的机会。尽管老实说，仅靠谈话本无法改变那些无望迷失于冷漠世界、或更可怕地迷失于自我的人。欲改变他们，需要向他们揭示另一种生活、另一个世界，在这个世界里共同欢庆胜利的，并非荒谬、痛苦和残酷的不公，而是强大永恒的信仰、希望和爱。而且不仅仅是揭示、远远地展示和诱惑，而是要把他们带入这个世界，挽着他们的手，领他们来到上帝面前。只有此时，他们方能突然认出他们原来早已认识并热爱的上帝，他们唯一的创造者、救主和圣父。唯有此时，生活才会发生真正的变化。

但全部的问题在于：该如何步入这一神奇世界呢？任何普通的人类手段均难以奏效，任何尘世的权力亦无能为力。没有任何后门可走，任何金钱均难以购买。眼睛也难以窥见这个世界，即便所有侦察员和特工全都赶来相助。结果表明，即便自神学院毕业，甚至获封神父或主教之神职的人，也未必就能大摇大摆地进入这一世界。

然而，有些人却能与拉法伊尔神父一同乘坐他那辆黑色扎波罗热人牌小汽车舒舒服服地驶往那里！或者，那些与拉法伊尔神父一同坐在洛西奇村教区小屋喝茶的人会突然看见这个世界。为什么会这样呢？正因为拉法伊尔神父是前往这一世界的天才向导。对于他来说，上帝就是他的生活目的，就是他每时每刻与其共处的人。他也要将每一位来到他寒酸小屋的人带到上帝面前。

正因为如此，人们难以阻挡地奔向拉法伊尔神父！尤其近年，他那儿聚集起许多来客。约翰神父派年轻人去见他，还有几位莫斯科神父。拉法伊尔神父接待所有人，在他的小屋里没有多余人。

对于许多人而言，他不过颠覆了他们寻常的世界观。面对交谈者提出的问题，他善于给出准确而又出乎预料的回答，虽说他的方式有些随意（这是为了让人觉得他不太当真），但他的回答让人精神一振，生活的真理突然就展现了出来！这一切会通过最细枝末节的小事显现出来。

一次，我们的扎波罗热人牌小车拉上一位同路人，驶向普斯科夫。这位气呼呼的怪人不仅不感谢拉法伊尔神父，反而平白无故地骂起神父来：

"你们这些神父全都是骗子！你们靠什么过日子？就靠骗那些老太婆！"

拉法伊尔神父像往常一样温厚地忍受对他的辱骂，可他立即建议道：

"你试着去骗骗老太婆看。老太婆上了年纪，活了一辈子，你倒是去骗骗她看！你这是在党员会议上听来的，你就像是唱机上的唱片，只是个传声筒。"

这位旅客被这个说法惊呆了。

"是－是啊！……可骗不了我的外婆……也骗不了丈母娘！……"

随后一路上，他一直在向拉法伊尔神父提问，问世上的一切，但多数问题关涉他不甚了解的教会，关涉他一无所知的节日和古老风俗。道别时，拉法伊尔神父邀请他来教区小屋喝茶。

还有一次，拉法伊尔神父路过一座墓地，听见围墙内有一位妇人哭天抢地、悲痛欲绝。拉法伊尔神父的同行者听到哭声亦觉恐惧和绝望，感到不舒服。

"这上帝的女仆哭得多么可怕啊……"其中一人说。

拉法伊尔神父却回答：

"不，她不是上帝的女仆！这不是东正教徒的哭声。基督徒不会因为悲伤而绝望。"

他会毫无恶意、但有的放矢地对一位神父说：

"瞧你这副嘴脸！怎么，昨天电视又看多了吧？"

一位姑娘问他找什么样的神父做忏悔最好，他回答说：

"找个最胖的！他觉得自己有缺陷，因此会更专心地接受忏悔。"

一次，在圣三一节前一天，我和拉法伊尔神父、伊里亚·达尼洛维奇一早去树林砍小白桦树时，为的是照惯例用小白桦树装饰教堂。当我们开始砍树，我突然有些可怜它们，它们长啊长，长成了树，可我们却砍倒它们，只是为了把它们在教堂里摆上一两天。我的哀怨激怒了拉法伊尔神父。

"您什么也不明白，格奥尔基·亚历山大罗维奇！白桦树会感到幸福的，如果它能被用来装饰神的教堂。"

拉法伊尔神父不仅能替树木作出回答，也能替整个宇宙作出回答。

我记得，一个春日夜晚，我和拉法伊尔神父、尼基塔神父一同走在波罗维克附近神奇的林间道路上。星空在夜间愈显壮丽，我们不由得欣赏起来。

"这无边无际的壮丽宇宙，这无数个世界，难道是上帝专为我们创造出来的吗？我们生活在这个渺小的星球上，这个星球无法与宇宙的无限相提并论。"我想。我将这些抒情的思索与我的旅伴分享，拉法伊尔神父立即大包大揽、毫不动摇地解答了我的疑虑。

"理性的生命只有地球上才有，"他说道，接着又解释，"如果其他地方也有的话，上帝一定会告诉摩西，在摩西写《创世纪》的时候，摩西就会告诉我们，哪怕是暗示。因此您就不用怀疑了，格奥尔基·亚历山大罗维奇，宇宙就是上帝为人类创造的！"

"那为什么要有无数的星星挂在我们头顶呢？"

"这是为了让我们在看星星的时候感觉到神的力量。"

还不止于此！拉法伊尔神父有时不仅替宇宙发声，还会替上帝本人说话！

一次我们谈到，世间有无上帝不爱的人。众人异口同声地道出经书上的正确答案："上帝爱众人。"可拉法伊尔神父却突然说道：

"不是这样的！上帝不爱胆小的人！"

他对人所持的态度十分单纯。

一次，一位女邻居给拉法伊尔神父带来一罐黄瓜。

"神父，您好歹拿一些吧！要不它也会坏掉的。"她叹了一口气，说道。

"那好吧！"拉法伊尔神父慷慨地答道，"您要是舍不得倒掉，我就来把它倒进泔水坑。"

一位莫斯科女客人来见拉法伊尔神父，却无论如何不愿扎头巾。拉法伊尔神父严厉地对她说：

"您又没戴头巾？我要往您脑袋上钉颗钉子！"

女客人吓坏了，再也不敢摘下头巾。据说，她睡觉时也戴着头巾。

拉法伊尔神父对那些侮辱他或仇恨他的人所持的态度令我们震惊。他一生遇见不少此类人，其中不乏教友和神父。拉法伊尔神父从不说那些人坏话，甚至从不带谴责腔调。总而言之，他从不谴责任何人，除了对苏维埃政权时有抱怨——拉法伊尔神父对苏维埃政权态度特别。

在那些年代，苏维埃政权一方面总是挥之不去，时而严重妨碍到我们的生活。可另一方面，它对我们而言却仿佛并不存在。我们对它并不关注。就这一意义而言，譬如，我们并不完全理解当年那些持不同政见的信徒，他们将与苏维埃政权的斗争视为其主要目的。对于我们来说这一点显而易见，即苏维埃政权很快便会寿终正寝、轰然倒塌。尽管它暂时还会严重伤害我们的生活，譬如把人关进监狱和疯人院，迫害人或直接杀人。但是我们相信，离开神的意志，一切均难以存在。正如古代的苦修士福尔斯特神父所言："如若上帝愿意我活着，他便如此安排；如若他不愿意，我有何必要活着？"

拉法伊尔神父不时要得意地挑逗一下普斯科夫州政权和区政权，尤其在他成为乡村教堂的住持和唯一的神父之后。按照要求，他应每年递交关于洗礼和婚礼数量的统计报告。在这些统计报告中，拉法伊尔神父给出的由他主持婚礼和洗礼的人数十分庞大，竟多达四位数，这让当地的宗教事务委员会大惊失色。最终，普斯科夫州委员会弄清他在胡闹，便展露出真正的仇恨和残酷的迫害，因为这种拉法伊尔统计学，因为那辆挂着白色窗帘的黑色扎波罗热人牌喷气推进小汽车，也因为去神父教区做客的数以百计的人。但拉法伊尔神父并不气馁，即便一年数次被宗教事务委员会官员调动，从一个地方迁至另一个地方。

我们经常抱怨俄国的宗教书籍如此之少。当局仅允许出版几种印数极少的教会书籍，除此之外的宗教书籍出版行为不仅被禁止，还会遭受刑事惩处。一次我们想入非非，想在多西菲伊神父隐修处建一个印刷所，印制宗教文献。我们十分迷恋这个幻想，开始与许多熟人热烈讨论我们未来的出版社。

某年 11 月 7 日前夜，拉法伊尔神父前往莫斯科购置汽车配件，在我那里小住一天。我们决定与他一同前往他的教区，礼拜天加上十月革命节，我有将近一周的假期。

晚上，拉法伊尔神父坐在我的房间里，为消磨上火车前的时间，在电话里与几位熟人聊天。可话筒里老是响起各种噪音。拉法伊尔神父认定是克格勃在窃听，于是便开始痛骂苏维埃政权。他说，苏维埃政权甚至不会安装高质量的窃听装置。我大惊失色，暗示神父，电话可能的确被监听。可这更激起了拉法伊尔神父的斗志。

"瞧，格奥尔基·亚历山大罗维奇已经吓得半死了！"他冲着话筒大声喊道，"没什么，小共青团员们，小布尔什维克们！苏维埃政权马上就要垮台了，那时候你们怎么办呢？我们马上就要准备出版图书了，我们要在隐修处建一个印刷所！我们还要给你们这些小共青团员们、小布尔什维克们主持洗礼和婚礼呢！"

接下来还是诸如此类的话。我很紧张，可后来我摆摆手，甚至不再听他唠叨了。

如同往常，我们在最后一刻冲向火车站。当我们踏上徐徐开动的列车最后一节车厢的踏板，拉法伊尔神父表现得就像一位特技演员。在此之前，他则把大家折磨得够呛。

"神父，离开车只有一小时了！"我们提醒道。

"怎么，还有整整一小时？那我们就做上茶碗！"

他指的是茶壶。"茶碗"这个劳改营用语是维克多神父教给我们的。做上茶壶——在那些不慎与拉法伊尔神父同行的同伴们发出的不安叹息中，我们坐下来喝茶。

"神父！离开车只有半小时了！我们路上还要二十五分钟！"同行者绝望地哀求。

"不忙，再喝两小杯。"拉法伊尔神父不愿让步。

如若无人发作，一切照例会平安无事。拉法伊尔神父在只有他才知道的某一时刻最终会惊讶地问道：

"我们干嘛还坐着不动？要赶不上火车了！"

于是，众人对他赐予的出发机会感激不已，连忙站起身来，向车站奔去。虽说有两三次我们只得目送火车离去，可这个游戏仍每次重演。

当晚，在关于隐修处和出版社的电话闲聊之后，我们顺利赶上火车。我们抵达普斯科夫，立即前去尼基塔神父处做客。我们给他带去图书和食物，聚在一起，开始朗读我们在莫斯科刚刚找到的一本新书——《西卢安长老》。

11月的天气还有些冷，但阳光灿烂。清晨我们做完祷告，又坐下读书。可是，我们静心的阅读却被突然打断，门外传来好几辆驶近的汽车发出的声响。对于波罗维克这个偏僻小村而言，这非同寻常。我们往窗外一看，便明白他们是冲我们来的。从两辆伏尔加牌轿车和一辆卡车上钻出几名警察，还有一些身披斗篷、头带帽子的便衣。

老实说，我吓傻了。尼基塔神父也一样。可拉法伊尔神父、伊里亚·达尼洛维奇和维克多神父却不动声色。只有"小老头"坏笑一下，准确无误地说出了来者是何人。

"全都待在原地别动！出示证件！"

率先冲进门来的警察吼道，他大腹便便，是本地片警，我们都认识他。其他五六位冲进屋里的来客，则恶狠狠地盯着我们，只不过没掏出手枪。

"出示证件！全都出示证件！"那位先前温厚善良的片警疯狂地喊道，竟使得一位与他同来的便衣要他别太激动。

实际上，他们只查看了我的证件。接着，好几个人同时向我提问：你是什么人，户籍在哪里，在哪里工作，为何来这里，为何没按照规定在当地机关登记。我首次遇见这种情况，不知该如何作答。但让我更为慌乱的是，朋友们看出了我的胆怯。

376

突然，那个片警救了我。他再次吼叫起来，但这回更切中要害：

"地下印刷所在哪儿？！快说！快回答！我们全都知道了！你们是隐瞒不住的！"

他像消防警报器一样喊叫，他的脸当着我们的面变成紫红色。

起初我们只是惊讶地看着他，不明就里。什么印刷所？我们隐瞒了什么？可后来我和拉法伊尔神父明白，此事原因就在于我们曾与朋友聊到这"令人畏惧"的印刷所，或许就是在电话中提及的。

大嗓门警察又立即佐证了我们的猜测。

"我们全都知道！……你们有个印刷所。在地下隐修处。全都别动！出去！……我说了，出去！拿上东西！给我们指路！你是主人吧？"他当胸推了尼基塔神父一下，"你带路！给我们指路！"

"他哪里也不去，"拉法伊尔神父打断他的吼叫，"我们谁都哪儿也不去。"

"什么－么？！"这名制度的卫士再次喊起来。

"我们也不会把我们的印刷所指给你们看！"拉法伊尔神父又说道。

他似乎在暗示印刷所的确存在。我很快明白，事情并非真的如此。

又过了二十分钟，不速之客们软硬兼施，要我们招供一切，带他们去隐修处，交出印刷机。可大家看着拉法伊尔神父，顽强地保持沉默。

最终，不速之客们到院子里搜查。他们回来后说，没有我们他们也能找到印刷所，只要我们告诉他们，如何更快到达隐修处。拉法伊尔神父意外地为他们指了一条路。他心狠地给那些密探指了一条最远、最难走的路，要在沼泽和密林中穿行十五公里。

这是 11 月初。四周的沼泽已结上一层薄薄的冰。深受鼓舞的来客们立即踏上了他们的悲伤之旅。

我问拉法伊尔神父：

"他们如果淹死在沼泽里，那该怎么办呢？"

"他们是淹不死的，"他回答，"他们会英勇地相互救命的。"

378

时在早晨八点。我们喝了茶，为尼基塔神父的一位教民婆婆劈木柴。我们整理了教堂。冷雨一直下着。可雨落之前我们已散完步，伴着小雨吃饭，不慌不忙地想象那几位夏洛克·福尔摩斯搜寻印刷所的场景。直到晚上七点，在寒风刺骨的黄昏，当我们舒舒服服地围坐在茶炊旁，早晨来过的那几位客人又重新走进屋里。他们的模样太可怜了！他们从头到脚湿透，浑身冻僵，疲惫不堪，看上去十分可怜，使我们真想递去一杯热茶。

"印刷所究竟在哪儿？"一位便衣悲哀地、不带任何指望地问。

"什么印刷所？"拉法伊尔神父喝了一小口茶，问道。

"地下印刷所……"便衣又说，越来越意识到自己的话十分愚蠢。

"啊，地下印刷所！……你们在隐修处没找到吗？"

"明白了……"便衣愁容满面地说，"给杯热茶喝吧！"

"你们去村苏维埃喝吧。"善良的拉法伊尔神父回答。

"明白了……"便衣又说了一句，颓丧地叹一口气。离开时，他没精打采地对拉法伊尔神父说，"等着瞧，你可别后悔！"

便衣并非骗人，他兑现了他的威胁。一周后，拉法伊尔神父被遣至另一教区。两月后，又换了一个教区。可拉法伊尔神父对此已经习惯。

我们家不曾有过汽车，因此在与拉法伊尔神父一同乘坐他那辆黑色的扎波罗热人牌小汽车奔驰在普斯科夫的原野时，我总以为他的驾驶方式完全正常。很久之后，我才明白并非如此。不过，拉法伊尔神父是一位出色的司机，因为在奇斯托波尔他不仅热衷自行车运动，还参加过全州的汽车拉力赛。

拉法伊尔神父只在需要停车时才踩刹车。其他情况下他均勇往直前。他尽量不用刹车，用他的话来说，是为了不磨损刹车片。还有，他会在全速行驶中突然修理起方向盘，他会摘下方向盘，在方向操纵杆上鼓捣起来，直到最后一刻他才装上方向盘，开始拐弯。我早已习惯这种驾驶方式，但其他乘客却会立即被吓傻。

一次，我与拉法伊尔神父开车去普斯科夫。离城七十公里处，有位神父站在路边搭车。这是我们的熟人格奥尔基神父，他是一位彼得堡画家，后成为神父，来到普斯科夫的一个教区。我坐到后排，格奥尔基神父坐到副驾驶位置上。我们继续赶路。

格奥尔基神父很快便紧紧抓住自己的公文包，死死盯着前方。我们明白这位谈伴不愿分心加入交谈，便自顾自地聊起我俩的话题。过了一段时间，拉法伊尔神父开始抱怨汽车有些跑偏，也就是说，方向盘有些问题。在一段直路上，他按照自己的习惯，在并不减速的情况下摘下方向盘，低下脑袋去修理方向杆里面的毛病，不时抬头看看路面。与此同时，他还照例要骂几句苏维埃政权，说它造不出合格的汽车。

我们驶近一处弯道，我提醒拉法伊尔神父注意拐弯。他看了一眼路面，又稍稍调整了方向，最后才装上方向盘。然而，方向盘却无论如何也难以归位……

"神父，快到了。"我说，我的意思是，没有方向盘我们是无法拐弯的。

拉法伊尔神父也慌了，但并不减速。在最后一刻他还是装好方向盘，他猛打一把方向盘，我们顺利躲过危险路段。我们又骂了几句我们国家的汽车工业，然后便转向另一个同样有趣的话题。我俩已忘了刚才的事，可前座突然响起格奥尔基神父非人的叫声：

"停车！！！停车！！！"

这声可怕的叫声让拉法伊尔神父大惊失色，他不惜牺牲自己的驾驶准则，踩下刹车。

"您怎么了，神父？！"我和拉法伊尔神父惊慌地同声问道。

作为回答，格奥尔基神父像子弹一样窜出汽车。站到路面上，他才把脑袋伸进车窗，喊道：

"永远不！你听见了吗？我永远不坐你的车了！"

这时我们才明白，自开始修理方向盘起，格奥尔基神父就一直处于半昏迷状态。我们请求他原谅，并保证接下来会小心谨慎地驾驶，可格奥尔基神父坚决拒绝回到黑色扎波罗热人牌轿车上。他走到稍远处，开始拦过路车，并不时朝我们这边看两眼。

尽管拉法伊尔神父的某些举止甚至可以说是胡闹，可众人却发现，不仅他的祈祷惊人地灵验，他的祝福也很有效力。一次，我与他发生争吵。我此刻甚至记不得起因，只记得当时气得够戗。当时正值洞穴修道院的本堂节日圣母安息节，可在气头上的我决定不等圣母殓布葬礼仪式举行就返回莫斯科。该礼拜于圣母安息节后第三天在修道院举行。临行前，我竭力装出一副若无其事的样子，仍去拉法伊尔神父处请求他祝福我上路。

"格奥尔基·亚历山大罗维奇，您怎么敢在圣母葬礼日离开呢？"他感觉惊讶，"我不管怎样都不会为您祝福！您今晚就去圣母灵前祷告，之后您才能走。"

"什么？！"我发火了，"随您的便好了！再说，主要的节日圣母安息节已经过去了。至于祝福，我可以随便求修道院的一个神父替我做。"

说完此话，我便转身离开。可不幸的是，我却连一位神父也没遇到。所有神父均在准备持续时间很长的晚祷，或去某处主持礼拜。离火车发车的时刻已经很近，我摆摆手，便急忙去乘公共汽车。在汽车站我又遭遇一个意外：去普斯科夫的车票已售罄。可这并未止住我的脚步。我央求售票员，她最终为我找到一张车票，但班次极不合适，这班汽车虽然能在我那趟火车发车前赶到普斯科夫，但先要在附近的许多村庄绕一大圈。我坐在第一排靠窗座位，很快，我眼前便显现出一幢幢被雨水淋湿的乡村房屋和一片荒凉的北方田地。

我情绪极坏，不能再坏了。与拉法伊尔神父的争吵让我心头压上一块石头，我毕竟很爱他。当然还有良心的谴责，因为我就这么在圣母安葬节前离开了。也未获得上路的祝福……"瞧我竟到了这个地步！"坐在勉强能跑的老爷车里，我脑中闪过这样的念头。在邻近村庄绕了一圈后，我们驶上通往普斯科夫的大路，汽车也跑得欢快一些了。

我们驶过前往洞穴修道院的路口，靠窗的我看着路面，只见一辆红色的日古利牌小轿车试图超越我们的大巴。我漫不经心地看着日古利超车，可它在超车之后却突然往右侧翻，滑进我们这辆伊卡洛斯牌大巴车的前轮下，响起一阵刺耳的

◁ 贝加尔湖村落

（重彩油画　100X120cm　2015 年
周昌新作）

金属撞击声和刹车声。乘客们的身体猛地冲向前方，全都喊叫起来……我叫得最响，我瞬间被一个可怕的念头所惊倒：

"这都是因为我！！！"

这想法或许既愚蠢又可笑，可我至今想起那个久远的事件，仍坚信其发生是因为我的罪过，因为我的固执，因为我的一意孤行。但当时，众人全都惊慌失措，无人注意到我的喊叫。

大巴顶着那辆轿车在路面上又滑行了数米方才停下。我们的司机打开车门，奔向那辆被压扁的轿车。大巴正压在完全变形的轿车上。乘客们也随司机跑过去。站在扭曲的日古利轿车前，大家全都吓呆了。突然，轿车的门吱呀一声开了，从车里钻出一只巨大的黑色纽芬兰犬。这条狗刺耳地哀嚎，急忙沿着公路溜走了。我一生中从未见过一只狗，在它最害怕的时候会如此夹起尾巴，它的尾巴夹在肚皮上，一直顶到颈脖。跟在纽芬兰犬后面，车里又钻出一个十二岁左右的女孩。谢天谢地，她毫发无损！女孩冲着跑远的狗喊道："王子！王子！回来！"然后便向那条狗追去。

我们的司机拉出日古利轿车的驾驶员。小车里再无他人。这男人看上去也伤势不重，他只是在事故中受到震伤，脸上有几道新伤痕。可怜的日古利车则完全报废。

走出大巴的乘客们见无人伤亡，便如释重负地议论起来。可我突然之间却更加严厉地怨恨起自己的命运。我与十来位同路人开始拦顺路车，希望能按时赶往普斯科夫。我钻进牛角尖，偏要坚持己见！我无论如何要回莫斯科！

我在路上又蹦又跳地拦车，拦了十五分钟，可过路司机见我们大巴旁聚着一大群要去普斯科夫的人，谁也不愿停车。最终我看了看表，明白我无论如何也赶不上普斯科夫开往莫斯科的火车了。

几分钟后，一辆从普斯科夫开来的大巴车停在事故现场，司机提议把愿意的人拉回洞穴镇。没有其他办法，于是我很快就回到了我不久前惭愧地逃离的地方。

修道院里正在举行圣母殓布葬礼。按照传统，这一仪式在米哈伊尔教堂广场露天进行。我找到拉法伊尔神父。看到我，他一点也不惊讶。

"格奥尔基·亚历山大罗维奇，是您啊！"

"对不起，神父！"我说。

"礼拜结束后我们一起去看'小老头'吧？"

我点点头，站到他身边，我俩专心致意地祈祷起来。

一次，我已在出版部侍奉，皮季里姆牧首请我带他的几位亲戚去普斯科夫洞穴修道院，这些亲戚是他的姐姐及其女儿和两位侄孙女。牧首的姐姐奥尔迦·弗拉基米罗夫娜是一位杰出的建筑学家，她女儿也研究建筑，两位小姑娘则刚刚中学毕业。她们当然都是虔诚的教会人士，但她们主要与莫斯科的神父和主教们交往，从未见过洞穴修道院修士这样的神职人员。

访问修道院后，尤其在会见约翰神父之后，她们满怀观感返回莫斯科。火车上，我给她们讲了许多我和拉法伊尔神父、尼基塔神父一同经历的奇遇，当我们的列车驶近拉法伊尔神父所在的波尔霍沃时，我的女旅伴们说，她们很想见见这些神奇的神父。我回答说，拉法伊尔神父和尼基塔神父一定能见到，没准我们马上就能遇见他俩。女士们对我的话将信将疑，可我还是来到过道上，想看看我的两位朋友是否真的会突然现身车站。

当然，这"突然"还真的发生了！列车在波尔霍沃仅停靠两分钟。当列车已经滑动，拉法伊尔神父和尼基塔神父才飞入站台，追着开动的列车狂奔。我挥动双手冲他俩大喊，他俩顺利跳上我们这节车厢的踏板。

原来，他俩打算去莫斯科购买汽车配件，他们两人仅有一张卧铺票。可我却恰好有一张多余车票。

当我与两位修士一同站在我的女旅伴们面前，她们无法相信出现在她们眼前的正是拉法伊尔神父和尼基塔神父。女士们请两位神父坐到小桌旁，摆出准备路上吃的所有食品，还在列车员那里订购了茶水。

端起茶杯，拉法伊尔神父顿时来了精神。女士们向他提出很多问题，其中也问到普斯科夫森林中偏远教区的艰难生活。

"尼基塔神父的村子里，有时有熊跑到教堂的台阶上来！"拉法伊尔神父呷了一口茶，说道。

"真的跑到台阶上了？"女士们大为惊讶，尊敬地看了害羞的尼基塔神父一眼。

尼基塔神父像往常一样有些口吃，他诚实地回答：

"五年前，有只兔子的确跑到我教堂的台阶上来了。从那时候起，在拉法伊尔神父的故事里，这只兔子开始变成一只狐狸，后来渐渐变成一只狼，今天又变成了一头熊。"

"真的，最危险的野兽就是熊和野猪。"拉法伊尔神父并不在意，继续说道，"人们以为，野猪只会拱地，只会哼哼；熊只是个毛茸茸的小家伙。其实完全不是这样。熊可是一种狡猾可怕、残酷无情的野兽！它会猛地向人扑过来，扒下人的头皮。然后把人扯成碎片，有时还会把人的脑袋扯下来！"

如此活灵活现的场景让女士们感到难受。拉法伊尔神父显然发觉到这一点，决定鼓舞她们一下。

"但有一种办法可以防止熊的攻击。"

"什么办法呢？"牧首的姐姐奥尔迦·弗拉基米罗夫娜喊道，嗓音里充满希望，似乎这列火车并非在将她带往莫斯科，而是送入一片饿熊出没的密林。

拉法伊尔神父没等对方多问，便很有把握地说道：

"您一遇到熊，就应该马上停下脚步等待。如果它不饿，就会哼哼几声，转身走开。"

"如果它饿呢？！"

"那就糟了……那就要拼命逃跑！"

"逃跑？……往哪儿逃？"

"随便往哪儿逃！不过当然要明白，熊会扑您的。"

"那怎么办呢？"女士们绝望地喊起来。

"只有一条路可走。应该选一棵大树，毫不犹豫地爬上去！"

女士们瞪大眼睛，屏住呼吸听着他的话。她们似乎正生动地想象自己正吃力地爬上树干，以躲避那头饥饿的野兽。

拉法伊尔神父并未让她们安心。

"可是熊也会马上跟着您爬上树来的！"他警告说。

"那该怎么办呢？！"

"您只有一个自救办法。应该及时爬到高处，等熊爬到离您很近的地方，您就脱下棉袄，朝它扔过去！熊不知道这是棉袄，以为这就是您本人！它会张开四个爪子抱住棉袄，自然也就松开了树干。这样一来，它就掉下去了！它的身子扑通一声砸在地上，会摔断颈椎！这时您就可以不慌不忙地下到地面，得意洋洋地用脚踩住它的胖肚皮。"

大家全都因为这一幸运的结局而快乐地笑起来。

可拉法伊尔神父却没让听众放松。

"在路上遇到野猪更可怕！"他表情严肃地继续说道，笑容在他那几位女听众的脸上转瞬即逝，"野猪是一种可怕的机器，它钢身铁嘴。它要是扑倒人，一定会把人吃得精光，连一片衣服角也不会留下。它就连滴上一滴人血的土块也要吞下去！宇宙中有过的一个人，一转眼就不见了……不过，还是有办法躲开野猪。"

"有什么办法呢？！"几位来自莫斯科的旅行者问道。

拉法伊尔神父用庇护的目光环视众人，就像学校里的老师，然后提出一个问题：

"你们如在森林里遇见一头野猪，你们应该怎么做呢？"

"拼命逃跑！"女士们异口同声地回答，可她们立刻又害怕地小声说道："可野猪一定会追我们吧？……"

"不错！"拉法伊尔神父赞许道，"那你们接下来怎么办呢？"

"找到一棵合适的树爬上去？"

"对啦!"

"野猪也会爬上来追我们吧?"

"不会!"拉法伊尔神父安慰自己的女旅伴,"野猪不会爬树。"

"太好啦!"女士们欢欣鼓舞。

但她们显然高兴得太早了。

"野猪不会爬树,"拉法伊尔神父又肯定地重复一遍,"可野猪从来不会扔下猎物。野猪会用另一种方法抓到您。您爬到树上,它就开始拱您这棵树的树根。它会发疯地拱土,不吃不喝,也不睡觉,直到这棵树呼隆一声倒下来。"

"那又该怎么办呢?!"女谈伴们完全绝望地喊道。

但拉法伊尔神父安慰她们道:

"有个办法,唯一的办法。您要在您待的树上选一根最粗的树枝,顺着这根树枝尽量爬到离树干最远的地方。野猪这动物很有力气。可它也很笨。它只知道在它的猎物、也就是您待的树下面拱土。它会白天黑夜地拱。一连两天,三天,或许四天。您只需要待在您的树枝上。四天过后,野猪会掏出一个大坑,最后由于筋疲力尽,它就累死在了这个大坑里。而这时,您只需要小心翼翼地爬回树干,然后下到地面。"

多年过后,我遇见了这几位女士,我们忆起那次旅行,忆起与拉法伊尔神父共度的那几小时,均感觉那是一段无比明朗欢乐的记忆。虽说那几位聪颖的女士十分清楚,这位乡村神父是在善意地逗她们开心。

后来,我与拉法伊尔神父仅在莫斯科匆匆见过一面。他有些反常,神情专注,有些不合群。再后来,他去世了。

未封圣的圣徒

"神父开奔驰车撞死了！神父开奔驰车撞死了！"一群小男孩叫喊着，从拉法伊尔神父小屋的窗前跑过。

我们坐在他的房间里，知道那些孩子说的是实话。

死亡的秘密蕴含着诸多教益。死亡的秘密置身其间的环境亦蕴含诸多教益。拉法伊尔神父的死同样教给我们很多东西。归根结底，这完全符合他的风格，拉法伊尔神父作为一位神职人员即便有所教导，也是顺其自然，没有多余的训诫，不惹人厌烦。

我认为，他预感到自己将不久于人世，因为在去世的前一年，拉法伊尔神父在教会圣物流通处买来了一面覆盖棺木的罩布，挂在床铺上方。自那时起，他变得严肃起来，沉默寡言。我们全都看在眼里。尽管前往他小屋的人流不仅没有减少，反而显著增多。他最后三年在小镇波尔霍沃任住持。去他那里的人如此之多，一位熟悉的神父在去看他时甚至说道：

"你这里怎么回事？有猫，还有女孩！"

的确，拉法伊尔神父的屋子里满是猫和女孩。不过，来到此处的年轻人均带着他们的精神问题和生活问题。有些夫妻来自莫斯科，他们已闹到濒临离婚的地步。总之，这间屋里什么样的人都能遇见。每个人都不无醋意地认为，自己与神父的关系是唯一的、特殊的。

总的说来，这些虔诚教民对其心爱神父的态度只能用一个字来形容，即"残酷"。拉法伊尔神父对此体会甚深。可他对这一局面处之泰然。他本人亦曾如此纠缠多位长老，尤其是约翰神父，他认为这理所当然，对灵魂的救赎很有裨益。他常说："世上存在长老和神父，不正是为了这个吗？"

只是在深夜，拉法伊尔神父方将自己关进修道小室，一间用木板隔成的小斗室，他不让任何人进入这间斗室，然后筋疲力竭地躺在床上。缓过神来之后，他几乎彻夜祷告，履行修士的职责。

至于那位神父所说的"猫"和"女孩"，他的确领回家不少，尽管他并不养猫。他坐在瘸腿椅子上，用腿蹭蹭他喜欢的那只叫春归来的猫，说道：

"你这个浪荡女，又玩够了。"

然后他又以猫的身份回答：

"不，你是神父，你许了诺言。而我却是无罪的造物。"

至于女孩，老实说，即便在拉法伊尔神父剪发当修士后，仍时常有人爱上他，更不用说他进修道院之前在奇斯托波尔的生活时期，当时他离不开女孩，尘世不愿放鲍里斯·奥戈罗德尼科夫离开。年轻时拉法伊尔神父喜欢骑摩托车。一次，在他已认识上帝之后，一位姑娘用感情征服了他，他最终让她坐上摩托车后座，开车狂奔，他在全速飞驰中转过脸去提议：

"现在让我亲你一下吧！"

"傻瓜！！！"姑娘喊起来。她很快便不再爱他了。

拉法伊尔神父如此信仰上帝，如此爱上帝，他的心已装满上帝，再也容不下任何人。拉法伊尔神父是真正的修士。当然他也是一个十足的淘气鬼。他因那些爱上他的女孩所体验的烦恼，并不亚于那些女孩本人。

不，对于拉法伊尔神父而言，此类弱点并非主要诱惑。在他看来，这种诱惑似乎不值一提，只是无关紧要的爱好。

宗教生活中有这样一条法规，即一位修士除上帝之外不应再有任何强烈愿望。无论如何不应再有。至于渴望的是什么，无论是主教位置和学识，还是健康和某种物质存在，均毫无意义。甚至不应渴望长老身份和神学天赋。一切均源于神的意志。拉法伊尔神父自然深知这一点。可是，他依然有个梦寐以求的愿望。

他在面对任何东西时均能体现出谦卑，除了面对一样东西，说来既奇怪又好笑，这个东西就是汽车。他在这一方面拿自己毫无办法。他开着他那辆黑色的扎波罗热人牌小汽车驰骋在普斯科夫的道路上，神情陶醉，似乎体验到了某种特别的自由感。约翰神父遇见他，每次都会警告他：

"你要小心啊！别迷恋你的车。"

拉法伊尔神父听了哼哼一声，不好意思地笑笑。可一切依旧。最终，当他燃起一个愿望，即无论如何要拥有一辆外国车，约翰神父真的激动起来。约翰神父坚决反对他有此类愿望，长时间地劝说他放弃这一想法。约翰神父说，如果的确需要买辆新车替代那辆破旧老车，也应该只买一辆最普通的车。

可拉法伊尔神父却狡猾地以自己的方式解释神父的话。他热情地向我们、同时也在向他自己证实，拥有一辆外国车，他恰好不折不扣地履行了教父对他的祝福，因为他只想有一辆普通汽车。仅仅一辆车而已，最平常的车。而任何一位理性的人都不会将苏联出产的交通工具称作汽车。在最好的情况下，它们也只是改良版的布尔什维克机枪马车，只是机械大车。

如若一个人坚持不懈地追求什么，且这一愿望对他本人有害，上帝会通过人和生活环境，久久地、耐心地让他放弃毫无必要的致命目的。然而，我们若一意孤行，固执己见，上帝也会离开，让我们盲目的、软弱的自由达到其目的。

这一神性法则在拉法伊尔神父的生活中开始发挥作用。

一次，他帮一个人解决了家庭问题。这个忙帮得很大，因为保住了一个家庭。那人为表示感谢，送给拉法伊尔神父一辆旧奔驰车，我记不太清，或许是以象征性价格卖给拉法伊尔神父的。

这是一辆鲜红色的车。但不管怎样，拉法伊尔神父因为这件礼物而欣喜若狂。我们立即提醒这辆外国车的幸福拥有者，他不久前曾信誓旦旦地说他决不会驾驶一辆共产主义旗帜颜色的汽车。拉法伊尔神父对此作出的回应甚至带有几分傲慢，他解释说，我们一无所知，因为他这辆新车的颜色是理想的复活节颜色……

起初整整一年，上帝均在设法避免灾难发生。拉法伊尔神父从来不是吝啬鬼。我们共同的朋友科里亚·费拉托夫一张口，拉法伊尔神父便将奔驰车借给他使用一周。费拉托夫没过几天便弄坏汽车，甚至连马达也不转了，要花费很长时间、很大价钱修车。可这拦不住拉法伊尔神父。

这辆倒霉的汽车在莫斯科一家私人修理厂修了将近一年，拉法伊尔神父汗流浃背地忙乎，四处借钱……我们痛心地看着这一切，但爱莫能助。我们想：算了，会过去的，他开上自己的车，玩上一阵，那位先前的拉法伊尔神父便又会返回我们中间。

他的理想终于实现。莫斯科修理厂弄出了他理想中的那辆车，换了发动机，装上新轮胎。甚至连车身也漆成黑色——修士的颜色。最后，拉法伊尔神父又从什么地方弄到了一副"国产的"奔驰雨刷……

1988 年 11 月 18 日清晨，他坐进自己幻想的汽车。他开车驶向自己的教区，在诺夫哥罗德附近列宁格勒公路 415 公里处撞车身亡。

按规矩拉法伊尔神父在三天后下葬。这天是他的命名日，即天使长米哈伊尔和所有天使的节日。拉法伊尔神父不止一次说过："但愿死在教会里！如果到死都留在教会里，每一位东正教徒都会感到幸运。人们会为他举行礼拜。教会有最伟大的力量，甚至能洗净来自地狱的罪人。"

众多因为这场意外灾难而震惊和悲伤的人赶来参加他的葬礼。拉法伊尔神父的教子们向约翰神父提出了一个迷惑不解的问题，即为何会发生这样的事，约翰神父在回信中写道："拉法伊尔神父的漫游之路结束了。但上帝身边没有死者，上帝身边人人健在。只有他一人清楚在何时召唤何人离开此生。"

在那可怕的一天到来前不久，拉法伊尔神父曾去见约翰神父，称他在波尔霍沃的小屋早已破败，他问约翰神父可否另换一处或购置一间新房。

约翰神父没精打采地回答他：

"要买要换都一样……但你要挑一间正对祭坛的小屋。"

在汽车的问题上没有听从约翰神父的劝告，拉法伊尔神父自然感觉到良心上的谴责。他于是顺从地看遍了波尔霍沃教堂附近的房屋。可无人愿意出售房屋。拉法伊尔神父撞车身亡后不久，关于他的安葬出现了一个问题，大家认为，他是在普斯科夫洞穴修道院剪发的修士，应被葬于洞穴。可当时接替年老的都主教约翰担任普斯科夫教区主教的弗拉基米尔，却主张葬拉法伊尔神父于他的最后一处侍奉地，即波尔霍沃教堂。他的长眠之地正对着祭坛。

在拉法伊尔神父遇难十六年后，尼基塔神父离世。尼基塔神父对于失去好友拉法伊尔神父最为伤感。曾被病魔附体的伊里亚·达尼洛维奇在我们奉献节修道院剪发，教名伊赛亚。他于四年前去世。乐天的囚犯维克多助祭终于实现了其夙愿，剪了发做修士。他也是在我们奉献节修道院剪发的，如今名为尼尔修士，是偏远的普斯科夫教区霍赫洛维·戈尔基村的神父。曾经的亚历山大修士如今是罗曼神父，他已在多西菲伊神父位于沼泽中的隐修处隐修多年。不久前，我们出版了他的一部诗集，其中收有他的出色诗作。

我将此书最后一章命名为《未封圣的圣徒》，尽管我的几位朋友均为普通人。这样的人在我们的教会中有很多。自然，他们距封圣还很遥远，甚至没有可能。然而，当神圣的礼拜即将结束，庄严的圣餐仪式完成，圣杯被摆上祭坛的供桌，神父会说："圣物属于圣徒们！"

这就是说，基督的圣体圣血将被圣徒们领受。他们是什么人？这些此刻站在教堂里的出家人和俗家人，他们怀着信仰来到这里，等待接受圣餐，因为他们是渴望接近上帝的忠实的基督徒。其实，组成人间教会的人，尽管力量微薄，生来有罪，可他们是为上帝而活的，他们即圣徒。

在我们这几个人中，拉法伊尔神父无疑最为年长。这甚至并非因为他当时担任神父已达七年，在我们看来资格很老。这主要由于，我们在他身上看见了鲜活信仰的惊人范例。一个选择这种信仰的人，无论他有时表现出怎样的怪癖或弱点，仍能体现出这一精神力量。

我们为何如此喜爱拉法伊尔神父呢？他曾是个淘气鬼，他不会按部就班地布道，他对汽车的关照有时甚至超过对我们的关爱。可当他离去，我们内心是多么地思念他啊！他离开我们已有二十余年。

当深重的忧郁悄然袭来，试图侵占心灵，当我亲近的朋友们心生同样情感，我便会想起这些与奇迹般神意相关的往事。一位苦修士曾说，每位东正教基督徒均可写出一部自己的《福音书》，均可道出他本人与上帝相见的欢乐喜讯。当然，无人能将这些见证与十二门徒的文字相提并论，因为他们亲眼见过尘世生活中的圣子。可我们虽然羸弱，虽然有罪，却也是他的门徒，世上最美的事，即静观神的意志在这个世界的惊人作用。

这些故事我曾讲给奉献节修道院的教友们听，后来又讲给我的学生们听，许多故事系在布道时所讲。我感谢我的所有听众，他们督促我写成此书。

我尤其要请读者原谅，因为我在本书里提及我本人。然而，这确实是第一人称纪实故事的客观要求。正如约翰大司祭（克列斯奇扬金）所写的那样："我这些零散的片段性叙述并非关于我本人的故事，而是某些生活场景的插图。如今，当这床百纳被已经缝就，我一边抄写，一边翻阅，又回到过去，让我自己也感到惊讶的是，我竟目睹了如此之多的上帝仁慈……

□ 责任编辑：刘 华
□ 装帧设计：钟文君　熊玉霜
□ 排　版：陈美连
□ 印　务：林佳年

未封圣的圣徒

□
著者
【俄】吉洪都主教

□
译
刘文飞

□
配图
周昌新

□
出版
中华书局（香港）有限公司
香港北角英皇道 499 号北角工业大厦一楼 B
电话：(852) 2137 2338　传真：(852) 2713 8202
电子邮件：info@chunghwabook.com.hk
网址：http://www.chunghwabook.com.hk

□
版次
2018 年 10 月初版
© 2018 中华书局（香港）有限公司

□
规格
16 开（255 mm×195 mm）

□
ISBN：978-988-8513-01-7